文武全才的傑出帝王——乾隆

初登大寶不久的乾隆畫像

乾隆戎裝像

乾隆朝服像

乾隆熏風琴韻圖軸

嫡妻孝賢皇后富察氏是乾隆的至愛，可惜紅顏早逝，乾隆一輩子對她不能忘情。

慧賢皇貴妃高佳氏

香妃旗裝像

香妃戎裝像

乾隆寫字像

乾隆南巡圖卷・騎馬像

乾隆歲朝行樂圖

哈薩克貢馬圖〔郎世寧繪〕

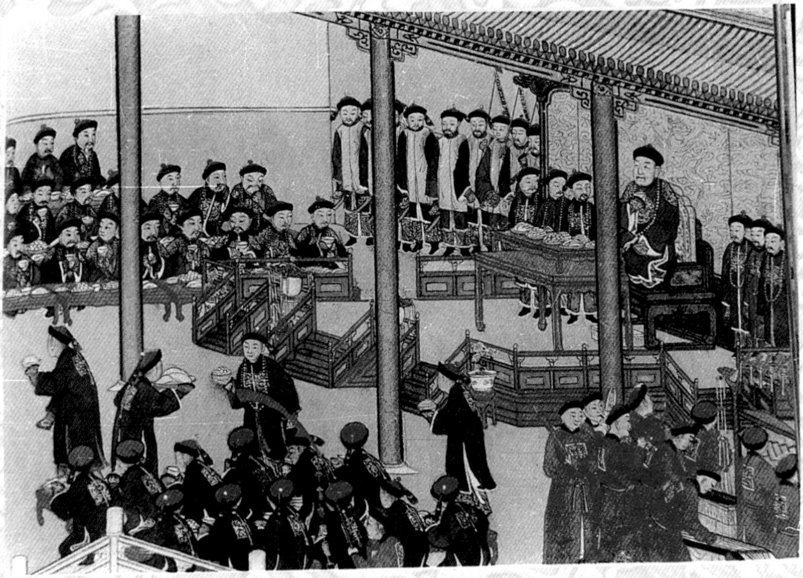
乾隆賜宴圖

乾隆萬樹園賜宴圖

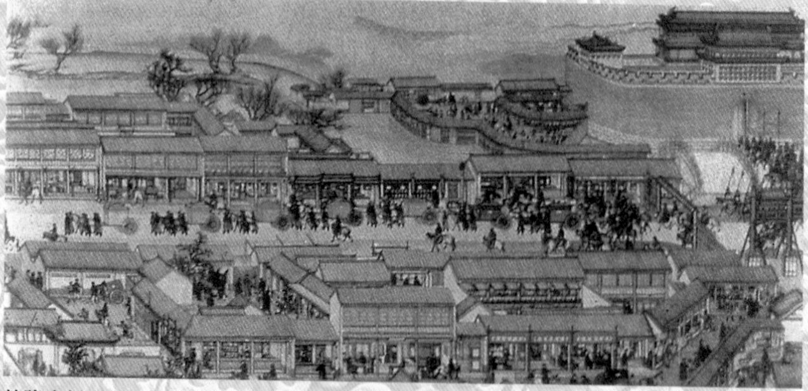

乾隆南行圖卷，此圖描繪北京前門一帶商業活動的情景。

乾隆南行圖卷・京郊

乾隆太和殿筵宴圖

乾隆平準回得勝圖

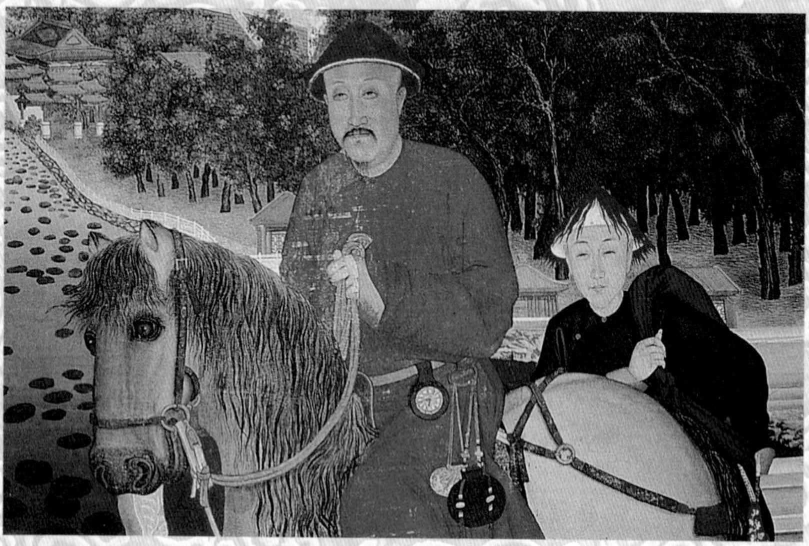

乾隆北海遊騎圖

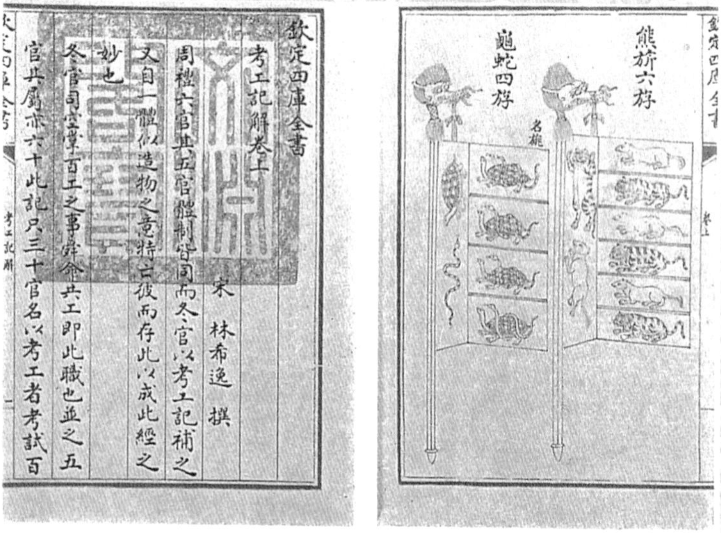

欽定四庫全書
考工記解卷上　宋　林希逸　撰
周禮六官共五官體制皆同而冬官以考工記補之
又自一體似造物之意特亡彼而存此以成此經之
妙也
冬官司空掌百工之事舜命共工即此職也並之五
官共屬六十此記只三十官名以考工者考試百

《四庫全書》是中國歷史上卷帙最大的一部叢書，修於清朝乾隆年間。

乾隆射箭圖屏

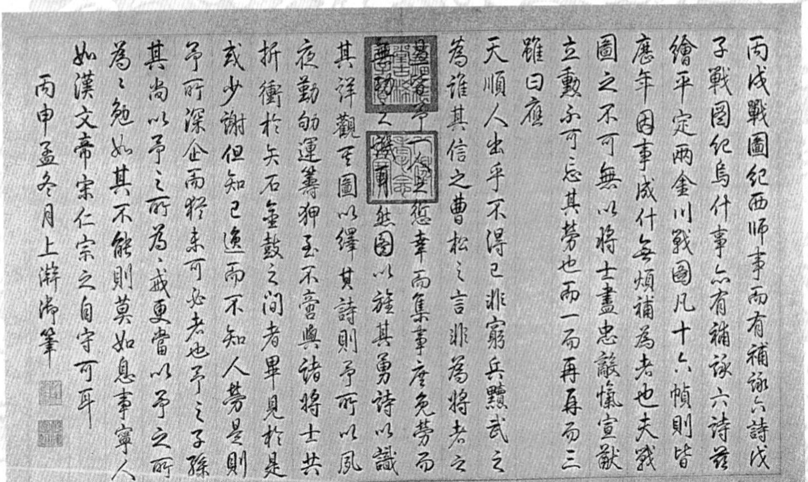

丙戌戰圖紀西師事而有補詠六詩戊
子戰圖紀烏什事亦有補詠六詩並
繪平定兩金川戰圖凡十六幀則皆
應年因事成什無煩補為者也夫戰
圖之不可無以將士盡忠敵愾宣猷
立勳不可忘其勞也而一而再再而三
雖曰應
天順人出乎不得已非窮兵黷武之
為誰其信之曹松之言非為將者之
為予一人之怨幸而集事庶免勞而
無功之譏然圖以旌其勇詩以識
其詳觀是圖以繹其詩則予所以夙
夜勤劬運籌猶至不啻與諸將士共
折衝於矢石金鼓之間者畢見於是
哉少謝但知己逸而不知人勞是則
予所深企而將來可必者也予之子孫
其尚以予之所為戒更當以予之所
為為勉如其不能則莫如息事寧人
如漢文帝宋仁宗之自守可耳
丙申孟冬月上澣御筆

平定兩金川戰圖冊之乾隆御筆

裕陵地宮不僅是一座不可多得的石雕藝術寶庫，又是一座莊嚴肅穆的地下佛堂。（圖片提供／徐廣源）

乾隆安葬於河北遵化聖水峪的裕陵，依偎著他敬愛的祖父康熙，長眠地下。（圖片提供／徐廣源）

親切的、活潑的、趣味的、致用的

實用歷史叢書

遠流出版公司

乾隆寫眞（原實用歷史叢書⑯⑦）

作　　者——陳捷先
主　　編——游奇惠
責任編輯——陳穗錚・傅郁萍
發 行 人——王榮文
出版發行——遠流出版事業股份有限公司
臺北市10084南昌路2段81號6樓
電話／2392-6899　傳真／2392-6658
郵撥／0189456-1
法律顧問——董安丹律師
著作權顧問——蕭雄淋律師
2010年6月1日　二版一刷
行政院新聞局局版臺業字第1295號
售價新臺幣 380 元　（缺頁或破損的書，請寄回更換）

ISBN 978-957-32-6652-5

YLib 遠流博識網

http://www.ylib.com　　E-mail:ylib@ylib.com

實用歷史叢書

乾隆寫眞

《實用歷史叢書》

出版緣起

王榮文

・歷史就是大個案

《實用歷史叢書》的基本概念，就是想把人類歷史當做一個（或無數個）大個案來看待。

本來，「個案研究方法」的精神，正是因為相信「智慧不可歸納條陳」，所以要學習者親自接近事實，自行尋找「經驗的教訓」。

經驗到底是教訓還是限制？歷史究竟是啟蒙還是成見？——或者說，歷史經驗有什麼用？可不可用？——一直也就是聚訟紛紜的大疑問，但在我們的「個案」概念下，叢書名稱中的「歷史」，與蘭克（Ranke）名言「歷史學家除了描寫事實『一如其發生之情況』外，再無其他目標」中所指的史學研究活動，大抵是不相涉的。在這裡，我們更接近於把歷史當做人間社會情境體悟的材料，或者說，我們把歷史（或某一組歷史陳述）當做「媒介」。

・從過去了解現在

為什麼要這樣做？因為我們對一切歷史情境（milieu）感到好奇，我們想浸淫在某個時代的思考環境來體會另一個人的限制與突破，因而對現時世界有一種新的想像。

通過了解歷史人物的處境與方案，我們找到了另一種智力上的樂趣，也許化做通俗的例子我們可以問：「如果拿破崙擔任遠東百貨公司總經理，他會怎麼做？」或「如果諸葛亮主持自立報系，他會和兩大報紙持哪一種和與戰的關係？」

從過去了解現在，我們並不真正尋找「重複的歷史」，我們也不尋找絕對的或相對的情境近似性。「歷史個案」的概念，比較接近情境的演練，因為一個成熟的思考者預先暴露在眾多的「經驗」裡，自行發展出一組對應的策略，因而就有了「教育」的功能。

・從現在了解過去

就像費夫爾（L. Febvre）說的，歷史其實是根據活人的需要向死人索求答案，在歷史理解中，現在與過去一向是糾纏不清的。

在這一個圍城之日，史家陳寅恪在倉皇逃死之際，取一巾箱坊本《建炎以來繫年要錄》，抱持誦讀，讀到汴京圍困屈降諸卷，淪城之日，謠言與烽火同時流竄；陳氏取當日身歷目睹之事與史實印證，不覺汗流浹背，覺得生平讀史從無如此親切有味之快感。

觀察並分析我們「現在的景觀」，正是提供我們一種了解過去的視野。歷史做為一種智性活動，也在這裡得到新的可能和活力。

如果我們在新的現時經驗中，取得新的了解過去的基礎，像一位作家寫《商用廿五史》，用企業組織的經驗，重新理解每一個朝代「經營組織」（即朝廷）的任務、使命、環境與對策，竟然就呈現一個新的景觀，證明這條路另有強大的生命力。

我們刻意選擇了《實用歷史叢書》的路，正是因為我們感覺到它的潛力。我們知道，標新並不見得有力量，然而立異卻不見得沒收穫；刻意塑造一個「求異」之路，就是想移動認知的軸心，給我們自己一些異端的空間，因而使歷史閱讀活動增添了親切的、活潑的、趣味的、致用的「新歷史之旅」。

你是一個歷史的嗜讀者或思索者嗎？你是一位專業的或業餘的歷史家嗎？你願意給自己一個偏離正軌的樂趣嗎？請走入這個叢書開放的大門。

《乾隆寫真》使你認識真實乾隆

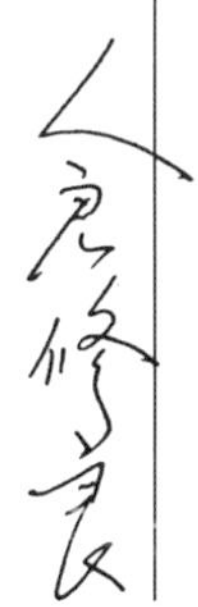

我的朋友陳捷先教授，其著作之多這裡我且不必說，近兩年出書之神速，實在令人敬佩：去年初曾收到寄贈大著《康熙寫真》，下半年又收到寄贈新著《雍正寫真》，而近來《乾隆寫真》又問世了。其著述速度之快捷，不能不說神速，可見作者學識之淵博，根柢之深厚，否則是不可能做到的。在收到《康熙寫真》的時候，我正在為山西大學朋友的《山西歷代紀事本末》一書寫書評，因而想到《康熙寫真》所用的也正是紀事本末之體，所以在該文中就寫了這樣一段話：「近日接到台灣著名學者、前台灣大學歷史系主任陳捷先教授寄贈的新著《康熙寫真》一書，看了真是喜出望外。這是一部康熙的傳記，按照『常規』，無疑都是用章節體編寫，而該書卻完全例外，全書用五十個題目，將康熙的一生寫完，實際上竟也採用了紀事本末體，其篇目如：〈康熙繼承之謎〉、〈康熙皇帝的相貌〉、〈康熙的血統〉、〈君臣翰墨因緣〉、〈康熙對西藏的經營〉、〈康熙與台灣開發〉，最後以〈康熙之死〉一篇而告終。通過五十個問題的敘述，將一個真實的而不是虛構的康熙皇帝展示在讀者面前。」（此文發表在《山西大學學報》二〇〇一年第四期）當然，《雍正寫真》、《乾隆寫真》也都採用了同一體裁。這正是陳教授為了普及史學、把史學著作推向人民大眾所作的可喜的努力。正如他在《康熙寫真》的〈前言〉中所說：「我深信純學術的史學鉅著固然高深雅緻；有價值、有貢獻：但是短篇的史學小品，只要作者能向錦心繡口的方向努力，也並非全無品味。相反的，可能會有雅俗共賞的妙用，甚至還能產生極大的社會教育功能。與其曲高和寡，作品被人閱讀的不多，不如寫出人人可讀，人人能讀，並可深入人心、龍蟲兼雕的讀物，不也更好嗎？」可以肯定，陳教授的目的通過這三部寫真，是完全可以達到的。因為這三部書從形式到內容，直到文字的表述，都做到了「人人可讀，人人能讀」，可以預言，也必然是人人愛讀。如果能在大陸出版發行，不僅會成為暢銷之書，而且將會出現「洛陽紙貴」的現象。因為「寫真」所採用的紀事本末體形式，比較靈活，便於在茶餘飯後或休閒時閱讀，不受時間長短限制，不受前後排列順序的約束，加之文字表達確實做到了深入淺出，而講的又都是真實事情。閱讀以後，既可以增長知識，又豐富了生活內容。尤其是在目前「戲說」歷史的泛濫，使得許多歷史和人物都變得似是而非，對此現象有識之士都深感憂慮，《人民日報》今年二月三日刊登了南帆文章，建議「戲說」歷史勿用真名。指出「這些電視或者電影的虛構愈來愈大膽，『戲說』堂而皇之地成為歷史中的敘述方式」，而所講的某些人物某些事件，「均似是而非，或者無可稽考。那沒有機會閱讀歷史著作的人——尤其是少年兒童——很可能因為電視或者電影形成先入之見。」可見人們希望得到的是真實的歷史。如今有了「寫真」這類通俗的歷史讀物，顯然會受到讀者的歡迎。況且這種寫作又起到雅俗共賞的作用。

在清代的帝王當中，乾隆皇帝在民間影響要算最大，而近年來社會上銷售的清代帝王之書或電視電影作品中，有關乾隆的也特別多，但是其內容大都是傳說的乾隆，虛構的乾隆，編造的乾隆，而不是歷史上真實的乾隆。因而就形成了一種假象，在人們的心目中，乾隆乃是一位「風流天子」，給人的印象就是整天陪著幾個貌美的女子遊山玩水，風花雪月，沉溺於女色之中。其實這些都是被人虛構出來的，而不是真實的。《乾隆寫真》一書，通過對乾隆一生重大事件和瑣碎生活的系統敘述，都從正面回答了這些問題。全書分列五十個問題，從正反兩方面進行論述，使一個真實的乾隆皇帝展現在讀者面前，它告訴人們，乾隆是中國歷史上少見的文武全才的君主，在政治上、軍事上、文化上都有建樹的一位皇帝。

社會上流傳最廣、影響最大的莫過於乾隆的生身父母與出生地問題，尤其在江南一帶更是如此，加之民國以來「演義」小說的渲染，於是乾隆原是海寧陳閣老所生之子便被視為真實可靠的了。為此，陳教授在書中首先列出〈乾隆皇帝的父母〉與〈乾隆出生地之謎〉兩目，用大量的史實，特別是皇家《玉牒》的記載，加上許多專家的考證，證實這些都是無稽之談，將乾隆的生母和出生地如實地告訴了讀者。乾隆一生稱帝六十年，執政六十三年，如果真的像有的人所說是位「風流天子」，恐怕大清王朝早就垮了。陳教授書中告訴我們，乾隆實際上是位「文武全才的傑出皇帝」。乾隆自己就曾講過「無非一念為民生」，「他完全贊同孟子的看法，人民必須有『恆產』，因為有了恆產，才能產生恆心。百姓有吃有穿，才能『知禮義』，如此民心才能安順，天下才能太平。」這就是說，乾隆很懂得如何才能治理好國家，那就是要讓老百姓吃飽穿暖，才不會起來造反，國家才能安寧，經濟才能發展。這自然也是古代所有傑出政治家、史學家的共識，「衣食足，知榮辱」，這個至理名言看來任何時候都不會過時。因此，乾隆經常告誡大臣，「食為民天」，必須「重本務本」，能夠做到「耕九餘三，雖遇災年，民無菜色。」惟其如此，生產得到發展了，人民生活安定了，因而人口得到迅速的發展。康熙後期宣布滋生人丁永不加賦，雍正朝推行攤丁入畝政策，人口統計的真實性相對可靠了。乾隆初年人口普查時是一億四千萬，比康熙時七千萬已是增加一倍。到了乾隆二十七年，已突破兩億大關，到了乾隆末年，全國人口已達到三億之眾。數字是最容易說明問題的，如此眾多的人口，要吃要穿，就是頭條大事，沒有相應可行的政策，沒有一定的駕馭能力，這樣一個人口眾多、民族複雜的大國，一個「風流天子」

能夠統治得好嗎？乾隆六下江南，自然就成為宣傳「風流天子」的重要口實。為此，陳教授特在書中專門立了〈行旅天子〉一目，說明乾隆南巡在政治、經濟、文化思想上的目的與作用。他既然注意農業生產，因而水利也就成為他注意的內容。他自己就曾講過，「南巡之事莫大於河工」。所以視察黃淮治理工程就成為他南巡的第一要務。眾所周知，在歷史上黃河下游是經常決口，一旦決口，就泛濫成災，大量流離失所的災民，必然要影響到國家統治的安全，自然不能掉以輕心。特別要指出的是，乾隆對於黃河的治理，並沒有僅停留在視察上面，甚至還親自參與工程的研究策劃。他曾「命令增建儲水壩，編為仁義禮智信五座。他主張在徐州一帶改築石壩，以保工程經久耐用。他也決定用以工代賑，動員災民築堤，因為這樣『於窮黎有益，而於工程亦易集其事』。」可見他在南巡中確實為治河工程做了事情。由於他六次南巡四次去了海寧，這也就成為有些傳說的有力根據，因為不僅四次駐蹕海寧，「並為陳家花園隅園改作安瀾園，又賜陳家『愛日堂』與『春暉堂』匾額兩塊，認為是乾隆有報答父母深恩之意。」對此，陳教授在書中不僅用具體史料給以批駁，而且說明同樣是為水利工程海塘建築而去。事實上，康熙、雍正時也都很重視海塘工程，因為萬一發生水災，受害的都將是富庶的魚米之鄉。所以乾隆在即位之後就曾命令：「海塘工程，著動正項錢糧辦理其事」，足見他的關心程度與決心。在他的關心與督導之下，「先後修建了二百多里的魚鱗石塘，代替了原有的土塘，防堵了吳越平原遭受水災的襲擊。」這都是有據可查的。所以「清史名家孟森先生也稱讚乾隆在海塘工程上，『謀國之勤，此皆清代帝王可光史冊之事』」。當然，陳教授在書中還指出乾隆南巡之勤，還有第三個原因，那就是「爭取廣大民心」。明末清初，浙江沿海一度成為抗清鬥爭的根據地，後來又先後發生了「千古悖逆之人」呂留良、「名教罪人」錢名世、莊廷鑨的《明史》案等等，故在乾隆心目中是浙江「民情狡詐」。另一方面，浙江又素稱「人文淵藪」，好多學者在國內影響很大，加之催交積欠，嚴重影響了江南富戶利益而產生不滿，種種因素，使中央與南方的關係逐漸產生了問題，而浙江畢竟是全國賦稅的重地，作為皇帝自然不能不引起足夠的重視。而單用硬的一手，又顯然不能解決，這就需要軟的一手自己親自去安撫籠絡了。於是他在南巡過程中，「對所經之地的人民蠲免錢糧、舉辦平糶，赦免犯人，以博取人民對他的擁戴與對中央政府的支持」。「單是免除經過的各州縣積欠錢糧就高達兩千萬兩之多」；對於官吏、鄉紳、士商，則採用接見、賞飯、賜人參或貂皮等，有時還晉封官爵、賜他們子孫功名；而對地方讀書人中傑出者，便召來面試，成績好的賞給功名，還有帶回京城做官的。總之，從各方面施以不同籠絡手段，以取得對他的好感。可見出巡也是其加強統治的一種方法。

我們再看乾隆的武功與文治。乾隆晚年，談到武功時，他就會舉出「十全武功」，實際上就是指在他統治時期所發生的十次規模較大的戰役，在八十二歲時還親自寫了《十全記》，以記述他的「十全武功」。文中所說：「乃知守中國者，不可徒言偃武修文以自示弱也，彼偃武之不已，必致棄其故有而不能守，是亦不可不知耳。」這個觀點自然是有相當道理。應當說他的十全武功是起到了保衛國家領土與主權，維護邊疆安全，鞏固政權統治的作用。而在文治方面，表現得就更為突出了，首先注重培養人才，可以看出，在乾隆時期，學術界確實湧現出一批著名的學者，無論是經學、史學還是文學都有，這批學者在繁榮學術文化上都起到了重要作用，其中很大一部分都是乾隆朝進士。其次則是向全國徵訪遺書，對獻書者給予獎勵，結果徵集到一萬三千多種宮中缺少的圖書。第三，編修大型圖書和叢書，乾隆十二年設立三通館，編修《續三通》和《清三通》；乾隆三十八年設立四庫全書館，編纂大型叢書《四庫全書》。組織了三百六十人的龐大機構，當時著名學者紀昀、戴震、邵晉涵、翁方綱、姚鼐、周書昌等均在其中。到乾隆四十七年全書告成，共收錄圖書三千四百五十七種，七萬九千七十卷。存目之書六千七百六十六種，九萬三千五百五十六卷。書成後，先後繕寫七部，分存於北京、承德和江南等處。編纂《四庫全書》，乾隆是有其政治目的，想通過這一措施，對全國所有書籍來一次大搜集、大審查、大刪改、大燒毀，以達到加強文化專制主義的統治。但是它的客觀效果我們必須承認，《四庫全書》畢竟是我國歷史上空前未有的大叢書，也是歷史上前所未有的圖書大集結，對於圖書的保存還是有著積極的作用，給學術研究提供了方便條件。當然，我們也要看到乾隆本人也確實是文武全才，他實際上是一位傑出的詩人和藝術家，他一生寫詩多達四萬三千六百多首，稱得上我國歷史上高產詩人，比《全唐詩》所收唐代詩歌總量還多，不能不說是奇蹟。他是位書法家，大家都會相信，因為如今在許多風景名勝之處，都還留下他的眾多手跡，真可謂隨處可見。他還是一位畫家，知道的人就很少了，為此，陳教授在書中特地列了〈傑出的文學家與藝術家〉一目。告訴大家，乾隆的文學藝術生活是相當豐富的，是常人難以想到的。

由於長期以來，「風流天子」的桂冠因「戲說」關係一直戴在他的頭上，因而，在人們的心目中，乾隆肯定是一個好色之徒。其實不然，「他平時早睡早起，幾乎不見有徹夜宴樂之事。他從不酗酒，在他數萬首詩中，絕少將『酒』字入詩。他雖然講究吃喝，但是他始終以『食少病無侵』作為『養心養身』良方。他的後宮確有后妃等四十多人，但並不沉溺於女色，後人有說他是『風流天子』的，應該不是公正的評論。」乾隆自己曾經講過：「幾物之暇，無他可娛，往往作為詩、賦、文，賦不過數十篇，詩則托興寄情，朝吟夕諷。」作為皇帝的乾隆，富有四海，空閒時可供娛樂的事情可以說應有盡有，然而他卻以寫詩自娛，調劑生活，可見其愛好並非女色，這是一般人都想像不到的。為了讓大家真正了解乾隆，陳教授在書中還列有〈乾隆的妻與妾〉、〈乾隆的子與女〉、〈談乾隆的吃喝〉等目。並且還列了幾天乾隆用膳的飯菜單，其中還有兩次是在杭州的虎跑和行宮用膳的飯菜單。每頓飯也不過就五六樣菜而已，很難說他奢侈吧。

乾隆皇帝是中國歷史上為人民大眾最熟悉的一個皇帝，也是在民間被誤傳誤解最多的一個皇帝。實際上他的一生，勤政愛民，關心民間疾苦，興修水利，發展農業，要讓老百姓吃飽穿暖。整飭官場，痛懲貪官，皇親貪污也殺頭，防止產生官逼民反；喜愛吟詩書畫，充實政餘生活。是我國歷史上傑出的文武全才、多才多藝的皇帝。《乾隆寫真》，正是用大量的真實史料，剖析了一個個對乾隆所加的各種誤解，正面回答了社會上流傳的各式各樣的無稽之談，恢復了乾隆的本來面貌，讓人們看到了真正的乾隆皇帝的模樣，這就是《乾隆寫真》的貢獻。

當然，作為封建君主的乾隆，必然具有君主們的另一面，關於這點，〈前言〉已經講了，而為了反應乾隆朝貪賄之風盛行，全書五十個題中，涉及貪官話題的就達十個之多，儘管乾隆大殺貪官，但「高官與貴族仍然勇敢的貪，不畏王法的貪」。為什麼會如此，答案都在書中。

陳教授的《乾隆寫真》，實際上是用中國傳統史學中紀事本末體撰寫而成，也許這是陳教授沒有想到的。但是經過陳教授的努力，使這種古老的史體「返老還童」，富有了新的生命力，成為使史學走向通俗化，走向人民大眾闖出了一條通道，開創了歷史人物採用紀事本末體的先河，這是可喜而成功的一舉。可以肯定，《乾隆寫真》不僅會受到人們的歡迎而廣為流傳，而且所使用的體裁與形式也會很快得到推廣和使用。在史學通俗化方面將會產生深遠的影響。

【推薦人簡介】倉修良，一九三三年出生於江蘇泗陽，一九五八年畢業於浙江師範學院歷史系，一直留系任教至今。現爲中國歷史文獻研究會副會長、學術委員會主任委員，中國地方誌協會學術委員。享受國務院特殊津貼。事蹟被收入三十多種中外名人辭典，收入《學林春秋》。主攻中國史學史、歷史文獻學、方志學、譜牒學。著有《中國古代史學史簡編》、《章學誠和〈文史通義〉》、《方志學通論》、《章學誠評傳》（兩種）、《史家・史籍・史學》；古籍整理：《爝火錄》（合作）、《文史通義新編》；主編：《中國史學名著評介》（三卷）、《史記辭典》、《漢書辭典》等。

〈初版前言〉

文武全才的傑出帝王——乾隆

從傳說時代的夏朝，到清朝覆亡，中國帝制歷史四千多年，其間存在過近一百個政權，約有一千零五十位左右的君主，這是世界歷史上少見的。

在這一千零五十位君主當中，又有一位少見的著名傑出君主，他不但執政時間長達六十三年，且享壽將近九十歲。他在文治武功上都有很多建樹，在融合民族與開拓國土上也貢獻良多，他就是清朝的乾隆皇帝。

乾隆皇帝姓愛新覺羅，名弘曆，生於清康熙五十年（一七一一），死於清嘉慶四年（一七九九），他的一生幾乎是與十八世紀相始終的。他是聖祖康熙的孫子，世宗雍正的愛子，死後廟號高宗，一般人常以他在位時的年號來俗稱他為乾隆皇帝。

乾隆皇帝在年輕時接受過很好的儒家教育，也受過騎射與西洋火器的訓練，堪稱文武全才。他父親雍正在位時，又讓他參與國家事務政策的制訂與執行，所以他繼承大位時確實是具有當一個皇帝的學識與能力的，也得到滿朝文武的擁戴。

然而治理一個大國並不是一件容易的事，尤其執政長達六十多年，他面臨過無數的大小問題，真可以說是艱苦備嚐。他即位之初，儘管他父親為他作了妥善的安排，但是仍有宗室權貴覬覦皇位，滿漢權臣想分享他的政權，他沒有自己的人事班底，因而只能在皇家長輩、兄弟與前朝舊臣中奮鬥學習，容忍調和，逐漸培養自己的實力，伸張自己的皇權，終於消除了政爭，鞏固了統治地位。

清朝的邊疆地區原本是由多種民族高層人士割據治理的，經過康熙、雍正兩朝的和平交涉與武力征伐，基本上已形成國家統一局面了。但是到乾隆之世，準噶爾蒙古又在帝俄的支持下從事了反清的活動，天山的回部又被外國勢力唆使發動了騷擾，四川的大小金川、青藏的地方貴族以及臺灣的復明人士也都先後掀起離心的風潮，弄得國家歲無寧日。乾隆皇帝為了國家統一，政治安定，不得不以武力鎮壓或以其他手段平息紛爭，達成多民族國家繼續發展的歷史任務。

乾隆強調以「中道」治國，所謂「治天下之道，貴得其中，政寬則糾之以猛，猛則濟之以寬」。事實上官場玩愒之風會因中道而助長，思想界也會由於執政者寬仁而變得放縱任為。尤其清朝以「異族」入主中國，漢人的思想理念不能不防。因此我們看到乾隆朝的貪官污吏與失職官員被誅殺的很多，而且不分滿漢，包括皇親宗室貴胄都有被處決的，顯然偏離了寬厚的中道。乾隆朝的文字獄案隨時隨地可見，並有因薄物細故，一字之微而使人入獄，甚至弄得大家家破人亡的。白色恐怖政策可謂發揮到了極致。

乾隆中期下令編纂《四庫全書》，這是一部包羅宏大，豐富浩瀚的作品，是中國古代思想文化的總滙。這一巨著的編纂確實使許多有價值的古代典籍都被保存與流傳下來，乾隆皇帝對中華文化整理與發揚做出重要的貢獻；但是他在編書的同時又指示銷毀掉很多「違礙」的書，或是刪改古書的若干內容，為了「杜遏邪言」，或是消除所有「詆毀本朝之語」。他的這種行事，不但箝制了知識分子的思想，也在中國文化史上造成一次文物的大浩劫。乾隆真是一位譽毀難定的君主。

乾隆對於人民的生活是非常關心的，尤其對農業的重視不遺餘力。他相信「民為邦本，食為民天」，「務本足國，首重農桑」。因此他注意提高耕作技術，推動農地墾拓，預防農業災害，興修各地水利，希望促進農業生產，增加經濟效益，讓人民生活安定，得到休養生息的機會。他常對地方官員們說：「視百姓之飢寒為己身之疾苦。」因而當民間有災荒之時，他會以蠲免賦稅、賑濟銀米、發行平糶、借種借牛，幫助災民渡過難關，恢復生產。乾隆在顧惜民生的工作上做得很多也很好，但是國家承平日久，人口滋生，到乾隆晚年，終於形成了社會嚴重的問題，地方動亂卻在官員腐化與財富不均的情形下發生了，也給清朝帶上了中衰之路。

乾隆時代的對外交涉，分為陸疆與海疆兩方面，陸疆以帝俄為主，海疆則以西歐列強為主。帝俄在康熙、雍正兩朝已與中國簽訂了條約，基本上處於和平交往的局面，只是他們侵略中國的野心未死，仍在西北邊疆慫恿少數民族高層分子發動騷擾。中國西南與東南邊疆在乾隆時代的問題比較複雜，像尼泊爾、西藏等影響中國的一些動亂，必須以武力去解決。英國在東南沿海的試探以及派專使來華，則讓乾隆皇帝考慮到閉關鎖國的政策是否繼續執行。由於國際知識的侷限，傲慢的乾隆堅持傳統的夷夏主張，導致日後的中英交惡，甚至最終以兵戎相向的不幸。

除了國事、天下事之外，乾隆皇帝本身與家事也有很多值得一述的。他嚮慕風雅、寄情翰墨，學識淵博，著作等身，是一位難得的多才多藝君主。他乾綱獨斷，權力無邊，使有清一代的集權專制統治到達登峰造極境地。他好大喜功，崇尚奢靡，多少影響到國家的財用耗竭。晚年專寵和珅，造成吏治敗壞，政以賄成的貪風大行，從此大清朝也走向了「衰世」。乾隆對妻妾子女的愛恨分明，對生母則是竭盡孝道之能事。他確是一個有感情、有個性的人。

總之，乾隆時代是清代歷史上的重要時代，也是中國帝制史上的重要時代，我們認識了乾隆的一生活動與政績，對於了解盛清時期的社會面貌、帝制後期的中國歷史特點及圍繞在乾隆四周的很多問題，都是很有意義的，本書寫作的動機與目的也在於此。

乾隆朝的史事紛繁複雜，史料浩瀚無涯，我除了利用清代官私書檔資料作出個人一些想法之外，也參考了孟森、蕭一山、王鍾翰、戴逸、周遠廉、倉修良、馮爾康、郭成康、成崇德、趙雲田、劉鳳雲、李景屏、黃愛平、劉耿生、常建華、杜家驥、莊吉發、王耀庭、馮明珠、洪安全、嵇若昕、林天人等前賢時彥的著作，我謹在此一併致謝。另外，遠流出版公司編輯部游奇惠、陳穗錚、傅郁萍三位小姐在本書出版時賜助良多，也應該致以謝忱。

最後也是最重要的，內子侯友蘭女士在我寫作期間給予的鼓勵與照顧，更應該感謝，否則本書是不能問世的。

〈再版前言〉

莫讓「戲說」誤導學習一位被人塑錯了的形象

以往學者常說：人應多讀歷史，多讀偉人傳記，如此可以增長應付未來生活的能力，可以提升人的高尚情操與完美心靈智慧。這一說法並非無因，因為人是人類社會的主體，一切歷史活動都是由人策劃的，由人參與行動的，由人進行工作的，沒有人，可以想見歷史的一切建樹與成就都無法完成，都不能創造。特別是偉人的生平與事功，可以為後人學習的很多，又能給後來者很多啟示，人更應該閱讀。

乾隆皇帝是清朝的偉大君主，也是中國歷史上少見的偉大人物，享年近九十歲，他一生可述的史事實在不少。先以他的生平、生活方面看：多年來一直流傳著他的生母族籍有問題，出生地有異說。他對三位皇后有著愛恨分明的不同待遇，第一位早死的孝賢皇后令他終生抱憾，至死不渝的對她有著真情的懷念。第二位那拉皇后卻不為他所喜愛，甚至最後被打入冷宮，孤獨的死去，皇帝還下令降格為她辦理喪事，夫妻恩情可謂斷絕無餘了。第三位皇后魏佳氏，有人說她是漢族女子，死後二十年才被追封為后，如果不是她的兒子被選為皇位繼承人，相信她是不會得到皇后榮銜的。乾隆還娶了不少妃子，有漢族的、朝鮮族的、回族的，據說乾隆愛新奇，若無儒家教條的束縛，他也可能挑選一些東西洋女子入宮，也未可知。不過，乾隆倒也不是位昏君，他並不沉溺女色，也從不酗酒，吃喝相當有節制，他的飲食講求品味，注重食補。他的藝術修養很深，能書能畫，而詩文創作尤多，現存詩章有近五萬首，真是一位前無古人、後無來者的多產作家。他對戲劇、玉器、銅器等也有極高的鑑賞能力，稱讚他是多才多藝的君主，應該不是誇張之語。

再就他施政成就看：他在寬仁康熙與嚴厲雍正兩朝之後為君，採取「寬猛並濟」政策是合時的。他重視農業、顧惜民生、蠲免錢糧、賑卹災民，使人民能得到安定的生活。他又懲治貪官、嚴禁「四惡」（盜賊、賭博、打架、娼妓）、消滅反動、加強文網。這種種寬猛不同的措施，確為他統治的帝國帶來一段時期的安定。

在乾隆年間，皇帝還下令纂修並出版了《四庫全書》，這是中國有史以來最大的一部叢書，也是世界文化史上僅見的大盛事。這部叢書的問世，對日後學者在箋釋群經、蒐補史料、辨證偽書、搜輯佚冊以及文學、訓詁、音韻、算學、地理、金石、方志等等學科上，作出補充與發明的裨益與貢獻。

乾隆皇帝統治的時間共六十年，後來傳位嘉慶又當了三年的太上皇，在這段期間中國各地發生過不少民變，每次戰役都有不少兵民死亡，國庫與民間也都耗損極多的財物。尤有甚者，乾隆又在他在位之時，花了四十多年的時間，對外國與邊疆地區發動過十次大戰役，他自己誇耀的稱為「十全武功」。這十大戰役的規模、費用、動員的人力、死傷的生命，絕非民變所能比擬。是乾隆為保衛國家領土主權而作戰的呢？還是他的窮兵瀆武、好大喜功的表現呢？至今仍為學界所爭論。

後人對乾隆評論的事還有很多呢！例如修纂《四庫全書》時對滿清稍有不利的文字都全數銷燬，形同秦始皇時代的焚書，成為中國文化史上的大浩劫。慘烈的文字獄案，更使得人民思想被禁錮，言論被鉗制，影響到文化的活力與創造。乾隆晚年寵幸和珅，無異是庇護貪官。倡議「自行議罪銀」，確是皇室不光彩的生財之道。皇帝不斷的舉行「木蘭行圍」，又經常有「東巡」遼瀋，「南巡」江浙等京外之行，成為「行旅天子」，還有大興土木造離宮等等，對國家財用來說，都是重大的負擔。乾隆的奢靡無度、好大喜功，實在可怕！他晚年體力衰退，記憶力差，讓他幾乎變成一個心理失常、行為怪異的人，以致理政不像早年一樣的勤勞，用人也做不到明察，判斷事件當然難以準確，加上昧於世界事務，仍以天朝大帝自居，清朝怎麼能不踏上中衰之途呢？

以上只是乾隆朝史事的犖犖大者，相信大家已經看出清朝乾隆時代以及這位主政的帝王有其特殊並重要的歷史地位了。然而近代不少野史、小說、電影、電視卻以「戲說」的手法描寫了乾隆，傳布了不少不正確而且有害的知識，因此我在八年之前就寫成《乾隆寫真》的小書，希望以中外可信的史料，特別是清宮中珍藏的第一手原始資料，給乾隆的生活、道德、心靈、感情、才能、貢獻等作一些深入並可靠的報告，好讓有心讀名人傳記的人不致被誤導，不致於去學習一位被人塑錯了的形象。

前些時我接到遠流編輯部游奇惠主編的電話，告知公司即將再版《乾隆寫真》，要我寫此感言，我很高興，因草成此文，作為再版前言。

二〇一〇年四月於加拿大西溫哥華山邊小築

目錄

乾隆寫真

陳捷先／著

謹以此書獻給
岳父侯慕彝教授
岳母侯李碧雲夫人
在天之靈

1 乾隆皇帝的生母

古代中國人家很重視血統，皇帝家族當然更是講求；然而就在著名而偉大的乾隆皇帝身上，多年以來，不少人懷疑到他的血統是否純正的問題。有人說他是漢人家的兒子，根本沒有滿洲人的血統。有人則認為他是雍正皇帝與一個貧窮奴婢野合所留下的龍種，不具帝王高貴身分。這些對乾隆皇帝不利的說法，至今仍在民間盛傳不衰，包括不少歷史小說與歷史戲劇都言之鑿鑿的描繪乾隆原是漢人家的孩子，被偷龍換鳳的進入宮中的，現在我們就來看看這所謂的「漢人說」吧。

在清朝末年，反清排滿風氣日盛的時候，有些文人也參加了行列，他們以野史方式，寫作了不少清宮的祕聞與醜聞，其中天嘏所著的《清代外史》中，有一節〈弘曆非滿洲種〉，就是首先提出本名為弘曆的乾隆皇帝血統有問題的文章，其中說：

浙江海寧陳氏，自明季衣冠雀起，漸聞於時，至之遴，始以降清，位至極品。厥後陳詵、陳世倌、陳元龍，父子叔侄，並位極人臣，遭際最盛。康熙間，胤禛（按為雍正皇帝本名）與陳氏尤相善，會兩家各生子，其歲月日時皆同。胤禛聞悉，乃大喜，命抱以觀，久之始送歸，則竟非己子，且易男為女矣。陳氏殊震怖，顧不敢剖辨，遂力祕之。未幾，胤禛襲帝位，即特擢陳氏數人至顯位。迨乾隆時，其優禮於陳者尤厚。嘗南巡至海寧，即日至陳氏家，升堂垂詢家世，將出，至中門，命即封之，謂陳氏曰：厥後非天子臨幸，此門毋輕開也。由是，陳氏遂永鍵其門。……

民國以後，許嘯天在《清宮十三朝演義》一書中，也說到乾隆原是海寧陳閣老所生之子，陳閣老就是指在雍正與乾隆時代擔任過山東巡撫與工部尚書的陳世倌，雍正妻子因生女而掉包將陳家男嬰換入胤禛家的，乾隆皇帝後來從奶媽口中才知道真相，所以常借南巡江浙之名，去海寧探望親生父母，不過其時陳世倌夫婦已過世多年，乾隆只得到墓前祭悼，行人子之禮。由於許嘯天的文筆生動，他的《演義》一時洛陽紙貴，乾隆為浙江海寧陳氏子孫之事也隨之深植人心了。

喜歡寫八卦流言的人往往抓到一點資料就大肆宣揚，不加考證，甚至因資料太多，內容不一，而有矛盾現象。如燕北老人所寫的《滿清十三朝宮闈祕史》即是一例。他也說乾隆是海寧陳閣老之子，當時因雍正皇帝沒有子嗣，正好王府與陳家同時有人生產之事，王府就以所生女孩偷偷換了陳家的男孩，這和《清代外史》與《清宮十三朝演義》中敘述的差不多。但是燕北老人在同一書中，又採用了清末學者王闓運《湘綺樓文集》中的說法，認為雍正帝「肅儉勤學」，不好聲色。有一年夏天，雍正生病，福晉與側妃都不願常作看護，侍候這位親王丈夫，結果由一位卑的妾伴雍正，五、六十天的伴侍，於是得了龍種，即日後的乾隆皇帝。同在一書，同在一人，而有兩種不同說法，可見傳說的不可信了。

然而人性裏有很多弱點，如幸災樂禍、偏好奇聞等等。辛亥革命推翻滿清之後，不少漢人對滿洲人懷有種族成見，對皇家的一切醜聞都信以為真，乾隆為漢人血統一事更是欣然接受，因為如此一來，無異是大清皇朝早就已是漢家的天下了。近幾十年來又被小說家，包括歷史小說、武俠小說家等人的加油添醬，誇張渲染，民間幾乎把這荒誕不經的傳聞視為可靠的史實了。

不過，研究清史的學者卻認為「倒亂史事，殊傷道德」，「不應將無作有，以流言掩實事」，因此他們從史料堆中發掘證據，重建當年歷史。關於乾隆生父為陳世倌之說，清史名家孟森、郭成康等人，曾作專文，為之辨正。專家們對傳言不實之處，寫了以下的糾正文字：

第一，浙江海寧陳家確實是官宦世家，從明朝中期到晚清，三百年間，族人中舉人、進士的高達二百多人，康熙時曾有兩次會考，陳家族人竟有三人同榜高中的紀錄。清朝康雍乾盛世，陳家在京中歷任尚書、侍郎以及在地方任職巡撫等官就有好幾位，連同順治朝的陳之遴，「位宰相者三人」，而乾隆時任工部尚書授文淵閣大學士的陳世倌是第三位宰相，也是傳說中乾隆帝的生父。然而陳世倌在拜相後不久以「錯擬票簽」革職，皇帝在諭旨中還說：「自補授大學士以來，無參贊之能，多卑瑣之節，綸扉重地，實不稱職。」語氣極不客氣，就皇帝對大臣而言，如此革職評語也是尖刻了一點，可見皇帝與陳世倌的關係應該是一般的君臣關係。

第二，偷龍換鳳、以女換男的事是不是有可能？答案是不可能。因為雍正生乾隆的時候是康熙五十年八月，當時雍正還是雍親王，年方三十四歲。雖然早年出生的兒子中已有三人死去，僅有第三子弘時仍健在，虛歲八歲。雍親王後來還生子女多人，直到他五十六歲時，即當了皇帝後的十一年，他仍生子弘瞻，可見他並沒有失去生殖能力。康熙五十年八月鈕祜祿氏為他生下弘曆，約三個月後妾耿氏又為他生下一女。雍正的妻妾都不斷的為他生兒育女，他有什麼理由要去抱陳家兒子回來為他作子嗣？再說當時正是廢皇太子、皇室大家惡鬥的時刻，康熙兒子們正從事爭奪繼承的鬥爭，雍正若把非滿洲血統的陳家男孩變作大清皇裔，犯罪是非常重大的，他不但絕無繼承皇位的機會，恐怕連性命都不能保全的。雍正是英明的政治人物，做這樣的事有必要嗎？

第三，陳家的兒子換來的女兒，在陳家長大，必然也會有她高貴身分，不能就此淪為民間一般女子的。野史與小說裏有說這位金枝玉葉的「皇家公主」，後來嫁給了江蘇常熟蔣廷錫大學士的兒子蔣溥，蔣家為尊敬這位「皇女」，特為她在家鄉蓋了「公主樓」，讓她舒適的居住。後來更有說：蔣家藏有一本公主嫁來的《奩目》底稿，「為陳氏嫁女時故物，中有御賜金蓮花，此金蓮花非公主、郡主不能得」。這些傳說文字經史學家考證，「公主樓」純屬虛構，訪問蔣家後人與常熟本地人都說未聞有此樓，可見這是訛傳，或是後世好事作家的誇大說法；而金蓮花作嫁粧一事，遍查清宮嫁皇女檔冊及《內務府掌儀司則例》等資料，均無一件賠嫁物單上有金蓮花的，可見也是不足徵信的傳言。

第四，傳說還有談到乾隆六下江南，有四次到海寧駐蹕，並為陳家花園隅園改作安瀾園，又賜陳家「愛日堂」與「春暉堂」匾額兩塊，認為是乾隆有報答父母深恩之意。經學者考證，「愛日堂」匾是康熙三十九年皇帝應侍讀學士陳元龍之請而寫的，與乾隆皇帝無關，當時陳元龍向康熙奏請說：「臣父之閨年逾八旬，謹擬愛日堂恭請皇上御書賜臣。」足見是陳元龍有報答父親深恩之意。「春暉堂」匾是乾隆五十二年皇帝賜給陳邦彥的，邦彥母親黃氏守節四十一年，將邦彥撫養成人，皇帝知道此事後，書寫了此匾以褒揚黃氏對其子的慈母之恩，也與乾隆出生陳家無關。至於改隅園為安瀾園的事，應該與錢塘江口海潮在乾隆二十五年以後突然轉趨北面的海寧有關。我們知道：錢塘江大海潮每年都會發生，明清時代都以築海塘來禦海潮，因為海塘一旦被沖破，則蘇、松、杭、嘉、湖等一帶全國最富庶之區必遭水患，政府財賦也會受到嚴重影響。因此從康熙統一全國之後就非常重視海塘工程。乾隆頭兩次南巡雖渡過了錢塘江，登會稽山祭大禹陵，但沒有到海寧。乾隆二十五年，海潮忽然北趨海寧，因此乾隆帝在三十七年第三次南巡時便有海寧視察工程之行。另外自清朝入主中原後，江浙一帶士大夫反清意識極強，海寧陳氏是江南大族，世代高官，姻親遍中外官場，陳家又有「盤根數百年」的古梅，「鳥歌花笑」的隅園，皇帝為籠絡南方文人，重視科舉出身的官僚，乃在陳家下榻，順道督察工程。乾隆帝南巡詩中有不少談到海塘的，從而使人了解他對海塘的關心與對人民生活的祈願。他對陳家隅園改為安瀾園，曾作過解釋說：「則因近海塘」，願東海之安瀾也。事實上，乾隆六次南巡，雖曾駐蹕陳家，但沒有一次召見過陳家子孫，「升堂垂詢家世」或到墓前祭悼等事，都是小說家的臆測想像之言罷了。

其次，我們再來看看乾隆生母的「賤婢說」。提出這一說的是清末詩人學者王闓運，他曾是曾國藩的幕僚，交遊很廣，聽到的各方傳聞很多，在他所著的《湘綺樓文集》中，有一則〈今列女傳〉，其中說：

> 孝聖憲皇后，純皇帝（按指高宗乾隆）之母也。始在母家，居承德城中，家貧無奴婢。……十三歲入京師，值中外姊妹當選入宮，隨往視之，門者初以為籍中，既而引見，十人為列，始覺之。主者懼，譴令入末班。孝聖容體端頎，中選，分皇子邸，得在雍府，即世宗憲皇帝王宮

也。憲皇帝肅儉勤學，靡有聲色侍御之好，福晉別居，進見有時。會夏被時疾，御者多不樂往，孝聖奉妃命，旦夕服侍維謹，近五六旬，疾大愈，遂得留侍，生高宗焉。

根據上述，乾隆生母原是居住承德的一位貧家女，後來進京，誤打誤闖的被選中秀女，分配到雍正的王府，後因伴侍雍正生病，終得寵幸而生乾隆。到民國三十三年（一九四四），又有一位周黎庵先生，得自遜清遺老冒鶴亭的說法，寫成了〈清乾隆帝的出生〉一文，內容比王闓運的更富傳奇性，更引人入勝。他說：乾隆出自海寧陳家「其所持理由，皆不充分，無足深辯」。冒鶴亭告訴他的才是信史。冒先生的說法約有：一、乾隆生母李佳氏，蓋漢人也。二、雍正有一年隨父皇康熙到承德打獵，射得一鹿，因飲鹿血而躁急不能自持，身邊無從妃，「適行宮有漢宮女，奇醜，遂召而幸之」，不料這隨便發洩的露水姻緣，乃種下了龍種。三、第二年李氏女子臨產，康熙急召雍正來承德詰問，雍正承認不諱，乾隆生後乃成為皇裔。四、冒鶴亭還根據「當地宮監傳聞，確指李女在避暑山莊一處「傾斜不堪」的馬廄內生下乾隆，日後清廷每年都列專款修理「草房」」，正為重視乾隆出生場地之故。

由於此上兩家的文筆生動，內容曲折多奇，又加上後來有人考證認為甚為可能，乾隆生母為承德李氏貧家女說也被不少人視為信史了。不過「青史字不泯」，要想「對歷史肆無忌憚，毀記載之信用」也是不可能的。以「賤婢說」而言，第一，清代選秀女的制度森嚴，不是隨便可以冒名參選，更不可能臨時混入而被選中的。第二，清朝皇室成員在《玉牒》上都有詳細記載，尤其新生嬰兒不僅即時報呈宗人府，而且有一定的手續，生母與子女要想竄改登錄《玉牒》談何容易。第三，乾隆生日為康熙五十年八月十三日，清宮多種檔冊都有明確記錄。承德李姓醜女應在前一年九月中懷胎才是正常。冒鶴亭也了解這一點，他說雍正去承德打獵時是「冬初」；可是康熙到承德山莊避暑，據史料所記，是四十九年五月初一離京，九月初三回鑾，當年閏七月，因此「冬初」之說不確，若說這一年雍正與李氏醜女在七、八月間野合懷孕，則乾隆在生母腹中至少有十一個月，或是更長，這與一般生育情形不合。第四，有人考證說在乾隆出生的康熙五十年七月，原先留在京城的雍正，突然赴承德，認為一定是為了「有極重大事情需要請命皇帝」，所以聯想到李氏醜女當時大腹便便待產，康熙急召雍正去面質實情，雍正才有承德之行。然而根據現存的滿文檔案，我們可以看出：當年雍正與他三哥胤祉確實留在京城辦事，不過到六月間，康熙手諭他們留京的兄弟可以分批到承德去度假，留守北京的皇子胤祉、胤禛、胤禟、胤䄉乃聯名上書，遵旨擬出兩項建議，請父皇康熙定奪。康熙後來批示：「皇太后既在此，則准五阿哥留此，十二阿哥、十四阿哥回京。換四阿哥、九阿哥在雨季前速來此，三阿哥不必來，可明年來。俟朕回宮，再行明確編班降旨。」四阿哥就是雍正皇帝胤禛，可見康熙是讓留京辦事的兒子們也輪班去承德「住夏」，並非因重大事務面質的問題發生。第五，關於「草房」每年修繕的事，確是清廷重視這些古老建築的表示，為什麼政府重視它們呢？原來草房為雍正時所建，並為它們題過匾額。乾隆也曾幾度訪問過草房，還作過不少首詩。但是詩文的內容不是為他出生或是懷念他的「醜女」母親的，而是強調他父親雍正在世時節儉美德，並用以垂示子孫的。例如「草堂栖碧嶺，樸構稱山林」、「岩屋三間號草房，樸敦儉示訓垂長」等等，都是說明雍正造草房是訓示子孫要儉樸。乾隆生於馬廄一說顯係於史無據。

乾隆的生母究竟是誰呢？鈕祜祿氏應該是可信的。根據清代官書所載，鈕祜祿氏的父親叫凌柱，高祖名叫額亦騰，由於家世不顯赫，祖父吳祿是個白丁，父親凌柱是四品典儀官，所以她在雍王府一直以「格格」為稱，比福晉、側妃的地位低很多。她生於康熙三十一年，四十三年（一六九二）選上秀女，以使女身分入侍貝勒胤禛的府第。康熙四十八年胤禛晉升為雍親王，鈕祜祿氏仍稱為「格格」，第二年生下乾隆，地位也未見改變，直到雍正登基，在雍正元年（一七二三）才封她為熹妃。

鈕祜祿氏封為熹妃之後，其地位仍在皇后烏喇那拉氏、貴妃年氏以及齊妃李氏之後。雍正元年，乾隆已十二歲多了，也已被他祖父康熙暗指為未來儲君，父親胤禛在即位後不到一年，確將乾隆的名字寫下封存在乾清宮正大光明匾後，決定以「儲位祕建法」指定弘曆為繼承人了。鈕祜祿氏在康熙末年還被皇帝讚譽過是「有福之人」，為什麼她的地位一直不高呢？原來雍正當皇子時，父皇康熙為他娶了嫡妻烏喇那拉氏，雍正封親王時，她也隨著被康熙封為王妃，那拉氏家軍功很盛，她父親費揚古是一品高官，官位步軍統領，掌京師九門治安重任，是皇帝特簡的滿洲親信大臣。貴妃年氏是巡撫年遐齡之女，其兄年羹堯歷任四川巡撫、總督、川陝總督，後來更高升為撫遠大將軍，也是位高權重之人。齊妃李氏，是雍正妻妾中生子女最多的人，也是諸妾中侍奉雍正最早的人。滿洲人家重視政治地位，尊卑次序，乾隆生母鈕祜祿氏因為家世寒微，以「使女」入侍雍正，所以在府邸裏一直地位高不起來，而且多年來勤理勞苦家務，以「格格」為稱。

鈕祜祿氏為乾隆生母也可以從另外兩方面來作一探討：由於她家不是高官，而且從小及入宮後即從事勤勞活動，所以鍛鍊成了她的強健身體，她不像那拉氏、年妃等人一樣都死在雍正之前，鈕祜祿氏卻活到乾隆四十二年，她享壽八十有六。乾隆年間她經常隨皇帝出巡，曾經三登五臺山、兩上泰山、四次下江南，很多次到承德避暑山莊住夏，她每次出遊登山，健步如飛，不亞於年輕人。也因為她有這樣的好身體，她唯一的兒子乾隆皇帝也能活到近九十歲的高齡。比起他的同父異母兄弟來，他是壽數最高的。現代醫學試驗得知，人的壽命與遺傳基因有關，鈕祜祿氏與乾隆的母子關係多少由此得一旁證。

此外，乾隆事母極孝，像似他要竭盡所能的讓她母親享盡人間幸福，除了帶她出遊全國各地之外，也讓她得到最高級的物質享受，在飲食與遊樂方面都是應有盡有的供應，逢年過節，更是取悅母后的歡心。特別是鈕祜祿氏過大壽時，如乾隆十六年的聖母六十大壽，二十六年的七十大壽及三十六年的八十大壽，都大肆鋪張的慶祝，並為母后演大戲、建佛廟，無所不用其極的使老人家開心。乾隆四十二年正月二十三日病逝後，乾隆帝傷心欲絕，痛摧肺腑，當即剪髮、服孝服、住蓆廬，一天一夜水漿不進，終夜不眠的寫下不少挽詩與感懷之作，乾隆對亡母的哀思比起多愁善感的文人絕無遜色。清史學者郭成康說：「在乾隆看來，似乎非如此則不能補償生母那充滿辛酸的韶華青春，非如此更不能表達自己報恩之情切而後心安。」我個人非常同意郭先生的看法。

乾隆皇帝的生母是浙江海寧陳世倌夫人之說以及承德窮醜的李姓女子之說，既然史料不足，而且可以證實都是荒誕不經之言，當然就不能相信了。而鈕祜祿氏之說則是清代多種官書的共認，並且明載皇家《玉牒》之中，應該是可以共信的。

2 乾隆出生地之謎

乾隆皇帝的生母是誰不但有流言異說，他的出生地點也似乎有問題。前者是清末以來好事文人不斷渲染而使傳說愈來愈多，愈說愈玄；後者則是乾隆當時就有人提出，而且經乾隆本人與他的兒孫否認、肯定再否認，弄得熱鬧一時，極為有趣。這確是想了解與研究乾隆的人應該深入探究的。

清朝最重要的官書之一《實錄》中記載乾隆的生地非常清楚：

高宗……諱弘曆……母孝聖……憲皇后鈕祜祿氏……以康熙五十年辛卯八月十三日子時，誕上於雍和宮邸。

這是《大清高宗純皇帝實錄》中的正式記載，文中「高宗」是乾隆皇帝死後的廟號，「雍和宮邸」是指雍正早年當皇子時的官邸，後來改名雍和宮的地方。

雍正皇帝在康熙三十七年被冊封為「多羅貝勒」，第二年分府居住，搬出皇宮。當時所分得的居所在「皇城東北隅」，這裏原是「明內宮監官房」，清朝入北京後一度劃給內務府作官用房舍，據說規模不大，如一般的「大四合院」；不過經過修繕整理，用作多羅貝勒皇四子胤禛（雍正帝的本名）官邸後，規制顯然不同了。由於主人是皇四子胤禛，所以當時也被稱為「禛貝勒府」或「四爺府」。康熙四十八年，胤禛又晉爵為「雍親王」，官邸當然也隨之改名「雍親王府」。康熙皇帝去世後，雍正繼承為君，當然他就搬進紫禁城居住了，「雍親王府」後來被升格為行宮，並由雍正皇帝親自賜名為「雍和宮」。雍正死後，乾隆皇帝又為了「安藏輯邊」，把雍和宮改建成喇嘛廟，至今北京雍和宮仍是著名的藏傳佛教藝術殿堂。

《清實錄》裏說乾隆於康熙五十年（一七一一）生於後來改名「雍和宮」的「雍親王府」，這應該是符合史實的。事實上，乾隆皇帝本人也不止一次的說他生於雍親王府，他有很多詩中都提到這件事，如乾隆四十五年寫的〈聖製新正雍和宮瞻禮詩〉云：

雍和宮是躍龍地，大報恩宜轉法輪。

例以新正虔禮佛，因每初地倍思親。
禪枝忍草青含玉，象闕蜂壇積白雲。
十二幼齡才離此，訝令瞥眼七旬人。

乾隆五十年正月初七（古人所謂的「人日」）皇帝又來雍和宮拜佛，曾作詩道：

首歲躍龍邸，年年禮必行。
故宮開詄蕩，淨域本光明。
書室聊成憩，經編無暇橫。
來瞻值人日，吾亦念初生。

乾隆六十年〈御瞻禮示諸皇子詩〉也有：

躍龍池自我生初，七歲從師始讀書。
廿五登基考承命，六旬歸政祖欽予。
月長日引勖無逸，物阜民安愧有餘。
深信天恩錫符望，永言題壁示聽諸。

上引詩中的「十二幼齡才離此」、「吾亦念初生」、「躍龍池自我生初」等句，都是說明乾隆皇帝自稱是在雍和宮中出生的，益發證明《清實錄》中所述的不假。

但是乾隆四十七年正月初七日他照例到雍和宮禮佛，後來所作的瞻禮詩中，卻有如下的文字：

從來人日是靈辰，潛邸雍和禮法輪。
鼉鼓螺笙宣妙梵，人心物色啟韶春。
今來昔去宛成歲，地厚天高那報親。
設以古稀有二論，斯之吾亦始成人。

乾隆四十七年正是皇帝七十二歲，所以他稱自己「古稀有二」，不過他在「斯之吾亦始成人」一句之下加了一段自註文字說：「余實於康熙辛卯生於是宮也。」同時在七十九歲那年，他也在年初去雍和宮拜佛，同樣的也作了一首〈新正雍和宮瞻禮〉詩，其中有「豈期蒞政忽焉老，尚憶生初於是孩」，表明了雍和宮是他誕生地，只是在這兩句詩文之後，他又加了註語：「以康熙辛卯生於是宮，至十二歲始蒙皇祖（按指康熙皇帝）養育宮中。」乾隆一再強調他生於雍和宮，而且在四十七年的詩句註文中用了一個「實」字，顯然是有人說他不是在雍和宮誕生的了，否則又何必多餘的告訴大家他「實」在是生於雍和宮邸呢！

乾隆皇帝的這個「實」字也許還有別的意思，例如「實」在出生於康熙辛卯五十年。可能有人對他出生時間有不同說法，他用「實」字來證實辛卯年無誤，當然這一想法是不對的，因為乾隆的兒子嘉慶是在乾隆執政六十年後，父皇禪位給他的，乾隆又當了三年多的太上皇才過世，就在嘉慶即位後一年，即嘉慶元年八月十三日，太上皇過大壽時，嘉慶與王大臣們為乾隆祝壽，作詩誌事，嘉慶所作的詩首句是：

肇建山莊辛卯年，壽同無量慶因緣。

在這兩句文字之下，又出現了註文說：

康熙辛卯肇造山莊，皇父以是年誕生都福之庭，山符仁壽，京垓億秭，綿算循環，以怙冒奕祀，此中因緣不可思議。

按照嘉慶皇帝的這段解釋文字，大意是康熙建造承德避暑山莊的辛卯年（康熙五十年），乾隆也就在這一年出生於這塊諸福匯聚的山莊中，「此中因緣不可思議」。

第二年夏秋間，乾隆以太上皇身分又來避暑山莊住夏，那一年八月十三日嘉慶為使父親高興，又令諸王大臣們賦詩為太上皇祝壽。嘉慶自己在他寫的詩句下再一次作了如下的註釋：

敬惟皇父以辛卯歲誕生於山莊都福之庭，躍龍興慶，集瑞鍾祥。……

前後兩年嘉慶皇帝都作了同樣的說法，可見他是堅信乾隆誕生於承德避暑山莊了。再加上乾隆自己也在詩中用過「實」字來加重解釋他誕生於北京城裏的雍和宮邸，因此我們可以相信在乾隆晚年以及嘉慶初年，確實有不少人認定承德山莊是乾隆皇帝的真正誕生所在。

乾隆皇帝在嘉慶四年正月初三日逝世，五年之後，嘉慶的詩集第一種《清仁宗御製詩初集》出版，其中也刊載了上引的兩首為太上皇祝壽詩，文字未經更動，由此可知：作為乾隆兒子的嘉慶，一直是相信他父親是在山莊出生的。

乾隆有沒有可能誕生於「都福之庭」的山莊呢？我們先來看康熙自從營建山莊之後，每年夏天與他的兒子來山莊的情形。

康熙的兒子很多，每年他來山莊時都會帶一些兒子與他們的眷屬同來，另外留一些兒子在京城裏辦事。以康熙五十年乾隆誕生的這一年為例，最初留在京城辦事的就有皇三子胤祉、皇四子胤禛（即雍正皇帝）、皇九子胤禟、皇十子胤䄉、皇十三子胤祥、皇十六子胤祿等人，後來康熙又命令在山莊與在京城裏的少數兒子作了調換，讓他們在工作與休閒上有些調劑，皇長子胤禔等人就回京辦事，而胤禛與胤䄉就在七月間到山莊度假了。山莊開始建造在康熙四十二年，以後不斷擴建，到五十年左右，不少康熙的年長兒子都在山莊有了私人所屬的住處，像皇三子胤祉當時就擁有七十多間房屋的一處別墅。雍正皇帝胤禛當年擁有房舍多少，不能確知；不過他的獅子園別墅在山莊裏也是有名的。康熙皇帝平常住在山莊的皇帝行宮中，偶爾也去兒子的別墅中作客，他就幾次去過獅子園作客，甚至還有傳說雍正與乾隆後來能繼承皇位都與這座獅子園祖孫三代的一次歡聚有關。因此，雍正既然在康熙五十年七月間去到了承德山莊，乾隆在山莊誕生的事就大有可能了。

承德的避暑山莊中至今還保存著一件古物，就是在法輪殿後、五百羅漢山前，有一個玻璃罩，罩內放著一個木雕的須彌座，座上有一個用紫檀木雕刻成精美的盆托，托內鑲著一只銅盆，據說這就是乾隆出生後三日洗澡用的「洗三盆」。乾隆的「洗三盆」放在避暑山莊，當然可以證明乾隆是生於承德了。

不過，這件事情並不能如此樂觀的下定論，因為在幾年之後，嘉慶皇帝顯然也改變初衷了，從以下幾則當時人的記述中可以了解當時的實況：

首先是一位滿洲工部侍郎名叫英和的，他在《恩福堂筆記》裏說：

丁卯歲，實錄館進呈聖訓，首載誕聖一條，仁廟即以為疑，飭館臣查覆。

「丁卯」是指嘉慶十二年；《實錄》是專記皇帝一生事功的編年史書；《聖訓》則是分類專記皇帝訓示的語錄；「仁廟」指嘉慶皇帝。英和在南書房裏參與機密，又當過翰林院掌院學士。他說嘉慶十二年修實錄的史官們在《實錄》與《聖訓》書中，把乾隆皇帝「誕聖」地弄錯了，令嘉慶生疑，因而命令「飭館臣查覆」。當時負責編纂《實錄》與《聖訓》的副總裁官是劉鳳誥，他急忙收集資料，主要的是乾隆皇帝自己寫的詩，英和也記述了這件事：

> 經劉金門少宰鳳誥奏：本聖製〈雍和宮詩〉，將聖集夾簽進呈，上（指嘉慶帝）意始解。而聖製詩註謂：余實於康熙辛卯生於是宮也。則知獅子園說，其訛傳久矣。

劉鳳誥字金門，當時官居吏部侍郎，故稱為少宰。他把乾隆的詩集子《清高宗御製詩集》中有關出生雍和宮的註文都夾上了夾簽，以便嘉慶皇帝檢閱。嘉慶看了皇父親自所寫的小註，當然就開始了解，生於獅子園說是訛傳的事，而且歷時很久了。劉鳳誥的證據使嘉慶改變了說法，而相信乾隆皇帝確實是誕生在雍和宮邸了。這也是我們今天在《實錄》中看到乾隆誕生於北京雍和宮的原因。

不過，嘉慶八年刊印成書的《清仁宗御製詩文初集》並沒有適時加以改正，其中祝賀太上皇萬壽的詩，註文仍印著乾隆誕生於承德山莊「都福之庭」的字樣，沒有想到這一疏忽竟掀起了政壇上一次大波瀾。

先說劉鳳誥因釐清乾隆生地之謎得到嘉慶的賞識，在《實錄》等書修成時特別加賞太子少保的官銜，另外其他同修《實錄》的官員如慶桂、董誥、曹振鏞等也都升官得到眷寵。不過，劉鳳誥後來因被御史彈劾在當考官時透露試題，接受賄賂，以致引起江南考生的鬧事，經過欽差大臣托津、盧蔭溥等人的調查，確認「請託屬實」，劉鳳誥因而被判到黑龍江充軍。後來雖被蒙恩釋回，但官運一直不振。而查案的欽差托津等卻在官場不斷竄升，官列大學士、尚書的高位，這令劉鳳誥嫉妒不已。

嘉慶二十五年，終於機會來了，這一年的七月二十五日，皇帝突然猝死在熱河避暑山莊。由於傳位人選一時不能確定，北京乾清宮「正大光明」匾後的金匣所藏人名無法得知，而國家又不能無君，於是隨行的王公大臣就在承德集會討論。從現存的史料看，當時與會的人似乎沒有分什麼黨派，只是有些大臣過分穩重，而發生了一些小爭論。最先發言的是宗室親王禧恩，他認為皇帝嫡后所生的二阿哥旻寧是正統，而且嘉慶十八年紫禁城裏大亂他平亂有功，得到「智親王」的嘉號，嘉慶生前意屬的人選，應該由他繼位。但是首席軍機大臣托津等人則說：二阿哥智勇雙全，眾望所寄，自當入承大統。不過金匣中的名單未見，萬一先皇硃筆親書的人名不是二阿哥，如何善其後呢？托津的考慮不能說沒有道理，但是聽在二阿哥耳中實在不是滋味。後來見到金匣中封藏的繼承人名果然是二阿哥，旻寧於是登上了龍椅，但他對托津、戴均元一批大臣始終厭惡，對他們在山莊會議時的猶豫不能釋懷。

新皇帝就是大家俗稱的道光皇帝，他在運送死去皇父棺木返京城時便命軍機大臣們寫了一份嘉慶皇帝的「遺詔」，不知什麼原因，以托津、戴均元為首的擬稿人竟又稱乾隆的誕生地是承德避暑山莊。當道光抵達北京後，大學士曹振鏞等人就向新皇帝指出「遺詔」中的嚴重錯誤，而暗中策動這次告發行動的人則是劉鳳誥。

道光皇帝本來對托津等人就不滿了，現在正好有了正當的理由，於是先下令要托津等「明白回奏」為什麼犯此大錯？托津等回答是他們參考了《清仁宗御製詩初集》，也就是嘉慶皇帝在太上皇乾隆死前兩年所寫祝壽詩下的註文。道光說他們「實屬巧辯」，因為嘉慶皇父所說的「都福之庭」語意是「泛言山莊」，「並無誕降山莊之意」，而乾隆《御製詩》久經頒行天下，「不得諉為未讀」。因此道光皇帝下令「托津、戴均元俱以年老，不必在軍機處行走」，托津、戴均元就這樣被逐出了軍機，另外還有盧蔭溥、文孚等人也受到降級的處分，軍機處與中央政府於是被道光寵幸的一批人曹振鏞輩把持了。

乾隆皇帝的出生地竟然在清代中期皇家以及君臣之間產生如此大的問題，甚至影響到中央政權的重組。曹振鏞等得勢後，在道光的命令下，把嘉慶皇帝御製詩註與遺詔都作了修改，內容統一的都寫成了乾隆生於北京雍和宮邸。

清朝官方與宮廷文書上的乾隆誕生地問題，雖然經道光初年的一番改動文字而解決了；但是民間傳聞依舊存在，特別是到了清末民初，更因反滿種族情緒的推波助瀾，乾隆出生地又扯上他生母的問題，承德貧賤李氏女之說隨之而生了。由於乾隆的生母若不是高貴的孝聖憲皇后鈕祜祿氏，則乾隆一支的子孫，包括嘉慶與道光在內，顯然在血統上都有了問題。他們的血統若有問題，得位之不正當然便是事實了。專家們因此認為乾隆在自己詩註中強調生於雍和宮邸，嘉慶後來承認劉鳳誥等的查證屬實，以及道光不惜重組軍機處高階人事，都與皇位繼承與皇室血統這些重大問題有關。這一看法固然是不無道理，但我個人卻有不盡相同的看法。我覺得如果我們能先摒棄乾隆生母是海寧陳家漢人或是承德貧醜宮女等的成見，跳出野史家與小說家所製出的傳聞框架，也許我們就可能產生出一些如下的思維來的。例如：

一、乾隆與道光都確說「誕聖」地是北京雍和宮邸，只有嘉慶提出異說，是他在為父親太上皇祝壽詩中小註上說的：「康熙辛卯肇建山莊，皇父以是年誕生都福之庭，……此中因緣不可思議。」事實上，嘉慶的詩註是值得推敲的，他說承德山莊「肇建」於「康熙辛卯」，這一點就與史實不符，因為承德山莊「肇建」時間是康熙四十二年癸未，不是乾隆出生的五十年辛卯，兩件事不能相提並論。再說「此中因緣不可思議」，是不是與康熙六十一年，皇家祖孫三代歡聚於山莊獅子園有關呢？因為康熙當時對孫子乾隆極為喜愛，稱讚乾隆日後可登大位。我們知道：康熙一生服膺朱熹的理學，很重視道德形象，行事遵循儒家學理。乾隆若是貧賤宮女所生，在他看來必是不成體統的，必不會對乾隆有好感的，不可思議的因緣也就必不能發生了。總之，嘉慶皇帝為太上皇寫祝壽詩絕對是為諂媚的，沒有仔細考慮到時間準確與否的若干小節上面。

二、嘉慶能繼承皇位實在是有一番曲折的。乾隆初年，皇帝一心一意的要立嫡立長，可是嫡后富察氏所生的兩個兒子永璉與永琮，雖然都被乾隆指定為屬意人選；但是這兩位皇子福小命薄，都在未成年時就先後夭折了。直到乾隆三十八年，皇帝六十三歲時，才密定嘉慶為儲君。當時乾隆只有七子存活在世：永璂是廢后所生，當然沒有資格為繼承人；永珹足殘好酒，顯然不是理想人選；永瑆才華出眾，且書法極精，但是極重文人氣息，不適合理政；永璘等皇子年紀過小，學識能力都不足為君。只有永琰（嘉慶本名）「治默持重」，喜怒不形於色，自幼喜讀書，十三歲即通五經，「上下三千年，治迹一目了然」，因此乾隆才以他為未來的皇位繼承人。永琰在密定為儲君後二年結婚，據說他還是「日居書屋，惟究心治法源流，古今得失，寒暑無間」，可見他整天尚友古人，對書本之外事知道不多，對他父親出生地或有所聞，可能也未能深究，無法確定，所以當實錄館官員檢出證據時，他也就相信雍和宮之說了。再說嘉慶為太上皇寫祝壽詩時已經三十多歲，思想早已成熟，乾隆出生地若與得位正不正以及血統事有關，他又何必妄生枝節，搬磚頭來打自己的腳呢？況且他自己的母親也可能是漢人冒充入宮的，而且還是一個出身不高貴的的優伶或樂工，嘉慶能自揭瘡疤嗎？

三、乾隆誕生於承德之說確實在乾隆末年已流傳了，不然皇帝不會在詩註裏用「實於康熙辛卯生於是宮（雍和宮）」來闢謠。然而當時的這項傳聞在乾隆與一般大臣看來必不嚴重，否則皇帝會下令徹查，甚至會大興獄案，嚴懲造謠生事之人，因為這是詆毀皇家的大不敬事件。乾隆朝因薄物細故不知發生過多少文字獄案，官民因犯大不敬之條的也不知被殺了多少人？如此惡意的「誕聖地」謠傳更是嚴重的罪行，豈有不嚴查嚴辦之理？嘉慶在劉鳳誥等官員提出文字證明後，也不再堅持「都福之庭」之說，甚至後來也沒有下令盡改他詩集中的註文，這也十足表明這是普通事件，不像後世人想像的那麼嚴重。道光重提舊事，完全是借題發揮，用以除去托津等軍機處重臣，純粹是政治鬥爭的問題。

以上只是我個人的想法，未必正確，希望將來能出現可靠史料確證乾隆出生於承德山莊，否則我們還是相信當事人乾隆說的為是了。

3 幸運的皇子

清朝宮廷檔案中珍藏了一份乾隆皇帝生辰八字的資料，內容是：

辛卯（康熙五十年）
丁酉（八月）
庚午（十三日）
丙子（子時）

在這份八字資料之下還有康熙末年人所作的批語，批語文字很長，重要的有：「生成富貴福祿天然」、「文武經邦，為人聰秀，作事能為」、「名爵祿壽，子秀妻賢，天然分定，無不備焉」

、「為人仁孝，學必文武精微」、「諸事遂心，志向更佳。命中看得妻星最賢最能，子息極多，壽元高厚」。由此可見：乾隆生來就是大富大貴的命，唯一較差的是：「幼歲總見浮災，並不妨礙。」

生辰八字本來是漢族古代一種承襲的算命術，專家認為從陰陽五行學理，對人出生年月日的天干地支，算得出一個人的貴賤壽夭、吉凶禍福。這種八字算命之術，在明清時代極為流行，連滿族皇家也很重視此術。乾隆既有如此好命的八字，當然對他的未來關係重大了。

乾隆出生的那年，正是康熙廢黜又復立皇太子胤礽後不久，其他皇子們暗鬥爭取繼承皇位的緊張時刻。第二年，康熙皇帝又認為皇太子胤礽「狂疾益增，暴戾僭越」，「乖戾如故，卒無悔意」，下令再度廢儲，皇位繼承人從此虛懸著，直到他死亡時都沒有公開宣布繼統人選。不過在這十年之間，康熙也曾考慮過皇三子胤祉、皇四子胤禛（即雍正）、皇十四子胤禵等人，但因種種原因，未能確定。尤其在康熙五十七年之後，胤禵被封為撫遠大將軍，專任西征大任，滿朝文武都以為胤禵就是皇帝的屬意繼承人了；但是胤禵在康熙六十年底返京述職，停留約半年之後又回到前線，未見康熙有何表示，而其時離康熙去世僅僅五個多月，可見康熙心目中的「堅固可托之人」又不是胤禵了。

就在胤禵重返前線邊疆前約一個月，在胤禛的安排下，康熙見到了他的孫子弘曆（乾隆）。當時康熙的身體還算不錯，在暮春三月十二日他來到了胤禛的別墅圓明園作客，在盛開牡丹的樓臺前，皇帝與皇四子的家人聚會。只有十二歲的弘曆，給祖父的印象極深，可能是因為這位孫兒的相貌不凡，或是他的談吐舉止優於常人，竟然使得祖父皇帝回宮後就急於了解弘曆的一切情形，包括生辰八字，而且在全國臣民為康熙慶祝六十九歲大壽（三月十八日）後幾天，皇帝又到了一趟圓明園，隨後更公開宣諭將胤禛的兒子弘曆帶回宮中養育。

康熙的孫輩有幾十人，有幾個被帶到宮中養育的呢？根據史料所記，在弘曆之前，尚有弘晳一人。弘晳是廢皇太子胤礽的兒子。朝鮮人來朝貢的說：「皇長孫（弘晳）頗賢，難於廢立云。」他們是說弘晳很賢能，影響到康熙對他父親胤礽的廢立。弘晳曾被養育宮中，可見皇家幼童能被養育宮中是有特殊意義的。

康熙可能在以前沒有見過弘曆，但他對弘曆似乎是早有所聞了。乾隆皇帝晚年在承德避暑山莊住夏時，曾寫了一首〈游獅子園〉詩，詩句下有註文說：

> 康熙六十年我十一歲，隨皇考（雍正）至山莊觀蓮所廊下，皇考命我背誦所讀經書，不遺一字。當時皇祖（康熙）近侍皆在旁環聽，都很驚異。皇考始有心奏皇祖令我隨侍學習。

從這段詩註文字中，不能不讓我們聯想到雍正在當時是悉心計劃這些事的。他先由弘曆背經書一字不遺，令康熙的近侍太監臣工們「環聽」「驚異」，而後向康熙報告。第二年又安排祖孫在圓明園牡丹臺前見面，促成弘曆養育宮中，提升地位。

康熙六十一年四月，皇帝照例到避暑山莊住夏，剛到宮中養育的弘曆也「隨駕扈從」到了塞外。在這一年夏秋兩季的五個多月的時光中，祖孫二人幾乎朝夕相處，不僅遍遊了山莊的三十六景，也到木蘭圍場裏經歷過獵熊的危險場面，弘曆差一點被負傷的大熊撲倒，幸虧祖父及時以虎槍射殺了大熊。皇帝祖父也在山莊裏乘理政餘暇，與愛孫討論經書理學，特別談到周敦頤的〈愛蓮說〉，皇帝發現弘曆竟能了解蓮是君子之花，而君子是一般人立身處世的最高境界，其地位不亞於聖人。十歲出頭的兒童，能講出如此的大道理，真令祖父大悅。祖父也教他勤練書法，並在弘曆面前形似舞龍般的揮毫，寫了長短條幅與扇面給弘曆。弘曆日後書法上略有成就，可能都與他祖父的這些身教有關。

同年在山莊中還發生了一件重大而又可能影響弘曆一生的事，那就是康熙會見了弘曆的生母鈕祜祿氏。如前所述，鈕祜祿氏母家在官場地位不高，寒微的雍邸格格當然無由見到皇帝的。這一年胤禛隨扈到了山莊，也帶著鈕祜祿氏同來住夏。雍親王胤禛的山莊別墅叫獅子園，康熙帶著弘曆到園中探望孫子的父母，恭迎皇帝的胤禛與他的嫡福晉烏喇那拉氏，不敢帶庶妾在旁侍候，康熙於是令烏喇那拉氏「帶其（按指弘曆）生母來見」，不料一見之下，康熙禁不住的連稱：「有福之人。」乾隆晚年寫文章回憶這些舊事時，總覺得皇祖當年的這番話是別有含意的。

康熙六十一年九月，皇帝帶著家人回到了北京，照常處理政務。十月下旬還去南苑打獵，十一月初七日微感風寒，皇帝感到身體不適，從南苑回到暢春園休養，沒有料到一星期之後，即十三日凌晨病情急轉惡化，就遽然撒手人寰了。康熙臨終時沒有留下親書的遺詔，因此繼承人的問題產生了日後的爭執。雍正即位後說是「倉猝之間，一言而定大計」。但是與他爭繼的兄弟們誰能相信呢？骨肉相殘的皇家變故因而更變得慘烈了。

雍正能繼統為君，至今仍有不少人認為他是由非法手段取得，這件事我們因沒有確切史料作依據，一時也很難證明。不過當時朝鮮人倒記述下了一些文字，非常巧合的應驗了一些史事，值得大家一讀：

康熙皇帝在暢春苑病劇，知其不能起，召閣老馬齊言曰：第四子雍親王胤禛最賢，我死後立為嗣皇。胤禛第二子有英雄氣象，必封為太子。……又曰：廢太子、皇長子性行不順，依前拘囚，豐其衣食，以終其身。廢太子第二子朕所鍾愛，其特封為親王。言迄而終。

這是朝鮮使臣在康熙死後約一個月光景，從北京回漢城時對國王的報告。文中「胤禛第二子」係指弘曆，「廢太子」是指胤礽，「皇長子」是胤禔，「廢太子第二子」則是弘皙。朝鮮使臣的報告一向視為他們取得的情報，列為機密資料。北京與漢城的官員是不可能見到的。可是這份密報裏所說的各事，在雍正統治的時期，幾乎都全部應驗了，如弘曆在雍正即位不到一年後就被指定為皇太子、未來皇位繼承人；廢太子胤礽在雍正繼統為君後也沒有被殺，只是「依前拘囚」，雍正還不時派人「賚予服食」，直到病死拘所；皇長子胤禔則活到雍正十二年才過世，也算是「豐其衣食，以終其身」了；至於弘晳先被雍正封為理密郡王，後來更晉封為親王。這不能說是朝鮮使臣猜測的巧合，事實上當時朝鮮人在北京是花錢向清朝官員們買情報的，由此看來，康熙死前京城裏顯然已經流傳乾隆有「英雄氣象，必封為太子」的傳言了。

康熙不是一個糊塗的君主，他在死前十年之間一直在慎重選定繼承人，並且還在研究一套完善的繼承制度。但是後來因為西疆蒙藏的戰事與自己病發遽死，未能正式公布他的接班人。他鍾愛孫子弘曆，可能是因為生辰八字的主富主貴，也可能是因為他確是才貌品德兼優。然而我個人卻有另一種想法，即是弘曆外婆家無黨無派，政壇上的糾葛關係不多，康熙對他「隱有付託之意」，希想能消除當時皇子與有權勢外家結合掀起政爭的危機，這也許是一種有遠見的安排。還有一點就是弘曆是雍正成年諸子中惟一母親是出身滿族的，這也許與他被選為繼承有關，我認為也值得我們注意。

雍親王胤禛在康熙末年諸皇子爭繼時，他的憑藉並不多，表現得很消極，要做個「富貴閑人」

以掩飾其野心。其實他是城府極深的人，暗中不停的從事政爭的活動。他也是精通八字算命術的高手，邸第裏還養著幾位高僧為他專研命理之學。乾隆的好命八字是不是假造的，我們不敢說；但是讓康熙皇帝知道他兒子的生辰八字，應該是他悉心安排的。觀蓮所的背書，牡丹臺的相會，獅子園的恩眷等等，相信也是胤禛一手策劃的，以期幫助他達到繼承皇位的目的。

雍正的妻妾為他生過好幾個兒子，為什麼他偏愛弘曆呢？原來雍正嫡妻烏喇那拉氏所生的長子弘暉在康熙四十三年八歲時就已早殤；側妃李氏所生的弘昐也在康熙三十八年夭折；李氏的另一子弘昀也僅活到十一歲就病逝；在康熙末年，比弘曆年長的只有李氏所生的第三子弘時還健在，比弘曆年長七歲；不過這個弘時顯然在年輕就為人放縱不法，康熙不喜歡他，在弘曆被送入宮中養育的前四年，皇家舉行了一次冊封皇孫大典，胤祉的兒子弘晟、胤祺的兒子弘昇都被封為世子，弘時當時已十七歲，到了受封之年，但未被列入冊封名單，這是與他平日行為的表現有關的。雍正另外還有一個兒子與弘曆同年出生的叫弘晝，生母也是一直不為人重視的格格耿氏，康熙在牡丹臺與雍正一家人聚會時他也在場，可能是他的相貌與談吐都不如弘曆，而雍正為他做的工作又不多，所以皇祖對他的印象不深，當然他日後的命運就不能與弘曆相比了。

雍正對弘曆如此鍾愛，必然會引起弘時與弘晝的妒嫉與不滿。尤其是雍正即位之後，雖然大家不一定能確證金匣子裏預立的繼承人就是弘曆；但是雍正的很多行事是足夠給人暗示了。例如在儲位密建法宣布之前，在雍正元年正月初次郊祀之日，皇帝把弘曆召來養心殿，「以肉一臠賜食」，弘時、弘晝都沒有這份光榮。又如在同年八月雍正向大臣們宣布祕密建儲，親書未來繼承人名於金匣之後的十一月十三日，皇帝又派年僅十三歲的弘曆去遵化康熙陵寢祭皇祖周年忌辰，第二年同樣的再派弘曆前往。如此一再的安排，當然是有深一層寓意的，但在弘時等人心中，確實不是滋味，很難消受。

弘時在雍正諸子中既然倫次居長，康熙六十年又為雍正生下了一位長孫，理應他是雍親王府的接手人才是；但是康熙封世子時沒有他，帶入宮中養育的又不是他，金匣裏藏著的繼承人名字顯然更不是他，當然他對幼弟弘曆就表現不友善了。雍正知道弘時的居心之後，便毫不留情的將弘時先趕出宮廷，讓他成為雍正頭號政敵廉親王允禩的繼子，這一皇家過繼的措施，說明了弘時在理念與行為上是反對父皇的。雍正四年春天允禩被整肅革除宗籍時，皇帝也說弘時為人「斷不可留於宮廷」，一併將他「撤其黃帶」，弘時從此與雍正不再有父子的關係，與皇家也更為疏遠了。第二年雍正更以弘時「性情放縱，行事不謹」為名，削除了他的宗籍，不久後弘時就死去了。近代史家認為弘時最初因不滿父親偏愛幼弟弘曆而憤恨在心，後來又捲入了爭奪繼承的鬥爭，終於造成父子親情斷絕的慘變，實在是清代皇家的不幸事。

弘時的死當然對弘曆走上皇帝之路是有利的，雍正又為這位好命的兒子做了一件清除障礙的工作，弘曆八字中的「幼歲總見浮災」，也許就是指弘時吧！

弘晝實際上也是雍正生前喜愛的兒子，這可以從他後來擔任很多朝中事務窺知的。不過弘晝的性格有些問題，《嘯亭雜錄》一書中提到過一件事：

> 和恭王諱弘晝，憲皇帝（雍正）之五子也。純皇帝（乾隆）甚友愛，將憲皇所遺雍邸舊貲全賜之，王故甚富饒。性驕奢，嘗以微故，毆果毅公訥親於朝，上以孝聖憲皇后故，優容不問，舉朝憚之。最嗜弋腔曲文，將琵琶、荊釵諸舊曲皆翻為弋調演之，客皆掩耳厭聞，而王樂此不疲。又性喜喪儀，言人無百年不死者，奚必忌諱其事。未薨前，將所有喪禮儀注皆自手訂，又高坐庭際，像停棺式，命護衛作供飯哭泣禮儀，王乃岸然飲啖以為樂。又作諸紙器為鼎、彝、盤、盂諸物，設於几榻以代古玩。……

弘晝的怪癖實在很多，而且性情驕橫，知子莫若父，雍正不選他做繼承人，看來是有原因的。

雍正不但為弘曆清除了弘時的威脅，給予弘晝一些特權，讓他將來輔佐哥哥弘曆，同時在雍正五年又為弘曆安排了另一件確保弘曆能平安登上皇位的事。這年七月間他為弘曆迎娶了嫡福晉。這位叫富察氏的兒媳婦，家世是顯赫的，祖父是康熙朝獨排眾議支持皇帝盡撤三藩的戶部尚書米思翰，伯父則是在康雍時代權重一時的大學士馬齊，弘曆娶了富察氏，無異是增添了極大的政治資本，使將來統治地位更為穩固。

康熙因乾隆大富貴命而傳位於雍正的說法顯然玄了一點，也不符合康熙處事的原則；不過雍正以兒子作為繼承鬥爭的一種手段，刻意的為弘曆安排影響他一生前途的事，倒是可以說明當時宮廷內鬥的一些實情的。對於弘曆這位乾隆帝而言，有「慈父」如雍正為他開闢一條通往君位的康莊平坦大道，他確實是幸運的皇太子了。

4 新君乾隆是不肖子？

弘曆自從被祖父鍾愛，養育宮中之後，他的地位變得重要了。雍正即位後第二年（一七二三），他又被選為未來的皇儲，雍正帝為了培養他成為一代令主，特別「妙選天下英賢」，當他的老師，一時儒學名臣朱軾、張廷玉、徐元夢、嵇曾筠、蔡世遠、鄂爾泰、蔣廷錫等人都進入了上書房授課，因此弘曆便有系統地接受到修、齊、治、平的儒家教育。由於他自身聰明好學，不幾年對四書五經都有了相當深度了解。加上他從十七叔果親王允禮處學到火器技術，從二十叔允禕處學到騎射本領，很快就成為允文允武的傑出青年。雍正十一年他被封為寶親王，「寶」字就是「寶座」，意味著他將是登上大位的人。不久他被父皇命令代祀北郊，試作皇帝的準備。同時又讓他參與西北準噶爾用兵的軍機大事。雍正十三年因貴州苗疆騷動，他更被雍正重用與叔父果親王允禮同為辦理苗疆事務王大臣，直接處理涉及改土歸流等的國家重大事務。因此不論在文化素養方面，或是在辦事能力方面，弘曆都已經具備了一個君主應有的知識與經驗。

雍正十三年（一七三五）中秋節，清朝皇家在歡愉的氣氛中度過；不過到八月二十日，皇帝感到身體微有不適，似無大礙，因為皇帝還照常辦公理政。二十三日當天，張廷玉還在圓明園裏進見了雍正，但夜間皇帝突然病逝了，以致使不少人「驚駭欲絕」，慌亂萬分。所幸雍正生前對皇位繼承事預作了安排，受雍正帝之託的張廷玉、鄂爾泰等國家重臣，隨即取出雍正早年的建儲密旨，在燈下當著眾大臣面前宣讀，於是公開而合法的確定了弘曆的嗣君地位。弘曆有了皇帝的身分，也立即宣稱父皇當年有指定莊親王允祿、果親王允禮、大學士鄂爾泰、張廷玉四人為輔政大臣的遺命，因而任命允祿等四人為輔政大臣，國家領導核心由此建立。

當天夜裏弘曆與王公大臣們一起連夜將雍正的遺體運回紫禁城，發喪成服，順利的進行治喪的工作。

八月二十七日，清廷向全國頒布雍正皇帝的遺詔。九月初三日，弘曆在祭告天地祖宗之後，在京城太和殿登基，大赦天下，宣布明年改為乾隆元年，頒乾隆新曆，鑄乾隆通寶新錢，弘曆至此成為全國臣民的最高統治者，當年他剛剛滿二十五歲。

清朝皇家最講求「敬天法祖」，老天爺當然不能得罪，祖先的一切想法與政策也要效法，不能隨便捨棄或更張，否則就成了不肖子孫與名教的罪人了。乾隆皇帝上臺後，對天是崇敬不已的；但是對他父親的很多行事作風與政策命令，他顯然有些不滿，沒有效法。現在列舉諸事，以為說明：

雍正十三年八月二十五日，也就是老皇帝崩駕後五十多個小時，弘曆突然以新君身分頒發了一道詔書，他說：

> 皇考萬几餘暇，聞外間有爐火修煉之說，聖心深知其非，聊欲試觀其術，以為遊戲消閑之具，因將張太虛、王定乾等數人置於西苑空閑之地，聖心視之如俳優人等耳，未曾聽其一言，未曾用其一藥，且深知其為市井無賴之徒，最好造言生事。皇考向朕與和親王面諭者屢矣。今將伊等驅出，各回本籍。若伊等因內廷行走數年，捏造在大行皇帝御前一言一字以及在外招搖煽惑，斷無不外露之理，一經訪聞，定嚴行拿究，立即正法，決不寬貸。

又說他們「平時不安本分，狂妄乖張，惑世欺民，有干法紀」，還下令將「彼等承蒙皇考及朕賞賜之御書、朱批、字跡等，一律繳回，不許私藏」。弘曆在驅逐道士們出宮時，同時也趕走了一批和尚，據說這些僧人「日侍宸扆，參密勿，雍正帝倚之如左右手。傳聞隆、年之獄，允禩、允禟之死，皆文覺贊成。乾隆即位，嚴飭僧人，其侍帷幄者皆放歸山，文覺獨立沿途步行歸長洲，敕地方官稽查管束」。

弘曆還沒有正式舉行登基大典就如此緊急的驅逐和尚道士出宮，究竟為了什麼呢？原來雍正時代在內廷蓄養僧道的事外間盡人皆知，而這批僧道不是幫雍正整肅政敵大臣，就是忙於騙人製藥，甚至雍正也是被他們修煉的丹丸害死的，而這一消息已經隨著雍正的暴斃流傳在京城中，太監宮女們也竊竊私語的討論，如北京西郊上空長年不斷的有裊裊青煙出現，皇帝被女俠刺死，而這次行刺案與僧道有關等等。弘曆為了遏止謠言，洗清宮中污跡，迫不及待的以強制手段解決問題。同時在他九月初三日正式即位後不久，又下諭指責不肖僧徒「借佛祖兒孫之名，以為取利邀名之具，奸詐巧偽，無所不為」，令禮部傳旨，諭告曾在內廷行走之僧人，不得「招搖不法」，不得誇耀世宗時所受恩遇，違者必按國法治罪。九月下旬又下令出家人應領有度牒，以限制其人數並便於管理。乾隆帝的打擊僧道措施，實在都是不「法祖」的行為，而且辦理得如此之快，絕非孝行。

雍正皇帝生前很迷信，特別歡喜大臣報告地方上發生祥瑞的事，如天降甘露、地生靈芝、麒麟生、鳳凰出、嘉禾、慶雲等等，他認為這些禎祥事象，都能標誌著他統治下的政治清明，人民安樂。大臣們為了投其所好，不斷的奏報祥瑞，皇帝也迭加獎勵，因此雍正一朝，自始至終，所謂祥瑞層出不窮。乾隆即位之後，在他父親死後不到一月，就以正式公文，降諭禁止大臣奏陳祥瑞，他說：

茲朕纘緒之初，仔肩伊始，深恐未能繼述萬一，豈能遽召嘉祥？唯當與中外諸臣以實政實心，保守承平大業，時深乾惕，日凜几康，切不可務瑞應之虛名，致啟頌揚之飾說也。

可見乾隆厭惡大臣報嘉祥的頌揚行徑，傳諭各省文武長官，今後「凡慶雲、嘉穀一切祥瑞之事，皆不許陳奏」。這又是一件違反父皇雍正行事的實例。

最讓雍正不能含笑九泉的可能是乾隆為宗室皇親翻案了。雍正生前為政治鬥爭不惜骨肉相殘，整肅兄弟家人。長兄允禔與二哥允礽在康熙朝就被禁錮，雍正沒有釋放他們，這二人最後在軟禁的住所裏含恨去世。雍正的三兄允祉、十弟允䄉與十四弟允禵，被判終身監禁。最慘的是八弟允禩與九弟允禟，他們被奪官受審，強迫改成阿其那、塞思黑不雅名字，受盡侮辱，最後被折磨而死，真是悲慘絕倫。同時還有很多的宗室晚輩，或奪去爵位，或削籍離宗，變成庶民，甚至有抄家流放的，連雍正自己兒子弘時，也成為政爭的犧牲品，皇帝不顧父子之情將他趕出皇家宗室之外。乾隆上臺之後，顯然對他父親殘害家族親人的行事表示了不滿，在雍正死後四十多天屍骨未寒之時，他竟公開的翻案了，那一年的十月初八日，皇帝降諭說：

阿其那、塞思黑存心悖亂，不孝不忠，獲罪於我皇祖仁皇帝，我皇考即位之後，二人更心懷怨望，思亂宗社，是以皇考特降諭旨，削籍離宗，究之二人之罪，不止於此，此我皇考之至仁至厚之寬典也。但阿其那、塞思黑孽由自作，萬無可矜，而其子若孫，實聖祖仁皇帝之支派也，若俱屏除宗牒之外，則將來子孫與庶民無異。當初辦理此事，乃諸王大臣再三固請，實非我皇考本意，其作何辦理之處，著諸王滿漢文武大臣翰詹科道，各抒己見，確議具議。

皇帝既有意要翻案，而且說當初是「諸王大臣再三固請」的，不是雍正的本意，這批皇家近支子孫削籍案，當然就非重議不可了。到同年十一月二十八日，皇帝依大臣建議，「將允禩、允禟子孫均給予紅帶，收入玉牒」，又恢復他們高貴身分了。

就在重議允禩、允禟家子孫恢復宗籍時，皇帝又令宗人府調查犯罪被黜的宗室覺羅子孫，「分賜紅帶、紫帶，附載玉牒之處，酌議具奏」，因此又有一批宗室子孫恢復了名號。隨即又有不少被雍正軟禁高牆或關進大牢的宗室王公們也陸續被釋放出獄，包括允䄉、允禵這些被雍正視為大敵的兄弟都恢復了自由，並賜以爵位。乾隆當然也沒有忘記他的三哥弘時，不但恢復弘時皇子的地位，並且收入玉牒。

最有趣的一件不「法祖」例子，是乾隆皇帝下令殺了湖南鄉下兩位冬烘先生曾靜與張熙。

雍正六年（一七二八）曾靜派遣他的學生張熙到陝西向川陝總督岳鍾琪投書，勸他起兵反清。岳鍾琪立即向雍正報告，於是將曾靜、張熙等人一起逮捕下獄。後來因為曾靜等供出是看了呂留良遺著才反清的，雍正乃大興呂留良獄案，並編印《大義覺迷錄》一書，為自己篡權奪位闢謠。雍正後來釋放了曾靜、張熙以示寬大，同時命令天下讀書人都須看《大義覺迷錄》一書。雍正是想利用曾靜等在書中的供詞做文章，為自己奪位洗冤，爭取輿論同情。雍正還命曾靜等到全國各地為他演說，做政治鬥爭的善後工具。雍正對曾靜案的處理確是「一番出奇料理」，但也表明了他有政治氣魄與善於辦妥重大事務的能力。乾隆即位之後，認為他父親把家醜外揚於全國，諸如雍正謀父、逼母、弒兄、屠弟、貪財、好殺、酗酒、淫色種種罪行，本來還只是馬路新聞，現在卻在官方印行的《大義覺迷錄》公開提出討論，顯然會弄假成真，弄巧成拙，因此乾隆在行過登基禮後的四十多天，便毅然的下令說：

> 曾靜大逆不道，雖置之極典不足蔽其辜，乃我皇考聖度如天，曲加寬宥。夫曾靜之罪不減於呂留良，而我皇考於呂留良則明正典刑，於曾靜則屏棄法外者，以呂留良謗議及於皇祖，而曾靜止及於聖躬也。今朕紹承大統，當遵皇考辦理呂留良案之例，明正曾靜之罪。……著湖廣督撫將曾靜、張熙即行鎖拏，遴選幹員，解京候審。……

曾靜、張熙二人在不久後凌遲處死，皇帝並下令全國停止宣講《大義覺迷錄》，由各省督撫將原書收繳後匯送禮部收存，徹底掩滅有關宮廷醜聞的文字證據。事實上，在雍正刊印《大義覺迷錄》

的時候，他自己還寫了一篇御製萬言長序，其中特別交代他赦免曾靜師徒的理由，並且宣稱不但他不殺他們，「即朕之子孫將來亦不得以其詆毀朕躬而追究誅戮之」。乾隆竟違反了父皇的遺命，「追究誅戮」了曾靜、張熙，實在有「不法祖德」之嫌。

人真是有幸與不幸，曾靜等人因文字之禍終被處死；但有些同因文字獄案在雍正朝得禍的人，卻在乾隆即位後被開釋了，如誹謗程朱、發配軍臺的謝濟世；因著文批評或抱怨時政的查嗣庭與汪景祺兩家的家屬等人，都先後由恩詔釋罪回鄉。其他還有不少在雍正朝因貽誤軍機與虧空錢糧的武官疆吏，統統都被乾隆無罪開釋重獲了自由，這些都是乾隆違反父皇的一些實例。

雍正如果地下有知，在當時可能會罵他兒子乾隆是不肖之子；因為乾隆的這些措施，充分說明了他對乃父政治上部分做法有一定程度的不苟同，甚或是不滿。不過，乾隆也並非不孝父皇而作出以上違反父命的事。乾隆初元畢竟不是雍正時代了，很多事已時過境遷，就像雍正給鰲拜賜封號一樣，這是康熙朝絕對不可能的事。乾隆上臺既然標榜中道政治，糾正前朝政策，調和家族與滿漢感情，翻一些舊案也是無可厚非的。況且乾隆要「行寬大之政」，又是「政令皆出要譽」，我們能對乾隆苛求什麼呢？乾隆初年有民謠說：「乾隆寶，增壽考；乾隆錢，萬萬年。」人民如此謳歌，可見他的寬政已經被人民頌揚了。

5 新人新政

雍正時代的政策確實是苛嚴了一些，乾隆即位之後，為了作一調整，他提出「寬嚴並濟」的主張。他說：「治天下之道，貴得其中，中者，無過不及，寬嚴並濟之道也。」在這樣的政治思想指導下，他作出不少重翻雍正朝舊案的事也是意料中事。雍正死後第三天，即八月二十六日，他下令將貴州苗疆用兵視為「緊急之事」。本來在雍正末年因為古州地方苗變，官兵剿撫不力，應變欠妥，以致變亂擴大，而中央派去的欽差大臣行事乖張，特別是不懂軍事的張照，「挾詐懷私，擾亂軍務」，結果讓雍正皇帝都有了「棄絕苗疆」的念頭。乾隆在父皇死前一直負責苗疆軍事的責任，熟悉內情，因此到他自己執政後，他又「不法祖德」的違反他父親的政策了，他堅持主張用兵並改土歸流。他也了解過去苗疆用兵之所以失利，除了文武不和，剿撫未定之外，主要是兵力沒有集中攻苗，以致效果極差，他立即以張廣泗為經略，寄以專征之任，讓他擁有政軍大權，號令、率領六省官兵，直搗苗寨，到乾隆元年春夏間，苗寨「罔不焚蕩鏟削」，到同年六月平定了貴州的苗變。其後又免賦設屯，安定苗區，尊重苗俗，苗民也守法生活了。乾隆上臺後的新政，不但鞏固了他的統治地位，也對苗疆發展，起了積極促進的作用。

乾隆在受封寶親王後，也在雍正政府中擔任過處理西北準噶爾用兵的軍務。可是清朝與外蒙準噶爾的戰事因為早在雍正九年清軍大敗和通泊之後，雍正帝已有息兵之意。當時清方缺乏將領，軍威不振，軍費浩繁種種原因，想與準噶爾議和，而準部也因與鄰部喀爾喀多年戰事元氣大損，故也有意休戰。雍正十二年八月雙方已開始談判，只是劃界問題未決。雍正去世後，乾隆了解對準部用兵不易，上臺後便制定了基本方針，即息兵、守邊、議和，他知道必須固守邊疆，才能遏止準部的野心，才能保持雙方真正的和平。尤其是他即位伊始，若耗費巨額軍費，全國難得安寧；不過乾隆對準部交涉時，仍保持有備不懼的態度，他告訴準部：若「自不揣量，犯我邊境」，則「準噶爾螳臂之力，勞師涉遠，豈能有濟！」清方與準部的和議不久後達成，二十多年來的西北邊亂，從此得到平息，而準部與內地的經濟文化交流也逐漸通暢，乾隆皇帝的聲望與統治地位也更進一步的建立與鞏固起來了。

乾隆皇帝基登之初，不但注意邊疆事務來安定政局，他也強調「民為邦本」的傳統儒家主張。在即位後的二十二天，他就頒降了一道又長又重要的諭旨，談到他愛民的理論與方法，他提出「本固邦寧」、「愛養元元」等問題，他決心要處理好君民關係。他要讓人民有「恆產」、「恆心」，因此他告誡大臣：「治天下之道，莫先於愛民，愛民之道，以減賦蠲租為首務也。」在他登極大典後，立即頒降恩詔大赦天下，其中有一條規定「各省民欠錢糧，係十年以上者，著該部查明具奏，候旨豁免。」二十天以後又降旨：「將雍正十二年以前各省錢糧實在民欠者，一并寬免。」這次蠲免的範圍很廣，數量很大，全國各州縣，凡有拖欠錢糧者，都一律免除了，這對貧民真是一大善舉。在此同時，乾隆又先後頒布多道諭旨，減免一些地區的過重正額賦稅，劃一賦稅徵收標準，禁止濫收耗羨，限制各級官吏的額外剝削，又裁除一些地方性的苛稅雜稅，非法攤派，其中具體而影響大的如：禁止地方清丈土地，虛報升墾；廢棄由官府掌管民間房地產交易的《契紙契根法》，還給人民買賣自由；禁止地方官工程派捐；停止沒有實效的《營田水利法》等等，這些措施確實減輕了人民的負擔與官府的剝削，改善了人民的經濟生活。

乾隆也對於一些紳衿士子表示了關切，他改變了他父親的嚴厲政策，下令將對生員欠糧、包攬詞訟的處分予以放寬改緩，並對於以前因「抗欠國課」而褫革的舉貢生監，分別賜恩開復。不久更規定「嗣後舉貢生員等概行免派雜差」，充軍的犯人中，「有曾為職官及舉貢生監出身者，一概免其為奴」；另外，「生員犯過」，地方官當先詳學臣批准，始能「會同教官於明倫堂戒飭，不得擅行飭責」。讀書人是士農工商「四民之首」，乾隆如此尊重他們，無異是在地方上安置一批効忠的安定大軍，對於他的統治是有助益的。

雍正時代因為政治鬥爭或是能力不好而被處罰的官員很多，乾隆為執行他的中道，即位後就將兩千多名廢官，頒降恩詔悉數寬免。後來又下令給在京城的大小官員各加一倍的俸銀。中央與地方的佐雜官員也發給養廉銀，藉以增強官員的向心力，為乾隆加添了很多政治資本。

雍正在世時，曾經大量增設府、直隸州、州、縣等地方行政機構，對親民官員的任用也作過一些改變。當時情形是直隸州屬於省，省的官員題授由總督與巡撫進行，這些地方疆吏因而具有新增地方行政官的考核與任用權，而最後大權卻操在皇帝手中，所以雍正在當時從中央到地方全面的調整了官制，其結果是進一步強化了皇權。乾隆繼承皇位之後，他認為改隸州縣，「百弊叢生」，增設官員，「事緒益紛，供給逢迎，閭閻滋擾」，破壞傳統官制，應該恢復舊章。

雍正皇帝又倡議給「樂善好施」的人敘用的報答，這一措施原本是想讓一些有錢的官僚、地主、商人捐出一筆錢來幫助政府賑濟貧民，以緩和貧富對立與人民與政府間對立的關係；不過議敘是給出錢的人一種政治酬庸，具有賣官的性質。乾隆同意大臣的看法，認為「好施」的人「趨捐助以博功名，假好善之虛聲，啟夤緣之捷徑」，根本是「另開捐納之條，而胥吏土豪，乘此得以侵蝕」，因而下令不許再陳奏樂善好施的獎敘辦法。此外，雍正又大事嘉獎拾金不昧的人，這固然是美化風俗、改善社會風氣的好辦法；但是這項藉以表明風俗淳美、世道清明的政策，倡行後不久就弊端百出了，有人弄虛作假，謊稱拾金不昧，領取獎賞。官員甚至也有製造拾金不昧而獵取名聲，為升官鋪路的。乾隆繼統後，立即加以限制，規定若有人真是拾得巨金，州縣官可以酌量獎勵，不許申報上司，督撫大吏亦不得以此奏陳皇帝。可見乾隆也不同意他父親的這種「宣教」方法。其他還有「歲舉老農」旌獎與派官員到福建去改正方言等等，乾隆也覺得真正勤奮老農的選拔被鄉曲無賴把持，而福建人改學官話可以從本省教職中挑選熟曉官話的人去「專司正音」工作就好。他又推翻了一些父皇的政策與主張。

雍正朝因政治鬥爭而發生多起文字獄。乾隆上臺後為消除官吏與士子的疑懼心情，他曾頒降多道諭旨，強調「嗣後一切章疏，以及考試詩文，務期各展心思，獨抒機軸，從前避忌之習，一概掃除」。「若以避忌為恭敬，是大謬古人獻替之意，亦且不知朕兼聽並觀之虛懷」。不但口頭說得好聽，同時乾隆又用法律來保障文字的某些自由，他規定「妄舉悖逆者，即坐以所告之罪」，承審官吏「有率行比附成獄者，以故入人罪律論」。乾隆即位之初有如此氣魄，使得他執政早年政治界一度出現比較開放的局面。

乾隆既如此關心邊疆與全國各省的富強安樂問題，當然他也會重視滿洲本族的事務。當時滿族最大的問題是族人的生計。根據乾隆即位後不久的諭旨，我們可以看到他提到「八旗生齒，日漸繁庶」，「八旗兵丁，寒苦者多」，皇帝雖不斷施恩賞賜，但旗民「領錢到手，濫行花費，不知愛惜」，因此旗人的生計十分困難。八旗貧窮的問題事實上從入關之後就逐漸產生了。因為清初他們參加了打南明、剿流賊、伐三藩幾大戰役，旗兵傷亡慘重。同時他們因自備軍裝戰馬，費用很多，因此到戰後大家都變得貧窮，而滿族高層人士又變得奢侈腐化，揮霍銀米，家產耗盡的大有其人。康熙中期，天下承平，八旗人口大增，據統計北京一地的滿、蒙、漢旗人，兵額約十萬之眾，當時錢糧並未增加，「以數丁，十餘丁之人，食一甲（即一名士兵）之糧」，顯然生計艱窘不堪了。

滿洲人丁的貧窮化，會給清朝統治權帶來威脅。因此從康熙朝起，政府就極力設法解決八旗的生計問題。康熙時代主要的是以賞賜銀兩的方式，希望旗民能「營運有資，不憂匱乏」，可是旗人不善經營，更有懶惰嗜賭的，因而無法解決問題。雍正帝想到移民回東北老家，興辦「井田制」，但移居的不到二百戶，而且最後有九十戶又回到北京。乾隆也確認八旗是「國家根本」，不能不解決他們的問題，於是除「頻頒賞賚、優卹備至」外，又寬免旗人虧空銀錢，賜還部分官員獲罪革退的世職，並增加養育兵名額，幫助旗人贖回民典旗地以及大力推動回流東北的移民政策等等，效果顯然比他父祖兩代為佳。八旗生計的不能完全改善，是有多層原因的，乾隆可以說是盡了一己之力了。

乾隆皇帝即位初年對他父親雍正的政策作了不少調整與修正，對於他的統治地位的確立以及對清朝中期政治形勢的發展都有著重要的作用，我們不能僅從他違反父命或不法祖德一端看才對。

6 強化專制政權

雍正皇帝在位時，很多政策都是為鞏固他的統治權與強化他專制君主權威而設置的，他的兒子乾隆上臺後常見有違反他父親的行事，是不是表示這位新君有意改變專制政權，趨向於開放路線呢？答案是他不亞於乃父，仍是一位專制集權的領導人。

雍正元年，皇帝宣布儲位密建法，暗中寫下弘曆的名字，收藏在金匣中，當時無人知曉弘曆是儲君；不過在雍正七、八年間，皇帝突然生了大病，以為一病不起了，他召見重要的王公大臣等人，告訴他們立弘曆為繼承人的事，並命令以莊親王允祿、果親王允禮、大學士鄂爾泰、張廷玉為輔政大臣。沒有想到皇帝後來病好了，但儲位密建事已曝了光，在某些宗室重臣之間已經不是祕密了。雍正十三年皇帝逝世當晚，張廷玉等宣讀了雍正親筆書寫的繼承人名，弘曆在得到合法皇位繼承人之後也任命允祿等四人為輔政大臣，這是那一年八月二十三日的事。

輔政大臣的設置意味著乾隆的皇權尚不具備全權掌炳新政的地位，即一切政務仍有四位王公大臣參與決定。然而乾隆皇帝常說：「蓋權者，上之所操，不可太阿倒持。」這樣一位絕對專制主義者，如何能容忍呢？老於世故的鄂爾泰、張廷玉等人，在「輔政」了三天之後，便向新君乾隆提出更名的建議了。他們認為「輔政」一詞不妥當，康熙初年曾經設輔政大臣，因當時康熙年僅八歲，沒有理政能力，所以需要元老重臣來代理政務，輔佐幼主。現在弘曆已二十五歲，且具備學識能力，不須輔政人員，沿用康熙初年「輔政」之名，不但名不副實，而且對新君也不尊敬，更可能使人聯想到鰲拜那些跋扈的權臣與政爭的後遺症。因此鄂爾泰等要求乾隆仿照雍正初年的例子，皇帝在居喪期間，可設總理事務王大臣代為辦事。對於這一要求，乾隆毫不猶豫的就同意了，顯見他內心對元老重臣們分權是介意的。

總理事務大臣與輔政大臣不同處就是皇帝對總理事務大臣們的權力有所限制，皇權的地位無形中增高增大了。但是乾隆對此似乎仍不能滿意，在他居喪期間，他和幾位總理事務大臣間因權限不清而發生過不快，總覺得他們的權力過大，於是在允祿等四人外，乾隆又任命了平郡王福彭、大學士徐本、朱軾等多人加入總理事務處辦事，以限制並分散前朝老臣的權力。即使如此，乾隆仍覺得他的皇權不能延伸與加大。終於在乾隆二年（一七三七）十一月，服喪滿二十七個月後，趁允祿奏請辭去總理大臣事務時，他乾脆宣布撤銷總理事務處，恢復雍正時代成立的軍機處，重組中央核心集團，老臣只留下鄂爾泰與張廷玉，實際上是借用他們多年從政的經驗，另外加上乾隆所信任的人，如公爵訥親、尚書海望、侍郎納延泰、班第等六人，作為皇帝直接指揮的軍機大臣。如此改組當然對乾隆時期皇權的進一步加強，發生極積的作用。

軍機處在雍正年間一直只是個專管軍務軍需的單位，並不能算是中央最高權力機關。在雍正死後乾隆即位不到兩月，皇帝還曾下令廢掉軍機處，由總理事務處取代其職掌，甚至認為軍機處是前朝敗政之一。不過當他與皇叔允祿、允禮以及前朝元老大臣們發生摩擦之後，他想到軍機處的妙用了，因為軍機大臣全由皇帝特簡，也就是說可以找一批自己的親信來軍機處任職，完全作皇帝的御用工具。雍正年間，軍機大臣向例不超過三人，乾隆則增多為六人，而且規定宗室不能擔任軍機大臣，以防大權旁落。又首席軍機則必須為滿人，以保證滿族的主導地位。另外，皇帝遴選軍機，可以不計資歷，只重忠誠，以便貫徹皇帝的意旨。乾隆又通過各種手段，削弱中央與地方各機關的權力，使軍機處所管事務增多，權力也加大，後來竟發展到「掌軍國大政，以贊機務」，中央與地方各機關的事「莫不總攬」。「內則六卿、部寺暨九門提督、內務府太監、敬事房；外則十五省，東北至奉天、吉林、黑龍江將軍所屬，西南至伊犁、葉爾羌將軍、辦事大臣所屬，迄至四裔諸屬國，有事無不綜匯」。從此軍機處的地位超過了中央其他衙門。不過，乾隆這位有智慧的政治家，雖然讓軍機處權大位高，他卻是始終不把軍機處變成真正的中央大衙門。例如他不為軍機處立辦公衙署，不設專官，所有軍機大臣與軍機章京都是兼職人員，從中央各部院調來的，甚至薪俸仍在原單位上領取。軍機處官員只是皇帝高級祕書幕僚班子，他們沒有實權。軍機處權力的擴大，只是乾隆皇帝個人權力的擴大。恢復軍機處使得自清初以來議政王大臣、總理事務王大臣這些人的權力被剝奪，同時也使明朝以來的內閣機關形同虛設了。由此可知：乾隆恢復軍機處對強化專制君權統治是絕對有助益的。

乾隆為了集權，他也採取各種措施來加強對中外官員的控制。當年不像今天資訊發達，皇帝身居九重，要想了解天下事是極難的。所幸古人很早就發明了章奏制度，由中央與地方的高級官員向皇帝呈送書面報告，以傳達各種情形。清朝在康熙年間，又發展出了一種「密奏制度」，就是臣工們可以祕密的繕寫報告，直達君前，不必經過中央其他衙門，因而報告內容不致曝光。雍正時期又加強了密奏功能，到了「小報告」滿天飛的境地。當然皇帝藉著各級官員的提供資訊消息，了解到了很多京中與外省的情形，對他的統治大有益處。乾隆當然深悉其中妙用，即位之初就下令官員們可以「照前摺奏」，並一再的擴大具摺言事官員的範圍，增加報告人就是增多消息來源，後來更「改題為奏」，大家都用奏摺，不再重視透明化的題本了。因而在乾隆一朝，很多政爭、貪案、官員操守、仕紳思想、祕密宗教、地下會黨、各路軍情、人民生活等等情況，都是由奏摺首先傳達到御前的，並讓乾隆能掌握先機予以處理。經由奏摺不但加強了對官員的控制，也加強了中央對地方的控制。

儘管乾隆一上臺就強調中庸之道，反對他父親時代苛嚴行事作風；可是他為了有效的控制大臣，他也是以嚴刑峻法、動輒誅戮以達到控制大臣的目的。乾隆六年，皇帝一口氣就殺了三個滿洲籍的貪官，有中央兵部的尚書，也有地方的大吏，因為他了解貪污官員欺上瞞下，互相包庇，影響官場風氣，更容易在政治上形成對皇權的離心傾向。他不但嚴懲貪官，其他高級官員犯罪被處死的時有所聞。他確是以重刑震懾臣屬而收加強專制統治的效果。

儘管乾隆皇帝從重組中央核心機構、恢復軍機處來任用親信，維護皇權；同時又利用密奏制度收集情報，以了解京中與外省政局；並以嚴厲手段震懾群臣，使他們効忠；但是皇權並未能完全伸張，因為一則八旗親貴的旗權又見高漲，威脅著皇權，再則雍正朝舊臣的勢力相當強大，特別是鄂爾泰與張廷玉的黨人很多，影響到皇權的統於一尊。為了專制統治的進一步加強建立，乾隆皇帝必得對宗室親貴與佐命重臣進行政治鬥爭了。

7 又見皇室操戈

雍正皇帝雖然為他兒子弘曆做好了很多的妥善安排，讓弘曆在繼承皇位的道路上暢通無礙。然而，康熙的子孫眾多，即使經歷雍正一朝的無情殺戮與打壓，宗室裏的野心家與有心對抗皇權的人，依然大有人在。當乾隆帝弘曆即位後不久，皇家的惡鬥又發生了。

乾隆初年的皇室操戈，一方面固然是因為少數皇室成員不能登基而不甘心所致，另一方面也與乾隆自己的想集專制大權有關。乾隆為做一個徹底的專制國君，他只有對離心的皇家親人進行整肅了。

乾隆當時要整肅的皇家宗親約有三種對象，一是權重的長輩，二是覬覦皇位的宗人，三是對他大位有威脅影響的至親。

權重的長輩在乾隆即位後只有允祿與允禮二人，他們分別是乾隆的十六叔與十七叔。這兩人在康熙末年因年幼沒有涉入繼承鬥爭，雍正得位後，非常善待允祿，首先讓他為莊親王博果鐸的過繼子嗣，因而承襲了莊親王爵位，並繼承了博果鐸的大筆遺產。雍正八年因為怡親王去世，皇帝失去了愛弟與寵臣，允祿也由此被雍正所重用。允禮也是雍正皇帝的愛弟，在雍正時受封果親王，先後管理理藩院、戶部事務，兼宗人府宗令。雍正死亡之前，命允祿與允禮為乾隆的顧命大臣，與鄂爾泰、張廷玉同為輔政大臣，後來輔政大臣更名總理事務大臣，允祿仍位列諸人之首，並食親王雙俸，崇敬他可謂無以復加。允禮雖然沒有像允祿那樣的得到曠典殊恩，但是在當時中央政府中也是位高權重，不可一世的。允祿與允禮既然權勢日重，又以皇叔與前朝顧命舊臣自居，顯然會令乾隆不滿，甚至在處理政務上發生摩擦。乾隆二年（一七三七）十一月雍正皇帝二十七月喪滿之時，乾隆下令撤銷總理事務處，恢復軍機處，他為了加強皇權，乘機也將兩位皇叔排擠出了軍機處，以杜絕皇室旗權再干擾政權，侵害皇權。事實上，雍正時期的軍機處大臣只有三人，而以皇室親王一人為首。乾隆恢復軍機處之初，簡任軍機大臣六人，但趕走了允祿與允禮，實在又是不法祖德的行事。允祿與允禮被剝奪大權高位後，當然心懷怨望，不過也不敢反抗，只得小心行事，以免進一步被罰。乾隆三年二月，允禮因病去世，允祿便成為乾隆的大目標了。允祿之所以變成乾隆的眼中釘主要因為他在退出軍機之後，並未能離開多事的政治圈；相反的他與皇室中一批反乾隆的人經常在一起，讓皇帝懷疑到他們似乎有對他不利的密謀行動。乾隆的疑慮也並非是無因的，事實上在允祿離開軍機之後，皇室成員中的弘晳、弘昌、弘晈、弘昇、寧和等人，就成了允祿家的座上賓，「往來詭密」。這些人都是大有來頭的，如弘晳是康熙朝皇太子允礽的嫡長子，他的父親原本是皇位繼承人，由於政爭被廢，當然也影響到他的前途，破滅了他當皇帝的美夢。雍正與乾隆都對他不錯，但一般的名位是填不了他的慾壑的。在雍正的淫威下他不敢有所表現，乾隆新上臺他便蠢蠢欲動了。正好十六叔允祿又失意政壇，雙方很容易情投意合。弘昌、弘晈則是康熙十三子允祥的兒子，他們的父親在雍正朝很受重用，是當時的大寵臣。弘昌因魯莽狂妄在雍正時被父親圈禁在家，乾隆即位後下令恢復他自由，並加封他為貝勒，但他對雍正一家一直沒有好感，對雍正的得位尤其不滿，因而他對乾隆也並無感恩之意，反而與弘晳結成一幫，非議朝政。弘昇是康熙第五子允祺的長子，「生性好事」，康熙末年就參加繼承政爭，雍正即位後打擊異己時，弘昇也在黑名單內，丟掉了世子身分，並予以圈禁。乾隆為和緩皇家關係，登基後特別重用他，讓他擔任火器營都統，這是八旗禁軍的要職，也可謂待他不薄了。可是這些失意的皇親，始終心懷怨望。乾隆四年九月，皇帝終於採取斷然的行動了，他下令將弘昇革去都統之職，鎖拿來京，交宗人府，原因是他「諸事貪緣，肆行無恥」。皇帝並諭令王公宗室以弘昇為戒，力除朋黨之弊。不久之後，皇帝又頒降諭旨說：「伊（按指弘昇）所從事之人，朕若宣示於眾，干連者多，而其人亦何以克當。」顯然乾隆是指出弘昇是受人指使，而其他牽連的人似乎還很多。同年十月間，皇帝果然將允祿、弘晳、弘昌等人的「結黨營私」實情揭發，命令將他們交宗人府收審，皇家的惡鬥檯面化了。

經過宗人府的調查，皇帝說出他們的罪狀了。允祿犯的有與弘晳、弘昇、弘昌等人「私相交結，往來詭祕」。此外允祿「唯務取悅於人，遇事模棱兩可，不肯承擔，唯恐於己稍有干涉」，這是「全無一毫實心為國家效忠之處」，也應予懲罰。弘晳則有大罪三條，一是對皇帝毫無敬謹之意，唯以諂媚莊親王允祿為事；二是胸中自以為舊日東宮嫡子，居心甚不可問；三是在事情敗露後當宗人府聽審時，仍不知畏懼，抗不實供。至於弘昇、弘昌等人，則都定了他們「群相趨奉，結黨營私」、「擅作威福」等罪。宗人府向皇帝建議將允祿、弘晳、弘昇、弘昌等都分別處以革爵、圈禁的處分，不過皇帝沒有完全採行，他只在諭旨裏說：

> 莊親王乃一庸碌之人，但弘晳、弘昇、弘昌、弘晈等無知之輩，群相趨奉，恐將來有尾大不掉之勢。莊親王從寬免革親王，其親王雙俸、議政大臣、理藩院尚書俱著革退。弘晳革去親王，免其圈禁高牆，仍准在鄭家莊居住，不許出城。弘昇永遠圈禁。弘昌革去貝勒。弘晈從寬仍留王號，終身停俸。

經過這一次皇室鬥爭，乾隆皇帝把前朝舊皇親的重大勢力解除了，也把宗族裏有野心想當皇帝的威脅力量整肅乾淨了。乾隆的集權專制又得了進一步的實現。至於莊親王允祿的受罰比別人都輕也是有原因的，應該一提。原來在康熙末年弘曆被撫養宮中時，就由允祿的生母密嬪王氏照料生活，有一度弘曆與叔叔允祿一起受康熙的指導學習，允祿因年長弘曆十五、六歲，因此允祿幾乎成了小弘曆的「師傅」，他們二人的情誼確實不能與其他叔侄相比，這次處罰較輕可能與此有關。不過弘晳的問題實在嚴重，就在皇帝宣布處分他們後不久，又傳出有人向皇帝告密，說弘晳曾找人卜卦算命，問了一些奇怪的未來事情，例如準噶爾能否到京？天下太平與否？皇上壽算如何？將來我弘晳還升騰與否？在乾隆看來，他的找人算命，簡直是希望準噶爾早日打來京城，天下大亂，而皇帝又短命，如此他就能登上大位，皇統再傳給他們家一系。弘晳算命案經調查屬實，大臣決議應治以重典。乾隆則下令從寬免弘晳一死，永遠圈禁，不過弘晳的子孫卻受到嚴厲的牽連，被革去宗室，給予紅帶子，從此變成皇家的遠親，政治地位與勢力都變得無足輕重了。

乾隆皇帝儘管已經穩坐江山，但在他的心中還有自家的弟弟仍是隱憂。雍正生前雖生有十子，但是弘昐、福宜、福慧、福沛四人都幼齡夭折。弘暉、弘昀又僅活到八歲與十一歲就病故，弘時在雍正五年因削宗籍後死亡，所以乾隆當皇帝後被視為威脅皇位隱憂的只有弘晝與弘瞻二人。弘晝比乾隆晚生三個月，弘瞻則是比乾隆小二十三歲的小弟弟，這兩人本來未必對皇位有野心，但是皇帝為防患未然，還是以及早處理為佳。

弘晝與弘曆年紀一樣，因此從小兩人就在一起讀書，是朝夕相處的親密兄弟。雍正後期，兩人也受到父親重用，後來更同時受封為親王，雍正十三年兩兄弟更一同擔任苗疆事務大臣，參與政務，可謂同尊同榮。乾隆繼位之後，兄弟間關係仍然不差，只是弘晝有時候沒有注意到他與弘曆之間又多了一層君臣關係，忽略了皇權是至尊而不可侵犯的，與兄弟親情是不同的。例如弘晝為人倨傲，他竟在朝廷議政時動手毆打軍機大臣訥親。當著皇帝的面侮辱國家的重臣，讓君主情何以堪！另外有一次舉辦八旗科目考試，弘晝在中午用膳時刻硬要皇帝退朝，讓他一人主持考試。因為當時有八旗子弟挾私作弊的傳聞，乾隆遲遲沒有離開，弘晝十分不快，當場與乾隆發了脾氣，認為皇帝不該懷疑到他也被士子買通，共通作弊。還有一次，弘晝與小弟弘瞻一起到皇太后宮中請安，他們竟不按禮儀的跪坐在為皇帝專設的藤席上，乾隆不能再容忍了，痛斥兩弟「儀節僭妄」，並因此罰弘晝三年的俸祿。這些都是加深兄弟間不快的事實。到乾隆十七年，弘晝被派與王公多人一起清點倉儲，結果因他們漫不經心，敷衍了事，皇帝乃借題發揮，指責他們「未能盡心」辦理國家大事，命宗人府議他們的罪。宗人府不久作了或革兼職，或罰俸餉的從輕議處辦法。皇帝認為宗人府徇情，下令將宗人府王公嚴加懲處，弘晝等人案再交都察院審理。都察院看到宗人府的從輕發落使皇帝生怒，於是研議出了一個將所有親貴都革王爵的重罰；可是皇帝也不滿意，痛斥都察院各官為「自全之術」作出如此不「實心為國家任事」的決議，下令將有關官員革職留任，因為「王公等非干大政，從無革去王爵，降為庶人之理」？最後乾隆自己決定弘晝等人被罰俸一年，以為懲戒。

弘晝經過此次教訓，深感天威莫測，皇帝淫威無法抗拒，從此遠離政壇，寄情於戲劇，對弋陽腔尤為偏愛，家中成立專門劇團，自己改作戲本，擔任導演，以排解胸中鬱悶。後來研究喪葬禮儀，由家人演習喪禮，他充作死人，享受祭品哭奠，精神顯然不正常了。他死於乾隆三十五年，活了六十歲。

弘瞻是雍正的老來子，雍正死時他才兩歲，他的一切可以說都是乾隆這位大哥安排的。首先皇帝在乾隆三年果親王允禮死亡時，下令以弘瞻過繼給允禮，因此弘瞻不但承襲了果親王的爵位，也得到果親王的殷富家產。據說這位年僅五歲多的小王爺，「每歲贏餘，不啻鉅萬」。乾隆又為弘瞻請了大詩人沈德潛為師，這是弘瞻日後善作詩詞，又富藏書的一項主要原因。但是弘瞻沒有體會他皇帝兄長的苦心，卻養成了紈袴習性，又常以皇弟身分，放蕩無羈，仗勢欺人。他是巨富，仍時常向母妃索要財物。任命他去瀋陽送玉牒，他卻先上奏要在途中狩獵。甚至還不時的向皇帝怒形於色的發出微詞，很令乾隆不悅。他三十歲那年，又讓兩淮鹽政高恆為他販賣人參，以牟取暴利，這事後經人告發，弘瞻以為事態不致嚴重，沒有想到皇帝立即下令將弘瞻等收捕入獄，交軍機處大臣審訊。結果查出弘瞻又有購買蟒袍、朝衣以及請託軍機大臣選任他門下私人為官之事，顯然弘瞻又干預到國家任官事務了。乾隆乃公開批評弘瞻「素不安分，往往向人請託，習氣最陋」，又說他「冥心干預朝政，毫無顧忌」，於是下令革去他的親王，降為貝勒，並解去一切差事，永遠停俸。弘瞻經此打擊，居家不出，不久竟一病不起。乾隆曾到他病榻前探病，並恢復了他的親王爵位，但到乾隆三十年三月，弘瞻終因病重不治逝世了，得歲三十有二。乾隆兄弟中只有他自己一人存活著，他的親長與堂兄弟也都被整肅殆盡，再也沒有宗室人等能向他的皇權挑戰，集權獨尊的地位從此堅實的建立。

8 皇權不容分享

乾隆皇帝為集專制大權於一身，即位後就將皇室宗親趕出中央權力核心，並不惜以嚴厲手段，對皇家離心族眾大肆迫害，維護皇權的不受侵犯。當允祿、弘晳等人的威脅解除後，皇帝專心來對付那些有心分享皇權的權臣了。

雍正末年，中央高官中有兩位權勢高重的人，一是鄂爾泰，一是張廷玉。他們都是雍正的寵臣。鄂爾泰升官到保和殿大學士、軍機大臣，並晉爵一等伯。他常常稱雍正為慈父，雍正也對他說：「朕與卿一種君臣相得之情，實不比泛泛。」鄂爾泰之所以能得到雍正的寵信，當然與他的「居官奉職，悉秉忠誠」有關，尤其是「改土歸流」政策的擬訂與執行，得到雍正的激賞。張廷玉則沒有在疆場或邊地建立過什麼殊功；但是他的文才出眾，在內廷幫雍正籌劃機務出力很多，而且任勞任怨，多疑的雍正皇帝對他的誠信極為讚賞，因此他奉命掌管過吏、戶等部，入值軍機，並獲得皇帝六次賜金的殊榮，而且「每賜輒以萬計」，實在難得。雍正對他們二人的信賴還可以從臨終任命他們為顧命大臣，輔佐乾隆登基一事看出，也因此鄂、張二人在乾隆初年成為一人之下、百官之上的元老重臣。

然而中國古代官場，一直存在著互相援引、互相攀附的不良風氣，鄂、張二人原本出身不同，受雍正知遇的背景各異，二人都各有一批追隨者，而在雍正政權核心工作時，又各有主張，常常「陰為角鬥」。在雍正晚年，因為皇帝是嚴厲的君主，他們雖呼朋引類，但仍不敢明目張膽的從事鬥爭活動。乾隆即位後，形勢不同了。他們憑藉前朝舊臣身分，又有擁戴新君登極之功，態度變得囂張起來，連乾隆都看得出來，認為當時「事之大者，莫過於鄂爾泰、張廷玉之門戶之習」。門戶之習實際上就是結成黨派，互相鬥爭。

乾隆儘管了解他們結黨營私，影響到政局的安定，影響到皇權的伸張；但是在即位之初，為了倚靠他們處理國家政務，也為讓他自己能專心對付皇家反對他的勢力，容忍了鄂、張等人的鬥爭，甚至有時還利用他們的鬥爭來制衡這兩大黨派，以保持國家機器的正常運轉。乾隆四年，當允祿等皇家勢力被整肅之後，皇帝對鄂、張兩大權臣開始打壓。鄂爾泰因為驕倨傲慢，給皇帝有「權臣震主」的感覺，他首先被皇帝指責問罪了。

早在雍正死後第四日，王大臣允祿、鄂爾泰等上奏，準備把雍正的棺木停放在壽皇殿東面果園地方暫時安奉。乾隆不滿意他們的想法，曾批示說：

皇考賓天不及數日，即議暫安奉事宜，朕心實有不忍。……王大臣議，指稱東果園，朕意東果園係旁側地方，斷然不可。雍和宮係皇考居住之處，倘暫奉安此處，似合道理。

這是雍正梓宮暫安雍和宮一年的由來。後來雍正安葬易州陵寢，鄂爾泰為得和親王弘晝的歡心，竟然主張將雍和宮賜給弘晝居住。乾隆對此事甚為不滿，一則雍正在世時就有意要將雍和宮改建為喇嘛廟，二則乾隆認為雍和宮是他父親與他自己兩代居住的吉地，是龍興之所，不願再讓別人去沾龍脈風水。同時賜屋一類的大權是皇帝專有，大臣如何能擅作主張，因此斷然拒絕鄂爾泰的建議，大挫了鄂爾泰的鋒芒。

又如在雍正死前，因為貴州苗疆生變，張廷玉一黨為打擊鄂黨，除製造輿論迫得鄂爾泰革職奪爵回家養病外，張廷玉的黨人張照又自請到苗疆効力督理事務。張照一心要打倒鄂爾泰，他去苗疆全力收集鄂爾泰當年的罪狀，根本不專心用兵，以致毫無成效，終於有廢棄「改土歸流」政策的實行。乾隆上臺來，堅決再行歸流政策，降旨指責張照，而此時鄂爾泰又重回中央掌權，不久後張照便以「挾詐懷私，擾亂軍機」罪名逮捕下獄，並派鄂爾泰心腹張廣泗往貴州平定苗亂，鄂黨勢力又見抬頭，張照成為眾矢之的。

張廣泗到貴州後重新部署軍事，半年時間平服了苗變，開始對張照攻擊，並對他在貴州軍需上銀兩支用問題進行清算。張照的罪行實在是無可寬免的，但是皇帝知道「鄂爾泰與張廷玉素不相得，兩家亦各有私人」，「蓋張照即張（廷玉）之所喜而鄂（爾泰）所惡者，張廣泗即鄂所喜張所惡者」，皇帝更坦白承認過：「余非不知，既不使一成一敗，亦不使兩敗俱傷，在余心固自有權衡。」當時鄂爾泰佔了上風，附勢的人更多起來，顯得益發勢重而權重。他想以苗疆事件置張照於死地，並藉以打擊張廷玉，乾隆沒有依從鄂爾泰的意見，事後皇帝說：「朕若聽信其言，張照豈獲生全？彼（張照）不知朕非信讒之主，而鄂爾泰又豈能讒照之人？」不但如此，乾隆後來竟出人意外的免了張照的罪，還讓他入值南書房，甚至升官到刑部尚書，無異是告訴鄂爾泰賞罰之權操在君主手中，任何大臣是不能享有的。

乾隆六年，陝西道監察御史仲永檀疏劾步軍統領鄂善貪贓。仲永檀是鄂爾泰黨人，鄂善受賄事牽涉到張廷玉等人，事實上又是鄂張兩派的一次交鋒。鄂善是滿族老臣，先後當過兵部尚書等要職，乾隆帝也重用他為京城禁軍首長，他這次受賄的銀兩不多，但因涉入黨爭，情形變得嚴重了。皇帝下令組成七人小組，包括鄂、張二人在內，共同審查此案，並降諭聲稱：「此事甚有關係，若不明晰法辦，判其黑白，則朕將何以任用大臣？大臣又將何以身任國家之事耶？」同時指明：貪案果屬事實，「鄂善罪不容辭，如係虛捏，則仲永檀自有應得之罪！」七人小組合力審案，很快得到結果，證實鄂善確有問題，皇帝立即「垂淚書諭」，令鄂善自盡。至於大臣中貪贓的部分，皇帝只將禮部侍郎吳士騏與詹事陳浩革職，張廷玉有嫌疑的事，皇帝說：「今查詢明白，全屬子虛。」仲永檀雖因此而升了官，但倒張的計劃仍然沒有成功，皇帝對鄂爾泰顯見不滿了。

鄂善案件後不久，皇帝到塞外行圍，在古北口看到「隊伍整齊，技藝嫻熟」，甚為稱讚，當時任古北口提督的軍官是黃廷桂，皇帝隨即命令賜黃廷桂戰馬二匹，御用錦緞二疋。兩個月後，乾隆返京時，又降旨授黃廷桂甘肅巡撫。黃廷桂是漢軍旗人，雍正年間就出任過四川總督，乾隆元年因朝廷裁四川總督一職，他被降為古北口提督，現在被升為甘肅巡撫，根本不是什麼殊恩。事情也真湊巧，就在皇帝出塞讓鄂爾泰等人留京辦事之時，有人告發古北口守備和爾敦「鑽營行賄」，而黃廷桂又曾經是舉用和爾敦為守備的長官，鄂爾泰本來就厭惡黃廷桂，如今有此告發事件，他當然不輕易放棄，於是利用他有主管兵部大學士的職權，乘皇帝不在京城時期，指示兵、刑兩部審查，最後以即速處理手段，定了黃廷桂「濫舉匪人」之罪，向皇帝建議處以降調職務。鄂爾泰以為皇帝在外，批閱本章一定不會仔細，只要皇帝寫個「覽」字或「知道了」，黃廷桂就無法升遷了。沒有想到皇帝不是一個庸主，而且對黃廷桂很有好感，如何會被鄂爾泰矇騙呢？皇帝在鄂爾泰的奏摺上批寫道：

黃廷桂不過因朕出口行圍，路經古北，防備守禦事務須人料理，是以將和爾敦請調，並非薦舉升遷也，亦非保舉和爾敦久留此任耶！

皇帝又說：「辦此事之大臣素與黃廷桂有不睦之處」，「謂非挾嫌，誰信之？」」鄂爾泰如此辦事，實在是「欺君攬權」，下令「將辦理此案之大學士鄂爾泰等人嚴行申飭」，黃廷桂免除處分，皇帝又給鄂爾泰一次難堪。

鄂爾泰經過這次事件，對自己的行為也開始收斂謹慎了，可是他的家人黨人為數眾多，難免有犯罪犯過的，鄂爾泰雖未參與，甚至根本不知情；但是皇帝找他算帳，所以他想避開是非也不一定能如願。乾隆七年，鄂爾泰的長子鄂容安與仲永檀因串通洩密事敗露，皇帝大為氣惱。原來仲永檀因鄂善貪贓事受皇帝嘉獎，升官為左副都御史，他的氣燄更驕狂了，經常與鄂容安私下交通，鄂容安當時在南書房行走，擔任詹事府詹事，他們二人先尋找對象，商量參奏方式，利用京中與內廷的資料，彈劾打擊異己，不顧朝綱的做些營私的勾當。事發之後，乾隆下令將他們二人革職拿問，並責斥鄂爾泰「不能訓子以謹飭」，也「不能擇門生之賢否」，並令將鄂爾泰也一併交部議處。

鄂爾泰經此打擊之後，身心交瘁，不久就諸病時發，到乾隆九年冬天，他的手腳都不能動彈，第二年四月就逝世了。皇帝為了遵行父親遺言，准他配享太廟，入賢良祠，並賜「文端」謚號，恩禮可謂隆厚。鄂爾泰死後，其弟鄂爾奇在戶部尚書任上被人參奏庇護私人，壞法擾民，因而罷官。張廷玉黨人還想趁機傾陷，希望皇帝治以重罪；但未得允准。皇帝不願在去了一個擅權的鄂爾泰之後又來一個攬權的張廷玉，所以免去鄂爾奇加倍處分之罪。不過兩年之後，鄂爾奇也因病離開了人世。

鄂爾泰一黨後來由大學士史貽直領導，繼續與張廷玉黨鬥爭，乾隆十三年，他利用張廷玉請求歸老還鄉之事，到處宣揚張廷玉一生未建大功，沒有資格配享太廟，並上書皇帝從眾意罷張廷玉廟享。乾隆對張廷玉也有很多不滿（詳情請看下一節），但極不願受大臣左右而行事，因而沒有理會史貽直的請求，並公開的說：「史貽直即與張廷玉不協，又何能在朕前加之傾陷？」兩年之後，乾隆出京巡幸回鑾，史貽直竟沒有參加皇帝召集會議，此事確實損害到了皇帝的尊嚴，不久史貽直便以「小節不謹，必致尊卑之分不明」之過，「令他明白回奏」，表明皇權絕對至尊。

乾隆二十年（一七五五），皇帝藉胡中藻《堅磨生詩鈔》的文字獄案，徹底摧毀了鄂爾泰黨殘餘勢力。胡中藻是鄂爾泰的門生，當過內閣學士兼侍郎銜，他的詩集《堅磨生詩鈔》中有很多怨恨不平之語，經過斷章取義的解讀，胡中藻犯了結黨反清的大罪，皇帝對大臣說：

朕見其詩，已經數年，而在諸臣及言官中並無一人參奏，足見相習成風，牢不可破。朕更不得不申我國法，正爾嚚風，效皇考之誅查嗣庭矣！

胡中藻當然被處決了，但獄案並未因此結束。先被波及到的是甘肅巡撫鄂昌，鄂昌是鄂爾泰的侄子，因與胡中藻經常有詩詞唱和，在鄂昌詩裏發現有「胡兒」字樣，乾隆認為有辱罵滿洲之嫌，是滿族的敗類，下令革職，後來更賜令自盡。

鄂昌在案發前曾受史貽直的請託，為史貽直的兒子謀求甘肅布政使的職位，皇帝認為他們之間有徇私之情，史貽直也因此以大學士原品休致回家，給史貽直一個丟臉的處罰。兩年多後，皇帝又起用史貽直入閣辦事，補授大學士，但是因為史貽直「業已改悔」才得到皇帝恩賜的，讓他知道君權是無所不能的。

最令鄂黨人士難堪的是胡中藻案最後竟牽連到了死亡已十年的鄂爾泰本人，皇帝認為胡中藻敢如此肆無忌憚，鄂爾泰亦有責任，所以下令將鄂爾泰撤出賢良祠，以示懲罰。

權臣會分享皇權，黨爭會破壞皇權，在集權專制的皇帝看來，都是必須清除的，鄂爾泰及其黨人的下場如此是必然的。

9 三朝元老衣冠掃地

盛清時代一位宗室親王曾經說過：

高宗（乾隆）初年，鄂、張二相國秉政，嗜好不齊，門下士互相推奉，漸至分朋引類，陰為角鬥。（昭槤《嘯亭雜錄》）

這是說乾隆初年鄂爾泰與張廷玉兩大權臣結黨鬥爭情形的。鄂爾泰是滿洲鑲藍旗人，家世顯赫，雍正末年他官拜保和殿大學士、軍機大臣，加上在改土歸流政策推行上有大功，氣勢特盛，依附的人很多。張廷玉是安徽桐城人，在重滿輕漢的當時，本不足與鄂爾泰抗衡的；不過他家世代官宦，一門朱紫，父親張英是第一位入值南書房的漢人，以文學之才得康熙賞識，後來官至大學士。張廷玉在康熙年間中進士，任內閣學士，刑部、吏部侍郎。到雍正時獲重用，累官保和殿大學士、軍機大臣，兼管吏、戶二部，也可謂位極人臣。

乾隆登基之後，鄂、張二人都由顧命大臣轉為軍機大臣，在皇帝未打倒允祿等皇親前，頗獲重用。其後皇帝為維護皇權，抑制權臣，鄂、張二人乃相繼遭乾隆打壓。鄂爾泰事已在前一節略述，現在再來談談張廷玉的晚年官場生涯。

張廷玉在雍正朝獲得重用的主要原因是他工書法、通文義，而且工作勤勞，「晨夕內值，宣召不時」，有時傍晚返家時在馬上或車中，他仍然批覽文書。晚上在家也常點燃雙燭辦事。他另外的特點是性情寬厚，操守很好，尤其能守密，因而得到雍正的倚重與寵信。乾隆也稱讚過他下筆很快，「萬言頃刻成」，而且也算是一個「誠信」的大臣。既然張廷玉有如此多的優點，為什麼在乾隆上臺後不數年就遭到連番的羞辱與打擊呢？

首先當然是因為他與鄂爾泰黨爭的問題。從乾隆即位改變對苗疆政策開始，張廷玉的黨人張照因挾詐懷私想給予鄂爾泰致命一擊的用心被皇帝識破之後，張廷玉就被指出是事端背後的主使人了，皇帝甚至說出：「鄂爾泰、張廷玉素不相得，兩家亦各有私人。」後來甚至當面誡飭鄂、張說：「二臣更當仰體朕心，益加警謹。」可見皇帝也把張廷玉看著是不安份的人。乾隆六年，步軍統領鄂善受賄案爆發，張廷玉又牽涉案中，皇帝雖不願深究，但對張廷玉的印象更加變壞了。第二年，張廷玉年近古稀，他向皇帝請求將自己的伯爵封號由其長子張若靄承襲，乾隆為了抑止張家勢力，未予允准，而且不客氣的告訴張廷玉這個爵位只為他本人而頒，不能由子孫承襲的，很令張廷玉難堪。

乾隆十一年，鄂爾泰已死後一年，張廷玉的長子張若靄也病逝了，這令張廷玉非常悲痛。敵對黨的首領已去世，自己又送走了黑髮人，張廷玉也想到退休歸田了。此事經過一年多的醞釀，他終於在乾隆十三年正式向皇帝提出，但是他的運氣也夠不好，這一年正是乾隆有生以來最痛苦的時刻，他指定的繼承人愛子夭亡，他的愛妻富察氏也病故，而金川戰役連遭敗績，被他處死或革職的文官武將很多，他的心情確實壞到了極點。張廷玉雖「情詞懇款，至於淚下」的請求歸里終老，皇帝仍認為大臣服務君主應該鞠躬盡瘁，死而後已才對，怎麼能在朝廷與皇家多事時告老還鄉？張廷玉退休不成，反令皇帝動了怒心，實在是始料未及的事，而從此皇帝對張廷玉更加誤會，處處刁難他了。

同年九月中，當皇帝的《御製詩集》刻本刊行後，發現其中「訛誤甚多」，而張廷玉是此書的總裁官，因而受到「交部議處」的懲罰。十月二十日，翰林院撰擬的孝賢皇后冬至祭文中用「泉臺」一詞，皇帝認為不妥，竟將用於一般人的文字用在皇后祭文中，甚不尊敬，張廷玉因為是撰文人之一，也被罰俸一年。十一月二十九日，張廷玉等又因擬寫票簽錯誤，將「陳宏謀雖有過」

寫成「無功無過」，「此係面奉諭旨，何得舛謬若是，明係袒護陳宏謀」，因而下令「交部議處」，結果張廷玉又被「銷去二級」。張廷玉一生以「裁擬諭旨，文采贍備」，「書於祕冊，一字不遺」而且「逓旨信無二」聞名當時的，皇帝突然三番兩次的在文字上有意挑錯，顯然是打擊他的優長的。

張廷玉當時已年近八十，一再受罰，感到十分羞辱。第二年正月，他不顧一切再向皇帝呈請退休，可是乾隆還是不准，並且說：「張廷玉長於京邸，子孫繞膝，原不必以林泉為樂。」張廷玉則再三懇求，直到同年十一月，皇帝見他老態日增，覺得「強留轉似不情」，有意不再為難他，讓他回安徽老家養老了。

本來張廷玉可以歸隱林泉了，但是此時鄂爾泰一黨的史貽直卻在皇帝面前興風作浪，認為張廷玉並無大功勳，死後不應配享太廟。張廷玉是個「嗜爵如命」的人，配享太廟的光寵又豈是封爵能比的事，所以又掀起了另一次政治風暴。

太廟是皇家祭祀列祖列宗的廟宇，皇帝生前有很多文武官員聽他差遣，為他辦事。死後也要部分他寵信的大臣陪伴扈從，所以在太廟裏也有配享大臣的牌位，而能入太廟配享當然是殊榮了。雍正臨死時，特別交代要讓鄂爾泰、張廷玉配享。清朝皇家太廟裏，當時還沒有一個漢人配享，因此張廷玉更覺得是無比光榮的事。現在史貽直在皇帝面前講壞話，不讓張廷玉與鄂爾泰一樣進入太廟配享，當然這是張廷玉非常不樂的事。

早年的張廷玉確是一位「立身謹飭」，有厚德家風的人，歷官多年後卻變得嗜爵如命，而在垂死之年更不能持志養志，甘於淡泊，為身後入廟配享事想不開，實在教人感到可惜。張廷玉為了確保死後得入太廟配享，他竟請求當面晉謁皇帝，並希望乾隆能在他離開京城返鄉前給他一個保證。本來這是雍正的遺命，鄂爾泰死後已入廟配享了，張廷玉將來也不該有問題，但是張廷玉現在竟向乾隆提出如此請求，頗令皇帝不滿，因為顯然是張廷玉對皇帝懷疑，有不信任感了，否則怎麼有此舉動？皇帝後來答應了他的請求，但也耐人尋味的為這件事寫了一首詩賜給他，詩中有「漫愁鄭國竟摧碑」句，引用了唐太宗為魏徵立碑又能倒碑毀文的故事，表明皇帝對任何事都是有絕對權威的，現在准你張廷玉配享，將來也有可能改變心意不讓入廟的。況且「吾非堯舜誰皋契，汗簡評論且聽伊」，意思是我乾隆不是堯舜，你張廷玉也不比皋契，歷史將來自有評論的。

張廷玉得到皇帝保證將來可以入廟配享的允諾後，應該立即上朝謝恩才是，可是他只寫了一份奏摺讓他的次子張若澄去代為表示感恩，這又使皇帝生氣了，而且大為生氣，認為張廷玉的「所行有出於情理之外」，立即命令軍機大臣傳旨，叫張廷玉明白回奏。

張廷玉從他門生軍機大臣汪由敦處得到皇帝震怒的消息之後，立即親赴內廷請罪，乾隆當面列數這位三朝元老的種種罪行，並命令朝臣對此事的處置開會研究，大臣們見龍心不悅，集會後做出張廷玉革去大學士銜和伯爵、不得配享太廟等的建議，請皇帝作最後決定。乾隆不愧是位善弄權術的君主，他對張廷玉的處分只是削去伯爵，其他事沒有同意。即使如此，對「嗜爵如命」的張廷玉來說，確實是夠傷心痛苦的了。而張廷玉的學生汪由敦則以洩露消息為由，被革去協辦大學士與尚書等職位，留在尚書任上贖罪，處罰實在不輕。

經過這次處罰，張廷玉覺得顏面無光，而且發現留在京城，動輒得咎，不如及早返回老家安徽，離開京師這塊是非之地。也許真是他的時運不佳，當他第二年（乾隆十五年）春天按照皇帝賜准的時間準備回鄉時，卻又遭到乾隆更嚴厲的責難，得到更難堪的處分。

這一年三月，乾隆皇帝的長子永璜二十三歲英年早逝，皇帝雖不是十分疼愛這位庶出的皇子，也沒有立他為儲君的念頭；但是畢竟是己出的長子，仍令皇帝相當悲傷，下令喪服從優，輟朝五日，皇帝在初奠時還親自前往奠酒，以示隆重。張廷玉曾是永璜的老師，在喪服未除之時竟上書急想返鄉，在乾隆看來，當過永璜老師的張廷玉竟「漠然無情，一至於此，是謂尚有人心者乎？」正在此時，又發生了蒙古額駙超勇親王策凌病逝的事，皇帝把太廟配享的問題再度提出討論了。

策凌對清朝維護邊疆貢獻良多，幾次參與對準噶爾的戰役，立過大功，乾隆下令照宗室親王典禮為他辦理喪事，並下令讓策凌配享太廟，他是蒙古人配享的第一人。不僅如此，在同年四月間，皇帝說他看了以往配享大臣的名單，「其中如費英東、額亦都諸臣，皆佐命元勳，汗馬百戰」，鄂爾泰有改土歸流經略苗疆之功，配享「已屬過優」，而張廷玉僅是從事文墨工作的大臣，「於此益見張廷玉之不當配享」。所以皇帝命令將太廟裏配享大臣的名單交給張廷玉看看，讓他自己想想他夠不夠資格入廟被人祭拜，「應配享，不應配享，自行具摺回奏」。

張廷玉接到諭旨與配享大臣名單之後，心知情勢嚴重，一年前請皇帝保證他死後一定能入廟配享，已經是貪相畢露，不像一個淡泊清高的讀書人了；現在又遭到如此侮辱，實在悔恨萬分。但他也了解皇帝是至高無上的，只有向他低頭。他在回答的奏摺裏向皇帝說：

臣老耆神昏，不自度量，於太廟配享大典，妄行陳奏。皇上詳加訓斥，如夢方覺，惶懼難安。復蒙示配享諸臣名單，臣捧誦再三，慚悚無地。念臣既無開疆汗馬之功，又無經國贊襄之益。……伏乞罷臣配享，並治臣罪。

皇帝得到張廷玉的報告後，交給大學士等大臣，開會研討張廷玉的罪行與處分。不久之後，大學士們認為張廷玉應罷配享，並革去大學士銜。張廷玉已在年前被削去了伯爵，現在又革大學士銜，將來又不能配享太廟，真可謂是一無所有了。不過，皇帝似乎還裝著優遇老臣，下令罷張廷玉廟享，免革大學士銜，給這次事件的前後情節，「詳諭內外臣工知之」，無異又讓張廷玉在後輩臣僚中再丟一次臉。

張廷玉就這樣灰頭土臉的回到老家，但是他的劫難並不因此而停止。就在同年，有位四川學政朱荃，被御史參劾賄賣生童，罷官回家，但他在途中投水自殺。皇帝派人調查之後，發現朱荃是張廷玉的姻親，而且朱荃能當上學政，全是多年來經由張廷玉以及門生梁詩正、汪由敦等人徇私提攜的緣故，乾隆認為張廷玉等竟敢如此漫無忌憚的作弊用人，實在罪不可逭。結果又將張廷玉罰銀一萬五千兩，追繳以前送給他的御筆、書籍及一切官物，並將梁詩正與汪由敦也一併降級處分。

張廷玉經過幾年的多種打擊，黨派的勢力幾乎不存在了，自己的身體也衰病不堪了，乾隆二十年三月他帶著悔恨去世。有趣的是乾隆得悉他的死訊後，卻寬恕了他的罪過，下令又准他入廟配享，以示他眷念舊臣、不忘皇父遺命之意。乾隆這種跡近惡作劇的作風，表面上看他讓張廷玉死後又重獲了榮寵，但張廷玉真能泉下有知，享受這份光榮嗎？

張廷玉晚年的不幸際遇，一部分是他自己虛榮貪念與沒有自知之明造成的；但是集權專制君主從來就不喜大臣結黨鬥爭，更不喜大臣侵犯他的皇權，張廷玉以三朝元老自居，在這兩件事上都令龍心不悅，他能得到善終嗎？

10

伴君如伴虎

雍正確實是一位既英明又能幹的君主，他在生前就為他兒子乾隆安排好一切繼承的事了，包括幾位輔政大臣與一些統治的政策；然而乾隆不是一個安於現狀的皇帝，他有理想，又想創新，要在「盛世」的基礎上創造「新的盛世」。因此他上臺之後就有不少「不法祖德」的表現，尤其他重視皇權，皇家鬥爭與對前朝老臣的打壓事件就不能避免了。允祿、弘晳的失權失勢，鄂爾泰、張廷玉的羞辱老死，都成為這位新君執政初期的歷史事象了。

然而皇權獨尊是一回事，國家大政絕不是皇帝一人所能處理得了的，所以乾隆從他父親時代皇親與舊臣的勢力中突圍之後，他亟需培養一批自己的人馬來為他服務辦事，不少年富力強的新面孔便在乾隆朝歷史上出現了。

在恢復軍機處的時候，乾隆就引進了幾個新人以牽制鄂爾泰與張廷玉，並在顧命大臣中進行分化，以破壞鄂、張元老集團的力量。除了利用鄂、張黨爭來制衡之外，皇帝又培養顧命大臣中年輕的訥親，來淡化鄂、張的地位與實力。訥親是滿洲鑲藍旗人，出身於滿族世家鈕祜祿氏，祖先多貴戚勛舊，雍正時得到重用。他辦事勤敏，操守很好，又反對黨庇瞻徇的官場風氣，因此被乾隆看中。在剛恢復的軍機處裏，鄂、張二人雖名列首輔，但皇帝信任訥親，讓他「一人承旨」，顯係乾隆在培植他為親信。訥親的廉正持公作風也得到皇帝的讚許，特別是他到外省查巡營伍廢弛或是察勘河道工程時，地方官的奢華供應，著意迎逢，他都一概拒絕，因此到乾隆十年，當鄂爾泰病逝，張廷玉失寵後，訥親就被提升為軍機處領班大臣，行走列名在張廷玉之先了。

訥親也不是一個十全十美的人，據當時人的描寫，他生性自負，恃驕剛愎，常常不顧大體，「遇事每多谿刻」，他對屬下官員的「公事建白，必反復駁詰」。當他主持吏部和戶部時，對於一切政事都主張從嚴處理，後來有人參劾他，說他「事涉於因公，跡涉於任怨」，「出一言勢在必行，定一稿而逾限積日」，可見他是一個苛刻到不近情理的人。訥親倔強的個性，驕矜的作風，當然得罪了不少人，而他不善觀察官場政壇變化，自以為是，又常會「不以皇帝之心為心」，在乾隆看來，這種不能配合皇權意志行使職權的人，終必成為皇權的大患。訥親既為皇帝所疑所忌，又得罪了眾多的親貴大臣，他的恩遇當然就不會久長了。

乾隆十二年，四川地區金川一帶藏民互鬥，發生地方動亂，皇帝派川陝總督慶復與名將張廣泗去平亂，他們竟然無功而返。皇帝為統籌全軍，命令訥親為經略，率領禁旅到金川，希望派一個「可信大臣親履行間」早獲捷音；但是訥親不懂軍事，更不了解金川的地理與當地的軍情，他自恃其才，「甫至軍，限三日克刮耳崖。將士有諫者，動以軍法從事」。由於訥親的輕敵，清軍連遭敗績，他從此「不敢自出一令，每臨戰時，避於帳房中，遙為指示，人稱笑之，故軍威日損」。他又專橫跋扈的對待張廣泗，並把戰事失利的責任推卸給張廣泗等帶兵官，更引起前線的將相不和。皇帝知道金川戰事遇到困難，降諭指示可用離間之術，使金川反抗勢力瓦解，但訥親先奏請增兵進剿，後又主張撤兵待機出擊，他簡直沒有把皇帝的諭令認真遵行，只是一味的自我行事，這又是背離皇權行事了。皇帝常說「惟於重大緊要之關鍵，方足以見報稱之實心」，訥親卻在這樣重大關鍵時刻表現出不忠，難怪訥親就因此被摘掉經略大臣的印信，後來在前線拘禁，到乾隆十四年正月，皇帝甚至下令將他在軍前正法了。訥親是乾隆提拔的第一位中央極品大員，是皇帝一度激賞的寵臣，但因為他的行事作風觸犯了龍顏，頂撞了皇權，在皇帝刑殺立威下犧牲了。

深受乾隆讚賞的南方詩文名家汪由敦，在雍正晚年任職侍讀學士，乾隆即位時，重要文獻如登基大典的進御之文等都是由他撰寫的，後來他到南書房入值，擢升為內閣學士，不久又出任禮部、兵部與戶部的侍郎，工部尚書、刑部尚書等職。乾隆十一年授左都御史、軍機大臣。金川戰事平定後，汪由敦又加太子少師銜，協辦大學士。他的官運可謂亨通之極，其原因主要是當時政府很多公文都是他「承旨，耳受心識，出則撰寫，不遺一字」，很令皇帝滿意，而在同時，皇帝個人所作的詩文，也有先由汪由敦屬草，而後由乾隆修訂而成的，難怪皇帝稱讚他說：「贊治常資理，論文每契神。」不過，遇到皇權被侵害時，皇帝就覺得詩文是次要的了。

汪由敦是張廷玉的門生，乾隆在打擊張廷玉時，汪由敦因任職軍機處常設法幫助老師，因此令皇帝十分惱怒。例如張廷玉晚年為配享太廟事與皇帝糾纏時，乾隆先要降旨命軍機大臣質詢張廷玉，汪由敦怕張廷玉因此治罪，曾捨身在皇帝面前為老師求情，他摘下官帽，跪在地上懇請皇帝收回成命，乾隆認為他徇私害公，相當不滿。後來皇帝允諾張廷玉入廟配享，而張廷玉又不親到內廷謝恩，失大臣之禮，下令要軍機處擬旨命張廷玉明白回奏，汪由敦又為了老師暗中把消息傳給張廷玉，皇帝發現汪由敦洩密，斥責他「徇私情而忘公義」，立即革掉他的大學士職務與尚書銜，只在尚書任上贖罪。後來皇帝的怒氣消了，汪由敦又逐漸得到重用，累官至吏部尚書，但是一直到乾隆二十三年汪由敦病死，始終沒有再任命他為大學士。由此可知：任何寵臣都是需要尊重皇權的。

乾隆中期還有一位值得一述的高官是于敏中。他是江蘇金壇人，乾隆二年中狀元，由於他「才頗敏捷，非人之所能及。其初御製詩文，皆無煩定稿本，上（乾隆）朗誦後，公（于敏中）為之起草，而無一字之誤」。乾隆對他非常賞識，命他入值南書房，乾隆十八年就當起兵部侍郎等二品大員的高官了。十年之後，他得到在紫禁城內騎馬的殊榮，乾隆三十六年更擢升為協辦大學士，兩年之後，因為首席軍機大臣劉統勳病故，他又被皇帝提拔為首席軍機，官運真是出奇亨通。

本來在乾隆初年恢復軍機處時，規定排名第一的軍機大臣必須是滿洲籍人士，但是自從傅恆死後，滿洲重臣中沒有適合人選，而當時的軍機大臣中，劉統勳公忠體國，操守尤佳，皇帝乃破例於乾隆三十六年任命劉統勳為首席軍機，于敏中是隨著劉統勳而當上首輔的。可是于敏中的品德不能與劉統勳相比，他為做官曾經「兩次親喪，矇混為一，恝然赴官」，這在講求孝道的當時，貪位而忘親是令人不齒的，不過皇帝還是保全了他，儘管大臣中有不少人交章彈劾了他，也不見結果。于敏中升任首席軍機之後，變得更是驕狂，他不但培養私人，結交外吏，甚至連太監都聯絡起來了。乾隆一直以清朝建國以來沒有母后、外戚、宦官、權臣干政自鳴得意，于敏中竟想通過太監刺探宮中情形，實在令他震怒，可是皇帝最後只殺了太監頭子高雲從，而沒有處分于敏中，這其中原因是于敏中當時被乾隆所倚重，他不僅文學才華出眾，辦事能力也佳，每天為皇帝劃籌國家大政方針，皇帝明知他操守不好，行為狂縱，但傅恆、劉統勳等人已不在人世，一時也只好容忍，以警告來遏止他的妄為。乾隆在處斬高雲從後，曾說：于敏中「實福澤有限，不能受朕深恩。于敏中不知痛自愧悔耶？」乾隆四十一年，金川戰役告捷，皇帝論功行賞，也賞給于敏中一等輕騎都尉，世襲罔替，並畫像紫光閣，因為他「較眾尤為勤勩」的緣故。

于敏中得到封賞之後，並沒有能收斂自己的行為，反而更廣結內外官員，擴大自身勢力。所幸的是他還沒有做出具體的僭越事件之前，在乾隆四十四年底就因病去世了。皇帝派了皇八子去灑酒致祭，並寫詩哀悼痛失輔佐的心情。後來又下令賜于敏中諡號「文襄」，入賢良祠祭祀，于敏中可謂身後備極哀榮。

世事實難逆料，于敏中死後不到半年，于家因分家事爆發出了于敏中侄子與孫子惡鬥的醜聞，並且告狀到了軍機處。皇帝下令徹查，結果發現于敏中生前家產竟高達兩百多萬兩，這筆財富顯然是由于敏中任官時貪污而來。他在江南又興建私人花園，查證是地方官逢迎于敏中的利益輸送。正在此時，甘肅地方又發生「捐監案」，而于敏中是接受了甘肅官員賄賂才慫恿皇帝允准開捐的，于敏中也算是此案的始作俑者。皇帝盛怒之下，命令將于家產業充公，于敏中也撤出賢良祠。皇帝甚至還氣恨的說：「設于敏中尚在，朕必嚴加懲治。」

于敏中一度是乾隆皇帝的寵臣，最後因為舞弊弄權，竊作威福，廣結中外，公然受賄等等罪行，傷害了皇帝的心，侵犯了皇帝的權，他死後被乾隆抄家撤享也是不意外的。

乾隆朝也有一些首輔大官，他們得到了善終。是不是他們的運氣好呢？我想也不盡然，例如早年的傅恆，就是帶著一身榮耀走進歷史的。

傅恆是滿洲鑲黃旗人，出身家世顯赫的富察氏，他是乾隆皇帝嫡妻孝賢皇后的弟弟。他不是科舉正途出身的，先在皇宮裏當侍衛，後來擢升為內務府大臣，乾隆十年進入軍機處，三年後訥親被殺，他升為首席軍機，當年他才二十五、六歲，是清朝歷史上最年輕的首席軍機大臣。

傅恆被破格重用，雖然與他親姊姊皇后在這一年仙逝有關，皇帝深愛髮妻皇后，愛屋及烏因而提攜她的幼弟也是有可能的。不過，皇帝自登基以來，十三年間一直被前朝的幾位顧命大臣掣肘、要挾，實在困惱不堪。現在鄂爾泰、張廷玉已擊倒，訥親以兵敗見殺，皇帝完全可以自主行事了，為了顯示他的至高皇權，重用傅恆正可以說明這一點。傅恆也不並是全靠裙帶關係而得到躍升官位的，他也有很多長處，令皇帝心喜，令大臣折服。在訥親被殺之後，皇帝便下令要傅恆任川陝總督，經略軍務。傅恆領兵到四川之後，親自督師攻下金川險碉幾座，大挫了反清藏民的氣勢，第二年四月捷報傳到了京師，皇帝大喜，立即下詔命傅恆班師，稱讚他是「朝中第一宣力大臣」，並暗示他「豈可因荒徼小醜久稽於外？」意思是說他已建立了功名地位了，回朝有大用的。傅恆此時想直搗亂民巢穴，再建大功，猶豫是否班師時，金川土司首領因久戰乏力，出面投降，傅恆因而以全勝之功班師回朝，從此奠定了他第一功臣的地位，成了名副其實的首輔軍機，一直到乾隆三十五年七月，傅恆病逝，他執掌軍機處大權達二十年之久。傅恆雖是椒房之親，朝廷第一功臣，但他待人接物還是有守有分，謙沖忠厚，深得人心。皇帝不斷加恩，賜黃帶、寶石、雙眼花翎以示尊崇，他卻謝恩力辭。比起于敏中乞求翎帽黃掛來，真是不可同日而語。傅恆恭謹事上的為人與作風，與不喜攬權、不結私黨的表現，更令皇帝喜悅，所以在乾隆三十五年傅恆在緬甸戰場上得勝回來不久後病死時，乾隆確實悲痛非常，因為他很難再找到這樣尊重皇權，全力擁護皇權的大臣了。

劉統勳也是乾隆認為忠君的大臣，只是他不像傅恆那樣的効死忠，劉統勳是敢說敢當的耿介之士，皇帝因為他不犯皇權，所以他也成就了功名，得到了善終。他是山東諸城人，乾隆即位時，他因是進士出身當了三品京官，又因他「性簡傲，不蹈科名積習，立朝侃然，有古大臣風」，而受到皇帝的器重。他不趨炎附勢，操守又好，在乾隆六年他被晉升為左都御史，成為言官的首長。這位一向以剛直聞名的御史大官，在擔任新職後便對當時兩大位高權重的人表示意見了，他上疏說訥親權重，「屬官奔走恐後，同僚亦爭避其鋒」；而訥親的「出一言而勢在必行，定一稿而限逾積日，殊非懷謙集益之道，請加訓示，俾知改省，其所司事，或量行裁減」。他又對張廷玉進行攻擊，認為他「晚節當慎」，「竊聞輿論，動云張姚二姓占半部縉紳」，他希望皇帝能「自今三年內，非特旨擢用，概停升轉」。乾隆對他的參奏並不喜歡，但也沒有責備或處分他。其後若干年，皇帝經常命令他鞫讞大案，或任欽差到各地查案。劉統勳對皇帝交辦的事都能秉公處理，達成任務。不過，他的官運遠比傅恆等人差得多，乾隆二十年他被派出當陝甘總督，主持對準噶爾用兵之事，結果大失乾隆所望，被革職查辦，解京受審，家產也被抄沒。事實上劉統勳也沒有犯大錯，只是在籌措軍糧問題上自作主張，沒有遵從皇帝旨意辦理而已。第二年劉統勳回京後，皇帝又赦免了他的罪，不久起用他為刑部尚書。五年後更擢升為東閣大學士，兼管禮部、兵部，變成位極人臣的大員。乾隆三十八年劉統勳逝世，他出任大學士長達十三年之久，皇帝一直對他信任，尤其在傅恆去世之後，乾隆改變了漢人不得任首席軍機的慣例，升劉統勳為首輔，成為皇帝的心腹大臣。劉統勳何以能得乾隆的寵信？這可能與他從經驗中取得教訓有關。他後來由骨鯁之士變為只知盡職勤事的廉能之臣了，他也學會了「窺帝意」的本領，因而長期服官還能得到好結局。不過劉統勳堅持公廉辦事，所以在死後被皇帝譽為「終身不失其正」，因而得到一個「文正」的謚號。

乾隆晚年，阿桂與和珅都被重用，他們在大學士與軍機大臣的位子上坐了很多年而寵信不衰。阿桂性情穩重，行事機敏，乾隆最以為榮的「十全武功」，阿桂是無役不與的功臣，他有四次入紫光閣畫功臣圖像的殊榮，這是清朝僅有的事。他也常被皇帝派出查案，結果也令皇帝滿意。他「進止溫恭，居有常處」，尤其辦事負責認真，每天「先五鼓起，入禁廷」，「有奏稿，必親閱無誤字，乃進御」。由於阿桂辦事不敢疏忽，對皇帝竭盡忠誠，儘管也有被貶罰的紀錄，但乾隆終究是喜歡這種有將才，又有相才的賢能臣工的。

和珅從乾隆四十一年授戶部侍郎，不久出任軍機大臣後，在任二十餘年，歷任步軍統領、尚書、大學士等官，甚至因功封為一等公。他是精明敏捷，辦事幹練的人，尤其善體乾隆心意，在皇帝驕矜又自負的晚年，他像奴才似的迎合皇帝做事。他不曾侵犯或奪取過皇權，只是有時弄權，作些貪贓的不法事，這是他能寵幸歷久不衰的原因。有關阿桂與和珅的事在以後各章中還會談到他們，這裏且簡略的先作一點敘述。

從以上乾隆朝中央大員事蹟的簡介中，相信可以看到一個事實，即凡被皇帝寵信的都是有才華、能辦事的人，他們能不能在官場得到保全，有個好的結局，全在他們有無侵犯或分享皇權而定。乾隆是位集權專制的實踐者，他喜歡的是一批能為他辦事而又是奴僕式的御用官員，有無彪炳功業並不重要，因為所有功業文章都是應該屬於皇帝的。乾隆雖一再強調中道，但是在他朝廷作官的，不一定比嚴刻的雍正時代容易生存。大臣們要時刻以「伴君如伴虎」自我警惕，否則很難得到善終的。

11 整飭官場

乾隆皇帝在登基之後，特別是打倒親貴削奪相權之後，著手整飭官場了。他知道若要政治清明，就非得有賢能的官員，而且他們還需要勤於政務，關心民生，務實的為國家服務。皇帝為起帶頭作用，他自己先勤奮的工作，不做太平享福的君主。據當時在他身邊的屬下說：

上（指乾隆）每晨起，必以卯刻。長夏時天已向明，至冬月才五更盡也。時同值軍機者十餘人，每夕留一人宿直舍。又恐詰朝猝有事，非一人所了，則每日輪一人早入相助，謂之早班，率以五更入。平時不知聖躬起居，自十二月二十四日以後，上自寢宮出，每過一門必鳴爆竹一聲。余輩在直舍，遙聞爆竹聲自遠漸近，則知聖駕已至乾清宮，計是時，尚須燃燭寸許始天明也。余輩十餘人閱五、六日輪一早班，已覺勞苦，孰知上日日如此，然此猶尋常無事時耳。當西陲用兵，有軍報至，雖夜半亦必親覽，趣召軍機大臣指示機宜，動千百言。余時撰擬，自起草至作楷進呈或需一二時，上猶披衣待也。

另外，朝鮮人也有記述乾隆每天工作情形的，他們的說法是：

卯時而起，進早膳後先覽中外庶政，次引公卿大臣與之議決，至午而罷。晚膳後更理未了公事，……夜分乃寢。

可見乾隆皇帝每天的工作時間很長，備極辛勞。事實上，不但即位初年如此，即使是他往後的數十年皇帝生涯中，他幾乎每天都是「惟日孜孜，罔或稍懈」的專心理政治國。

乾隆初年在政治上的主要活動是在「中道」思想指導下，對前朝政事作適當調整，他特別強調為政貴在務實，所以他要求在京滿漢官員輪班條奏，內容一定要「深籌國計民生之要務，詳酌人心風俗之攸宜」，反對崇飾虛文，必須陳奏實事。雍正大喪期間，各省督撫等官呈奏的都是些恭請節哀、進京叩謁梓宮等報告，沒有什麼內容。皇帝下令教他們「自今以後，凡無關於政事之實者，不必具摺具本陳奏」。即位半年之後，他降諭說：「從未見諸臣有直言朕過者，豈朕所行之事，悉能上合天理，下協人情歟？嗣後務須直言無隱。」他不准官員虛報開墾田畝，也不鼓勵祥瑞的粉飾，他令大家以實心行實政。

要想得到勤奮務實的好官，當然就應該講求用人的方法與人選的品質了。正如乾隆說的：「創業難而守業亦不易，惟在人君用賢納諫，則天下自安，而國家永固。」當時官吏的來源主要有科舉、捐納、舉薦幾條途徑。科舉是正科，乾隆也效法祖父康熙增加過特科，如博學弘詞科、經學特科、孝廉方正科、南巡召試、萬壽恩科等等。皇帝重視正科，曾經多次親臨貢院，下令改進場所、設備、膳食，甚至延後考期，讓考生在比較舒適的環境中應試。捐納本來不是乾隆認可的，到大小金川戰役發生後，為了解決軍餉，才開放實官捐納之例。大臣薦舉賢能的人來當官，皇帝認為是個好辦法，但他痛恨因私人關係濫舉，乾隆三十一年甚至降諭嚴定督、撫妄舉人員要判罪，還真有大官後來因妄薦被處分的。

選拔了人才當官以後，對他們的工作情形與操守應該按時檢查才對。清代承襲漢人制度，對京官與外官每三年有一次「京察」與「大計」來考核官員的成績。乾隆一再的諭令主管們要認真執行，不能徇私。乾隆十八年以後，他多次對京官的「京察」親自裁定，後來又下令對地方高官布政使與按察使也要進行考核，同時又鼓勵官員以密奏屬吏賢否，乾隆對中外各官的考核不能說不重視了。據不完全的史料統計，在他主政的時代，官員因「不謹」、「老」、「疾」、「才力不及」、「浮躁」種種原因而被革職、退休、調降的竟高達六千多人，足見皇帝對官場整飭的一斑了。

乾隆為了控制官員，防止弊端，他又加強推行引見制度。這一制度就是凡被任命做官的人，都需要經過皇帝召見這一關。而已經任職的也被分批的調來京城覲見。乾隆三年以後，又將入覲的官員範圍擴大，甚至有些知縣都被引見了，並且作為定例。皇帝在召見官員時，可以當面觀察各官的面相、談吐、學問，為官經驗等項，作為參考，不合適的他也可以不選派他們為官。這也是乾隆對各級官員操有任命大權的一種手段，用人權他是不想旁落他人的。

為了防止官員結黨營私作弊，皇帝在即位之初就規定上奏補用人員時，必須在奏摺中將補用人的籍貫、科舉年份等資料詳細寫明，以防以姻親、同鄉、同年、師生等關係提攜進入官場，增大各官一己實力。後來又規定武官在職的要迴避本省人，八旗武員也要到離鄉五百里外地方任職才算符合規定。乾隆中期以後，甚至禁止同在一省的上司屬員在現任內結親，「違者，照違令律議處」。另外，為了防範中央官員與地方官員勾結、地方官員彼此之間勾結、地方官員與地方紳衿勾結，皇帝又下令嚴禁以下幾件事：

一、地方官不得巴結逢迎上司的子侄，有上司子侄經過地方時，不准拜謁地方官，以張揚聲勢。

二、地方官不准上奏呈請現任中央九卿高官的父祖入鄉賢祠。
三、各地鄉紳不准為當地官員建立生祠。
四、督撫經過地方，下級官員不須「跪地迎送」。
同時皇帝又幾次下令將各省歷年來修建的文武官員去思碑、德政碑全部撲毀，消除官場的這種歌功頌德歪風。據史料所記，乾隆五十年雲南、山西兩省就毀掉六百多座，吏治也由此得到一些澄清。

康熙、雍正年間，因為崇尚程朱理學，讀書人高談理、氣、性、命之學，他們當官之後，大多是空談見長而別無他能。乾隆為改進官員素質，在漢族官員內逐漸斥逐崇奉理學的臣工，而舉用服膺漢學的士子進入官場。從乾隆十年開始，政府考試命題以漢學研究為主，專出經史考據的題目，這樣一來，研究漢學有成的人便容易考中而當官了。一直到乾隆禪位給兒子嘉慶，五十年中，先後舉行過二十三次會試，錄取名額不下四千人，這些考中的人中有不少官至極品，有外省的封疆大吏，也有中央的部院大員，甚至有任大學士、入軍機處的，皇帝從思想與風格上大大整頓了官場的成員。

對官場人士結構調整影響最大的，可能是民族成分的改變。我們知道：清朝是滿洲人建立的，他們入關之後以少數民族統治眾多的漢人，當然駭怕漢人反側，推翻他們的統治權，所以皇帝一直以滿洲為主體，執行內滿外漢的政策。康熙為了做一個儒家準標的明君，對漢人官員還相當禮遇。雍正也在調和滿漢的政策前提下，限制滿洲人的官場勢力膨脹。乾隆即位後，則變更了他祖先的傳統，在官場為八旗屬下人廣開大門，讓他們在仕途有更多發展的機會。乾隆二年，皇帝首先下令准許旗人和漢官一樣，可以保舉為道員，以前只准舉為布政使與按察使，職位降低了，任官的人當然就多了。乾隆六年，皇帝又作出新規定：「嗣後滿洲進士，亦著照依甲第名次選用知縣。」知縣是七品小官，全國各地有很多個縣，因此旗員任官的機會更多了。另外，清初以來，明朝降清的兵丁被收編為綠營兵，長官仍用漢人軍官。乾隆上臺後以綠營營伍廢弛為藉口，「分用滿員，以資鈐轄」，陸續派出大批旗員補任綠營守備以上的各級軍官。由此可知，乾隆對當時文武兩個官場都開放給了滿洲人，尤其是武官名額中，在乾隆三十年代，直隸、山西、陝西、甘肅、四川等省副將至守備，已有三分之二的名額被滿族人佔有了。全國也有不少知縣是任用了滿洲人，一度還引起漢人官員上書抗議過。

乾隆皇帝以多種方法來整頓官場，飭治風氣，不但使政壇出現了一番新氣象，也加強了他的皇權。他緊握了人事任命大權，加強了對官員的控制，因而進一步的鞏固了他的專制集權統治。

乾隆以他多年執政的經驗，說過這樣的一段話：

皐陶言：人君為治之道，在知人，在安民。斯言也，實係千古帝王治世之要道，舍是無他求矣。夫知人安民非二事也，人君以一身臨萬民之上，萬民眾矣，豈能一一教之、養之，是在知人善用，內而百官，外而民牧，必各稱其職而能其事，以相輔弼承宣，然後庶政唯和，萬國咸寧。

據此可知：皇帝之所以整飭官場，慎重任用人員，甚至改變官員民族籍貫，主要是因為各級文官武將都直接關係著他統治國家的命運，也關係著他統治的權力與地位，因而他不惜作出種種努力，整飭官場，澄清吏治。然而乾隆統治長達六十年，國家承平日久，官員腐化日深，加上皇帝本身又有不少問題，以致官場貪風並未收斂，吏治依舊廢弛，官常也未見變好，乾隆朝是清代由盛而衰的分水嶺，這說法應該是大致可信的。

現在就先來看看乾隆這一朝貪案中比較大的、比較奇的一些案例吧。

12 乾隆朝貪案特別多

有學者說中國古代政治史就是一部官僚貪污史，這種說法當然誇張了一些；不過考之史實，例也有些真實性。我們從歷代史書與私家別集中，官吏貪污的事隨處可見，堪稱俯拾皆是。從先秦到清末，甚至直到今天，古今中外的官員貪瀆事件，幾乎是無時不見，無處不見。儘管歷代都有明君賢臣發表防貪、肅貪的政令主張，制定肅貪、懲貪的法律規條，使成千上萬的貪官繩之以法；但是貪風依然猖獗，貪官還是不斷的出現在政壇，貪污真是傳統中國官場一種不能根治的頑痼。

事實上，若從歷史上看，清朝帝王一直是反對貪污、主張嚴懲貪案的，並且認為明朝滅亡與墨吏貪婪有關，所以在順治元年六月，即入關後一個多月，攝政王多爾袞便以文告諭誡官民，說

「明國之所以傾覆者，皆由內外部院官吏賄賂公行，功過不明，是非不辨。凡用官員，有財之人雖不肖亦得進，無財之人雖賢才亦不得見用。……亂政壞國，皆由於此，罪亦皆大於此。今內外官吏如盡洗從前貪婪肺腸，殫忠效力，俸祿充裕，永享富貴；如或仍前不悛，行賄營私，國法俱在，必不輕處，定行梟示」。不久之後，多爾袞又對各官訓示說：「明祚淪亡，率由臣下不忠，交相納賄所致。若居官黷貨，不恤生民，恥孰甚焉，其切戒之！」順治元年十月初十日清廷頒布的皇帝即位恩詔內再強調遇貪即懲，罪不容赦的決心。肅貪政令可謂三令五申。然而仍有少數官員不法，結果得到了重懲，如順治十二年順天巡撫顧仁被斬，兩年後江南與順天兩大闈場中考官受賄被誅等是比較典型的貪案。

康熙繼承之後，初年因權臣鰲拜等人把持朝政，競相營私，公行貪賄，所幸時間不久即被康熙消除其惡勢力。隨著是三藩動亂的大變局，國家經過了八年多的分崩戰亂，社會極度不安；儘管如此，皇帝仍不時的向大臣宣講政令，希望以教化功能來防貪止貪。例如他說「民生不遂由於吏治不清，長吏賢則百姓自安」；他又指出「天生有限之物力，民間易盡之脂膏」，若是盡歸貪官則必導致國家衰亡。百姓困苦如果無所申告，一定會「上干天和」，必招致水旱、日食、星變、地震等災異。他也降諭各官要「清白自守」，「嚴禁科派」。到了三藩平定前夕，他開始整肅貪污，如山西學道盧元培坐枉法贓律論絞，巡撫土克善以失察降三級。上林苑監署丞何中柱、監丞劉興詩因賄論絞、戶部尚書梁清標也因受何中柱營求囑託降五級任用。三藩亂平後，康熙發現文武官員在處理吳三桂、尚之信等家產時，有大量侵吞的事實，於是嚴厲追究，結果查案大員侍郎宜昌阿、廣東巡撫金俊與道員王永祚等貪官擬立斬，另有其他官員多人擬秋後處決。綏遠將軍蔡毓榮在攻入昆明消滅吳三桂孫子最後勢力時，也犯了將吳家部分產業侵吞歸己案，他雖從寬免予處斬，但仍得到籍沒家產以及枷號鞭笞等的下場。至於多加火耗、苛索屬禮、枉法派收的山西巡撫穆爾賽、湖北巡撫張汧等等地方高官，也都被處以「秋後處決」或「絞監候」等的重刑。不過到了康熙四十年代之後，皇帝似乎滿足於「盛世」的虛榮，改變了嚴懲貪污的政策，對官員的科派賄賂放鬆了追究，甚至允許他們可以作「些微」、「纖毫」的侵蝕，特別對他寵幸的一些文臣，如徐乾學、高士奇等人，在確證有貪瀆行事後只奪其官職而已，因此康熙末年貪案時聞，噶禮、希福納、藍理等人就是其中著名的貪婪肥己的高官代表。

雍正是一位精嚴刻薄的君主，他即位之初，「弒兄」、「屠弟」，大殺「功臣」，造成了他嗜殺的形象，加上他以威猛的手段打擊貪官，一時政界吏治澄清，貪案顯然大為減少。即使到雍正十二年發生河南學政俞鴻圖「受賄營私」一案時，他仍是從嚴究辦，降旨說「學政科場乃國家興賢育才之要政，關係重大」，「俞鴻圖著即處斬」。同時他還認為「今觀俞鴻圖贓私累萬，則各省學政之果否澄清，朕皆不敢深信矣！」因此他想到總督與巡撫既與學政同在省會辦公，應該知道學政的優劣，可能有代為隱瞞之事，所以他下令嗣後各省學政如有考試不公徇情納賄之事，「將督撫按溺職例嚴加處分」。可見皇帝以連坐罪懲治貪污。不過雍正帝的統治時期不長，第二年即雍正十三年就逝世了，人亡政息，繼承他的乾隆皇帝標榜以中道治國，一度改變嚴厲作風，貪風因而又熾熱起來了。

乾隆一朝給人的感覺是貪案特多，手法奇妙，而且官員貪瀆的金額大得驚人。這其中的原因可能很多，但是以下幾點應該是造成這種印象的主要因素：

一是乾隆在位六十年，內禪後又當了三年多的太上皇，在古代中國連續主政六十多年的皇帝並不多見，任職的時代長又逢太平盛世，當然發生貪案的頻率必然會多了。

二是乾隆朝貪官的位階高，據現存的史料記載，至少有二十九個總督、巡撫在當時犯了貪案，成了貪官，而其中被處斬、處絞、令其自盡的共有十八人，其他地方中下級小官涉案的為數更是可觀，這使得乾隆朝貪案顯得嚴重，比其他時代突出了。

三是皇帝本身對發生的貪案有一套特別的處理辦法，例如多數貪案他都要「親加廷鞫」，有的懲處極嚴，有的從輕發落，頗具隨意性，沒有一定準標，甚至破壞了法治。

四是乾隆朝有些貪案的發生，肇因於地方官向皇帝進貢或是為接待皇帝巡幸造成虧空，致使官員走上貪污之路的。同時案發後又常以罰銀、停發養廉與抄家入官等結案。由此可見：當時貪案多少與皇帝本人有關，或是皇帝藉貪案來歛財，這是歷史上不多見的。

五是經過民國成立以後作家們反清反滿情緒的反映，常把清朝說得一無是處，乾隆朝的貪案於是被渲染得可怕驚人，乾隆貪案因而在民間也就聲名遠播了。

其實乾隆朝的貪案又多又顯著也是因為皇帝自己數十年如一日的審斷貪案、重懲貪官的緣故。如果他真是放縱不辦貪案，史料裏根本就不會留存當年的貪案紀錄了，後人也無從知道那些貪案了。乾隆一生肅貪；但是貪案不絕，甚至到他統治的中期以後，變成誅不勝誅、罰不勝罰的難以控制的局面，終於出現「政以賄成」的可怕境地，這是乾隆皇帝自己也預料不到的。乾隆朝官場貪瀆情形究竟是什麼樣子呢？以下是當年重大案件的簡要敘述。

13 開始痛懲貪官

乾隆皇帝登基之後，便向天下頒布諭旨宣稱：

> 治天下之道，貴得其中，政寬則糾之以猛，猛則濟之以寬。而《記》稱一張一弛，為文武之道。

由於他主張寬猛相濟，雍正朝的嚴苛政策有些被他作了調整或改變。幾月之後，新政就為乾隆皇帝贏得寬仁的形象了，甚至有人讚美他說：「善政絡繹，海宇睹聞，莫不舞蹈。」然而部分人士的稱頌並不代表政令的成功，官場的積習又逐漸恢復了，特別是貪瀆的風氣又浮現上了政壇，乾隆為了「寬則濟之以猛」，乃在他即位後的第六年，一連嚴懲了四個貪官。

乾隆六年（一七四一）二月十三日，皇帝降旨訓飭御史等言官說：「使科道不得盡言固不可，然任其狂瞽而無節制則又不可。從來言官之弊，莫大於朋黨，明末之事，人所痛恨，可為炯鑒。」不過不久之後，皇帝又作了修正，宣稱：「並未禁科道風聞言事。」廣開言路，集思廣益的政策沒有改變。總之，皇帝仍是希望官員上書報告中央與地方興革事務的。同年三月初七日，山西巡撫喀爾吉善向皇帝奏報他屬下的布政使薩哈諒「婪贓不法」，「收兌錢糧，加平入己」，「給領飯食銀兩，咨意剋扣」，「請旨革職」。第二天，喀爾吉善又上了一份奏章，指出他省內負責教育行政的高官喀爾欽「賄賣文武生員贓證昭彰，並買有夫之婦為妾，聲名狼藉，廉恥蕩然，請旨革職」。乾隆接到這兩份奏報之後，隨即批示：薩哈諒、喀爾欽二人著革職，並指令侍郎楊嗣璟去山西實地查案。正在調查山西貪案的同時，三月十四日與十九日皇帝又分別接到御史劉吳龍與仲永檀的奏疏，前者報告浙江巡撫盧焯營私受賄，後者則是參奏步軍統領原兵部尚書鄂善貪銀萬兩。御史都是「風聞」入奏的，但也希望皇帝能「訪查」審辦。乾隆帝既然要廣開言路在先，御史們陸續參奏也是意料中事；不過鄂善是滿洲重臣，地位很高，又是乾隆「倚用之大臣」，所以使皇帝面臨兩難的抉擇，最後他降諭旨說：「著怡親王弘曉、和親王弘晝、大學士鄂爾泰、張廷玉、徐本、尚書訥親與來保秉公查審。」以得案情真相，如果鄂善貪婪，「則鄂善罪不容辭，如係虐捏，則仲永檀自有應得之罪」。鄂善的這件貪案是與工部一個鑿匠家的遺產有關，他受人賄賂「給以關照」而涉入此案的。事實上大學士張廷玉、禮部侍郎吳家騏、詹事陳浩以及少數內閣官員也有牽涉，確是一宗官場醜聞，也與上層派系傾軋有關的。

經過親王、大學士等人的審理之後，不到十天就審出了真相，證明鄂善確實接受了贓銀，因為鄂善的家人與經手人等都認罪說出事實了。皇帝為了慎重，特地召弘晝、鄂爾泰、訥親、來保滿洲親貴大臣與鄂善一同進見，當面訊問，乾隆並對鄂善說：「汝若實無此事則可；若有，不妨於朕前實奏，朕將諭諸大臣從輕審問，將此事歸之於家人，以全國家之體。」鄂善見皇帝在大臣多人前說出此話，便直認確「從家人手中得銀一千兩是實」，以為可以逃過嚴懲。沒有想到皇帝在得到口供後說出：「負恩如此，國法斷不可恕。」並令鄂善自處了結。審查大臣們也認為「婪贓負國，法所不容」，蒙恩自盡，並不過刻。鄂善聽到將被賜死之後，突然翻供，堅稱自己沒有受賄，承認從家人手中得銀千兩完全是「恐皇上辦理為難，是以一時應承」。乾隆見鄂善改口，又將責任推到皇帝身上，極為憤怒，乃命刑部等衙門嚴審，同時又指明鄂善說謊，更犯了「欺罔」、「大不敬」之罪。鄂善終於照皇帝的意思自殺身亡了。此案可謂速審速決，三月底前就結了案。同案的吳家騏、陳浩俱革職，仲永檀則升官為僉都御史。

乾隆六年的兩件地方貪案，山西的部分也算公正查案，順利進行；但浙江的案子則周折很多，結果可謂不了了之。

吏部侍郎楊嗣璟奉命到山西與巡撫一同查案之後，經過一個多月的調查訊問，真相大白了。學政喀爾欽確有「賄賣文武生童之事」，而薩哈諒在按察使任內即已有劣款多項，升任布政使後婪贓尤甚，「始終狡詐，藐法負恩」，在收取錢糧時確實浮收濫取，「耗外又加耗」，兩案都證據齊全，楊嗣璟隨即向皇帝上奏報告。乾隆接到奏報之後即交刑部等衙門議處。同年五月底，刑部作出了判決，請將喀爾欽擬斬立決，將薩哈諒擬斬監候，秋後處決。皇帝同意如此結案，喀爾欽不久就被押解京師正法。為了表示肅貪的決心，皇帝又下令將山西省其他涉案的知府、知州等五人革職，又將前任巡撫石麟論罪革職，以作為對各省官員的警告。

浙江盧焯的貪案雖然也爆發在三月中，由左都御史劉吳龍上疏彈劾而興案的，巡撫盧焯被指名接受過嘉興府汪姓人家賄銀五萬兩；但是中央與地方官員調查此案時極不順利，而且遲遲得不到實證，歷時一年多不能結案，其間又時起風波，是當時難審的一件貪案。

原來閩浙總督德沛新官上任，大發威風，他先參倒了福州將軍隆昇，又興大獄判了福建巡撫王士俊的罪，盧焯也在福建做過官，德沛告了他「以前在福建巡撫任內，會保不實」，因犯罪不重，只受革職留任的處分。盧焯不久後被調任浙江，仍在德沛之下做官，雙方的不諧與摩擦當然與日俱增。不過盧焯除了本身屬漢軍鑲黃旗，具有旗人資歷外，他的官聲一直很好，尤其到浙江任巡撫之後，為人民做過不少事，「浙人實受其惠」，這也是御史劉吳龍不能查出他犯罪確證的原因。皇帝後來派了欽差大臣汪札爾到浙江主持查案，汪札爾以嚴刑查審著名，他到浙江後也以非常規的煉獄手段來審盧焯等關係人。德沛與汪札爾一開始合作得很好，德沛向皇帝請求先將盧焯革職，以便刑求，皇帝同意他的請求，革了盧焯二品大員巡撫的職務，汪札爾等便開始以刑求逼供，但是被「監斃」的或是被「夾斷腿骨」的「犯人」沒有一個承認貪贓。德沛見情勢不利，便暗中讓杭州知府與署理副將等人保釋出獄並派人給盧焯的眷屬送去「官棉衣服數十件」，同時又與汪札爾公開「忿爭數次」，表示對嚴刑逼審的不滿。乾隆六年十一月初七日，杭州人民知道總督與欽差大臣對立，於是發生了「呼嗷罷市」的事件，有「數萬人赴制府軍門，擊鼓保留」，為盧焯喊冤，他們追堵欽差，衝搗總督衙門，形成了可怕的民亂。據清宮可靠檔案記載，當天傍晚至少有市民千餘人「以盧焯並未得贓，汪札爾審理不公，在保安橋地方將盧焯圍擁，一齊放聲大哭」，市民並且「等汪札爾出署，欲行毆打」，汪札爾見民情洶洶，只得逃回總督衙門躲避。憤怒的人民劫下了盧焯，擁抬他到倉橋廟內安頓，後來又抬出廟內神像，到總督衙門前擊鼓砸門，大家在神像前立誓，要給盧焯討個公道。鬧事的民眾「直吵至二門，叩頭跪求，不肯離去」。德沛等調來軍隊彈壓，抓走了部分人民，人民無奈，「直至五鼓，始漸散去」，第二天人民仍不屈服，「自清河坊起至倉橋一帶，居民盡皆罷市」。這在專制時代的當時，簡直是一大事件，幾乎跟造反差不多了，德沛只抓了十幾個人了事，也真是難得。

乾隆皇帝得悉人民抗官事件之後，在年底連降諭旨，一邊責備德沛辦事不妥，指示「可速結盧焯之案」；一邊轉移案件方向，令德沛查辦民間擾亂不法情事。德沛也了解皇帝不願事態擴大，造成社會不安，他上奏說：「查諸民並非為愛戴盧焯起見，實為擾累百姓所致也。今再將無知小民數人加以重罪，或嚴究為首之人，勢必又須一番審理，況杭城百姓驚慌不安，案已半載，復又株連拖累，則輿論安得服帖？」乾隆後來雖強調「但刁風不可長」，德沛在被抓的十數人中發現「竟有十數歲童稚六名，又誤拿衙役一名」，因而為人民解說是一批無知愚民，「一時聚集，並無為首號召情事」，最後象徵性的找出四人為代罪羔羊，處以充軍發配，其餘以杖責發落，竟未處死一人。至於盧焯等人，德沛建議將他們「擬絞監候秋後處決」。皇帝不想再深入追究，便同意交刑部研議；不過中央的刑部等衙門一直到乾隆七年四月底才作出正式決定；原任浙江巡撫盧焯營私受賄，擬絞監候，秋後處決。原嘉湖道呂守曾照律擬絞，因已縊死監所免究。盧焯被判「秋後處決」，事實上給了他生機，因為這與「立斬」、「處絞」等死刑犯不同，不立即處死便有生存的空間。果然在乾隆八年盧焯因「完贓減等」，改判充軍到邊地軍前了，更奇妙的到乾隆十六年皇帝南巡杭州一帶「閱海塘，念焯勞」，又把他從軍前召還。「二十年授鴻臚少卿，署西安巡撫」，「二十一年任湖北巡撫」。盧焯又東山再起，掌印封疆了。

乾隆皇帝在這一年中連辦了四個高階貪官及若干小貪官。有中央的、有地方的；有旗人、有漢人，實在足已表示他懲貪的決心了，也確實對盛世的持續有積極的作用。然而鄂善是幾乎受騙而認罪的，盧焯以「完贓」名義而免死，都是肅貪工作的不盡完美之處，而貪案牽涉官員之間的鬥爭問題也沒有進一步改進，都是值得注意的事。

14 高官庇護掀熾貪風

儘管乾隆六年皇帝嚴懲了不少貪官；但是吏治不清、官官相護等弊端仍然存在，貪風也還是旺盛，像署福建巡撫王士任婪贓案、江南廬鳳道吳應鳳冒銷兵米價款案等等照常發生，而地方府庫的虧空案，更是隨處可見。乾隆十二年（一七四七），僅奉天府一個官員任內就有五起虧空案，使得皇帝覺悟說出：「近年來虧空漸熾，實緣該管上司見朕辦理諸事往往以寬，遂以縱弛為得體。」皇帝已有心回歸嚴厲統治的道路了。這一年底到第二年夏初，皇家連續發生兩件大事，皇帝愛子永琮與皇后富察氏相繼去世，令皇帝感傷悲痛，在辦理皇后喪葬過程中，皇帝又對中外官員的官風官德以及他們的忠君態度產生了懷疑，他說：「萬機待理而甘受人欺，弊將百出。」「朕臨御以來，事事推心置腹，以至誠待臣工，而尚不能感動……則十餘年來，為人所欺當不知凡幾！」皇帝有受欺的感覺，當然要調整施政態度，「當寬而寬，當嚴而嚴」了。

為了遏制貪風，乾隆十四年十月中央政府向各官傳達聖諭說：「一犯侵貪，即入實情，且即與勾決。」皇帝是要「人人共知，法在必行，無可幸免，身家既破，子孫莫保」。當年就嚴厲的處決大小貪官三十六人，以示大力懲貪的決心。然而官場已形成的積習，官員互庇的現象，並非一道諭旨就能根除的，乾隆二十年代以後，貪案不但多了，而且官員們更是膽大妄為了，現在先就循庇貪污略舉數例：

乾隆二十一年九月，湖南巡撫陳宏謀彈劾屬下布政使楊灝利用發買倉米的機會，每一百兩中扣銀一兩三四錢到二兩六七錢，中飽私囊，前後一共侵扣了白銀三、四千兩，請求皇帝將楊灝等有關人等革職。皇帝一向對「漁利於民」、「有害於下」的「貪」以及「蠹蝕於官」無所畏上的「侵」都痛恨之極的，因此立即下令將楊灝等革職，並著嚴審作出處分。楊灝等貪污的證據齊全，陳宏謀在不久後隨奏請皇帝將楊灝等人處以「斬監候，秋後處決」。皇帝同意如此判決，降旨來年秋天將楊灝處死。不過，陳宏謀因此彈劾案而得乾隆帝的賞識，調他到別省去升官了，繼任的是蔣炳。到第二年夏天，蔣炳為庇護楊灝，在秋決前上書，認為楊灝已在限期內繳清了贓銀，希望「緩決」，以保住楊灝的性命。中央的有關官員在處理此案時，想到以前也有地方官在限期內繳還贓款而得到不死的緩決，包括三法司在內的官員都無異議的認可了。不料在皇帝看到秋審處決的人犯名單後，極為震怒，隨即下令立刻殺掉楊灝，「以彰國憲」，並在一份諭旨裏說：

秋審官犯冊內，該撫（按指蔣炳）以及九卿科道，共存黨庇婪贓侵蝕之原任布政使楊灝，竟擬緩決，其情實為可惡。……此而可寬，則誰不蔑法營私？小民將身受其害。……夫限內完贓，姑從末減，在微員猶或可言，豈有方岳大員，婪贓累累，而尚藉口完贓，俾得偷生視息，有是理乎？朕臨御二十二年，試問在朝諸臣，敢竊弄威福能生死人者為誰？今蔣炳辦理此案，豈不知事之不當如是？……是其有意蒙混，欺罔徇私，居心實不可問！九卿科道每于秋審柵內嘵嘵致辨……而於此要案則無一人見及，雷同附和，公為矯誣，此而不加懲儆，紀綱安在？……

很顯然的皇帝認為蔣炳與中央九卿等官員都在庇護貪官，而且有竊弄皇帝權柄之事，極為可惡，下令吏部與刑部深入調查。到同年十一月初，吏、刑兩部向皇帝報告查案結果，並作出結案的建議：將中央有關官員包括尚書、侍郎、給事中等在內的近七十個官員分別處以革職、降級等等的處分，蔣炳則判以「斬監候」。皇帝同意他們的處決方法，只是對蔣炳改為「發往軍臺效力贖罪」，因為他沒有貪污問題，罪不至死。

乾隆三十年底，江蘇又發生了一件總督與巡撫黨庇下屬官員的貪案。原任江蘇巡撫莊有恭在被皇帝視為「純臣」特旨調入京師任官時，莊有恭曾在一件奏章中參劾蘇州同知段成功婪索苛派，擾累人民；不過莊有恭為庇護段成功，說段「抱病被矇」，希圖為他減罪。新任的兩江總督高晉也上書皇帝，說段成功「因患瘧昏迷，不能檢點案牘，家人龔玉等婪贓各款，該員竟未知覺」。皇帝看了報告之後，覺得患瘧疾的人不可能整天累月的昏迷，怎麼會「不能檢點案牘」？顯然高晉有意為他開脫，因而下令查辦會審，務求得到實情。

第二年正月，江蘇巡撫明德首先上奏，指稱段成功家人書役在外滋擾人民，段成功不但「俱屬知情」，而且「尚有染指之處」，只是承審的蘇州知府孔傳珂與主稿審傳的按察使朱奎揚等「瞻徇未究」而已。皇帝了解實情之後，下令刑部給這批徇縱的官員嚴懲，結果莊有恭處以斬監候，秋後處決。孔傳珂與朱奎揚發往軍臺效力。段成功則因牽連另外貪案，繼續偵查，這是乾隆三十一年春天的情況。

原來段成功來蘇州任同知之前還出任過山西陽曲縣的縣令，他在陽曲任上竟也發生過虧空貪案，因此皇帝派了專人與山西巡撫彰寶一同徹查；結果發現段成功當時曾虧空公帑銀一萬多兩，而且「上司知情彌補，俱屬事實」。皇帝又從派出的欽差四達的密報中了解幫助段成功彌補虧空的「上司」是前任山西巡撫和其衷。據庫簿所載，幫段成功彌補虧空的州縣官員竟有三十二人之多，而巡撫和其衷也慷慨的解過囊，難怪乾隆皇帝也說：「此事可謂大奇！」並認為「段成功僅一縣令，何至虧空如許之多……通省上司何以互相容隱，竟無一人舉發其事？……是段成功平日必有交往逢迎之處，不可不徹底根究。」經過詳細調查，果不出皇帝所料，「段成功平日與通省州縣，俱有交結」，大家都從段成功處得到過好處，以和其衷來說，他「去熱河行宮陛見，係段成功代僱騾腳，又令段為其購買皮張，用銀九百八十兩」。皇帝痛斥和其衷等「徇私庇黨，交結饋贈」。段成功後來被處死了，和其衷也被「斬監候」，山西省還有不少官員被充軍革職。總計段成功的貪案，在江蘇與山西兩地，有兩位巡撫處以「監斬候」，兩位按察使發往軍臺贖罪，九十多名大小官員受到不同懲罰，就連首先告發此案的兩江總督高晉，他也因「辦事錯繆」被革職留任。乾隆皇帝的肅貪不能說不嚴了。

事實上，乾隆皇帝對高官徇庇屬員貪污是極為痛恨的。早在乾隆八年，湖南巡撫許容因包庇衡陽知縣李澎、善化知縣樊德貽浮收漕米等事被判杖一百、徒三年。乾隆十五年，兩廣總督碩色、廣東巡撫岳濬因庇護婪贓兩萬七千兩的糧驛道明福而被革職。同年雲南巡撫圖爾炳阿也因庇護挪用庫銀的布政使宮爾勸被革職。在在說明皇帝是要嚴辦封疆大吏黨庇屬員婪貪的。在乾隆皇帝心中，認為總督、巡撫、布政使、按察使這些大員，是「闔省屬員表率」，這些官員如果結黨營私，官官相護，「朝廷之府庫且所不顧，更何民瘼之可矜？何民膏之足惜？」「惟有嚴加懲創，以飭紀綱」，內外大小臣工，才能「守法奉公，痛身湔洗」。

然而，貪風就此能絕滅嗎？當然不能。

15 內隱趨使的貪案

官官相護無異是保障了下屬官員的婪貪，乾隆皇帝痛斥高官黨庇屬下是正確的。但是他沒能堅持原則，有始有終的如此從事懲貪，實在可惜。同時在他的統治四十年代以後，出現有更高權位的中樞要員為貪官們關說甚至徇庇了，以致貪案累累，肅貪的成效更為不彰，吏治更為腐敗。

乾隆四十五年正月，雲南糧儲道海寧，因升官為按察使進京，他在京城裏「私相議論」雲貴總督李侍堯的婪貪事，皇帝經大臣密報之後，曾經兩次召見海寧面訊，但海寧不肯說出實情，皇帝無奈只好命軍機大臣嚴訊海寧，這才了解李侍堯在雲貴一帶的諸端劣跡。皇帝據報後，立即派戶部侍郎和珅與刑部侍郎喀寧阿前往貴州查案，並下令湖南各地官員嚴密盤查沿途驛站，防止消息走漏。一個多月之後，湖南巡撫李湖給皇帝送來一份密奏，稱說他的屬下官員在湖南境內捉到了李侍堯的家丁張曜等人，從這些家人口中知道他們是去年底從雲南回京的，為李侍堯送回家中白銀五千二百兩與玉器十件；而李侍堯的心腹家人張永受也託他們帶白銀七千兩回家。皇帝聞訊後立即下令戶部尚書英廉審訊李侍堯在京管家，證實確有其事。另外張永受也被查出在京竟有自購房產六處，地畝一處，借出白銀四千兩，而張永受之母在易州另有住房三十多間，田地四五頃，皇帝很早就聽說李侍堯家人「多擁厚貲」，至此證實傳言不虛。

同年三月中，京中派往雲貴的欽差也有專摺上報查案情形了，他們得到李侍堯的口供，證實李侍堯在任上受各官的賄賂金錢很多，包括莊肇奎、素爾方阿、汪圻、德起等人為升官的活動費一萬六千兩；素爾方阿與德起又以助李侍堯在京城修房各贈銀五千兩；還有李侍堯強迫屬下買珍珠又得銀五千兩。總計前後贓銀為三萬一千兩之數。

皇帝看了密奏之後，降諭痛斥李侍堯以及他屬下的有關各官，並下令將行賄人士全部革職處分刑罰。甚至連在雲南作巡撫的孫士毅也認定他「巧為諉飾」，隱匿不報，處以革職後發配新疆伊犁贖罪，李侍堯與家丁張永受的家產先予查封入官，李侍堯等人的刑責再議。

同年五月初，和珅等審查案件終結，向皇帝建議判李侍堯「斬監候」，其實李侍堯所犯之罪，「斬立決」也不以為過，和珅顯然作了對李侍堯有利的安排。皇帝照例再讓大學士與九卿高官們核議，沒有想到大學士們都認為李侍堯罪情重大，應該改處斬立決。皇帝便頒諭各省督撫，教他們各抒己見，以作最後定奪。不過皇帝在諭旨中說了「李侍堯歷任封疆，在總督中最為出色。……數十年來，受朕倚任深恩」、「今李侍堯既有此等敗露之案，天下督撫又何能使朕深信乎？」因此督撫們在回奏時多數是主張「斬立決」，主要原因是大家在避嫌，因為他們自己也身為督撫，如果說像李侍堯這樣的貪官還可以監而不斬的話，簡直是為自己的貪婪預留餘地了。為證實自己不是貪官，當然主張立斬。然而皇帝在諭旨中又說「和珅照例原擬之斬候」，事實上他已表示了「照例」，也就是有例在先，可以援例辦理的。再說一般情形當大臣間在處理罪犯有不同意見時，皇帝通常都以大學士等的決定為準，這次竟讓各省督撫再公議，可以了解皇帝是有心赦免李侍堯的。現在督撫們又多贊成斬立決，弄得皇帝很失望。正在此時，安徽巡撫閔鶚元獨排眾議的呈上了一份奏章，他認為李侍堯如此貪婪，理應處死。不過他是「勤幹有為」、「中外推服」的疆吏，請皇帝引援「八議」條文中「議勤議能」之項，「稍寬一線，不予立決，出自聖恩」。閔鶚元的報告正是皇帝所需要的，因為借此可以有藉口了。乾隆四十五年十月初三日，皇帝正式下達李侍堯結案的諭令，他說：

……李侍堯則身任總督二十餘年，如辦理暹羅，頗合機宜；緝拿盜案等事，亦尚認真出力。且其先世李永芳，於定鼎之初，歸誠宣力，載在旗常，尤非他人所可援比。……閔鶚元以李侍堯歷任封疆，勤於有為，為中外所推服，請援議勤、議能之文稍寬一線具奏，是李侍堯一生之功罪，原屬眾所共知，諸臣中既有仍請從寬者，則罪疑惟輕，朕亦不肯為甚之事，李侍堯著即定為斬監候，秋後處決。

李侍堯雖判為斬監候，免除了立死；但是他的正一品大學士、從一品總督、從祖先處承襲到伯爵等軍國重臣地位以及家產都被削革籍沒了，乾隆皇帝在這方面可以說盡到了肅貪的責任。然而李侍堯「監而不斬」，而且在不久還被皇帝重新起用為陝甘總督，並且後來更以平定臺灣林爽文之亂評定有功，繪畫於紫光閣，這實在是乾隆朝懲貪史上的一大敗筆，也說明當時懲貪工作的不夠徹底。

李侍堯這次能夠活命，顯然與和珅的大力保全有關。和珅不但最初提出「照例斬候」，幫了大忙，而和珅當年奉命去雲南查李侍堯案返京之後，「面陳鹽務、錢法、邊事，多稱上意，並允行」。和珅是皇帝面前的大紅人，「不次升擢，寵幸無比」，就在李侍堯案終結的這一年，他官為戶部尚書兼御前大臣、理藩院尚書、四庫全書館總裁等職，他的兒子豐紳殷德更因父親得寵而成了駙馬爺，娶了乾隆帝第十皇女和孝公主為妻。和珅的弟弟和琳、親家蘇凌阿也都沾光升遷高官，可謂滿門富貴。李侍堯也得到這位「貴人」相助，逃過了死難。

和珅庇護貪官還不止這一次，更明顯的是乾隆四十七年四月爆發的山東巡撫國泰等的貪案。國泰的「性情乖張」，「不宜久任山東」的傳聞早已被皇帝聽到了，因此案發的前一年，即乾隆四十六年初，皇帝特別把山東布政使于易簡傳喚到京城裏來，當面詢問巡撫國泰的居官有無「不法款跡」，于易簡回答是：「國泰並無別項劣跡，惟馭下過嚴，遇有辦理案件未協及詢問不能答者，每加訓飭，是以屬員畏懼，致有傳言。」皇帝以為傳聞不實，也感到欣慰。可是到第二年四月，御史錢灃突然上奏：國泰、于易簡貪縱營私，遇有提升補調，勒索屬員賄賂，以致歷城等州縣倉庫虧空。皇帝看了錢灃的報告之後，隨即派出戶部尚書和珅、左都御史劉墉、工部右侍郎諾穆親三人為欽差，到山東查案，同時又降諭命令以前在山東國泰屬下任過官的葉佩蓀與呂爾昌將國泰與于易簡的貪跡見聞「逐一據實迅奏」，「毋許絲毫欺隱」。

據私家筆記所載，和珅為了庇護國泰，在他們欽差團離京之前，他先派了家人飛馳山東向國泰通風報信，讓國泰有所準備。國泰對錢灃甚為惱恨，當欽差一行抵達山東查案時，國泰對官階不高的錢灃說出極不禮貌的話：「汝何物敢劾我耶？」據說錢灃的長官劉墉（現在影劇中稱「劉羅鍋」的）為此大怒，斥責國泰說：「御史奉詔治汝，汝敢詈天使耶？」「立命隸人披其頰，國泰懼而伏，珅遂不敢曲庇。」野史的記敘也許誇張了一些；不過在這次查案過程中，劉墉是確實站在屬員錢灃的一邊，應無問題。和珅等一行先到錢灃所稱的歷城一地盤查倉庫，由於國泰事先作了安排，他向商人暫借了銀兩，存放倉庫，因此當欽差到庫驗查時，銀兩並無短少。和珅又有意曲庇國泰，只將歷城庫房「令抽現銀數十封，即起還行館」。他以象徵性的點算一下，便認為庫銀沒有虧空了。可是這件事對錢灃關係重大，若是庫存銀兩無缺，他就犯了誣告之罪，後果不堪設想的，因此在和珅等人離開現場之後，他可能得到劉墉的允許，還留在庫房中仔細觀察，結果發現了問題。原來庫銀都是五十兩為一錠的，而歷城庫中存銀竟是兩數不等，多少不齊，讓他意識到這批存銀來路必有問題，於是他立刻封存了這批庫銀，以備複查。當他回館之後，得到有關人士的幫助，終於得知國泰等人臨時向商人借銀貯庫，以應付盤查。錢灃了解真相之後，隨即派人向各商人宣布：借銀商人若不及早出面報明，請求發還，將來他們的借銀就會被沒收，作為政府的公帑。商人當然不甘損失，所以在第二天都趕到銀庫，紛紛辦理呈報借銀之事，並將所借的銀兩如數領回，因而造成「庫空」現象，歷城一地的虧空頓時得到證實，錢灃的處境乃由不利轉變為有利了。和珅在同來的欽差面前見到國泰借銀暫存的實況，知道無法再為山東的貪官掩飾了，只好隨著劉墉等人據實向皇帝報告，說明歷城庫銀「有挪移掩飾之弊」，國泰確實有「婪貪各屬員盈千累萬」的劣跡。于易簡則「扶同弊混」，「一任縣庫空虧」。和珅等在奏報中還說：曾經命于易簡等人「當面質證國泰，據伊供認前情不諱」。

皇帝接到和珅等人的報告後，立即下令將國泰、于易簡以及其他貪官革職拿問，查封他們的家產，其中國泰與于易簡二人在和珅返京時，一起押解回京，聽候皇帝親自審訊。至於劉墉等人仍命令留在山東繼續查案；不過皇帝也指示他們：「今朕格外施恩，不欲復興大獄；然不可不徹底詳查，予以期限，令其上緊彌補。」

劉墉等人後來又到東平、益都、章邱三地盤查，發現庫銀都確實不足，與錢灃所參奏的虧空情形相近。皇帝了解實情之後，貪官也俯首認罪了，於是在同年六月十一日降諭將國泰、于易簡二人以目無法紀、貪縱營私罪處以秋後處決，該年七月初八日國泰與于易簡二人奉旨自盡身亡。由於皇帝「不欲復興大獄」，山東省很多前任與現任的大小貪官都幸運的從輕發落，給予降級、調職等處分。至於虧空的庫銀幾百萬兩，皇帝則批准了新任山東巡撫明興的請求，由各官設法彌補，並限定在兩年內補齊。山東貪案也由此結案了。

錢灃這次所彈劾兩位山東大官，都是大有來頭、家世背景顯赫的人物，國泰的父親是文綬，文綬不但曾任四川總督等高官，而且與和珅的關係很好。于易簡則是大學士于敏中的弟弟，于敏中曾任尚書、大學士、軍機大臣多年，可以說是皇帝的心腹大臣，政界勢力很大。錢灃敢與他們對抗，尤其與和珅對抗，實在難能可貴。這位任職御史不久的耿直人士，曾在前一年彈劾過代理陝甘總督的畢沅，他認為甘肅當時的冒賑案畢沅應負責任，他是長官，又與那些貪官在同城同省辦事，「豈無見聞？」畢沅因此降為三品頂帶留任。後來他又彈劾過和珅不在軍機處辦公，而另居內右門直廬是違制的事，皇帝因而訓斥過和珅，錢灃就是這樣的一位敢於上疏直言、不畏權要的有為有守言官。錢灃於乾隆六十年被人毒死，據說與他擋和珅財路太多有關，是和珅使人下毒手的。

和珅是乾隆後期的寵臣，竊弄威福，大開賄門，凡屬各衙門的肥缺，都被和珅所把持，他又貪得高明，貪得膽大，而且曲庇貪官，「一時貴位無不仰其鼻息，視之如泰山之安」，他確實保障了當時的貪官，以上兩大案只是他庇護貪官的舉例說明而已。誠如日後薛福成說的：「非其時人性獨貪也，蓋有在內隱為驅使，使不得不貪者也。」和珅就是「在內隱為驅使」的人物。

16

貪官常在

乾隆皇帝雖然有心肅貪懲貪，而且相信「惟有嚴加懲創以飭紀綱」，必能使貪污的「錮習一清」，貪官也就可以不存在了。可是中外各級官員中在「嚴創」下還是有不少人不怕死的貪婪不法，他們或是在賦外加派，或是短價發賣，或是勒索屬員，或是收受賄賂，或是以其他方式，終乾隆之世不斷的貪污，使皇帝大失所望。

乾隆二十二年四月初，雲南巡撫郭一裕上奏彈劾長官雲貴總督恆文貪污，恆文是滿洲正黃旗人，早年曾因平定金川戰役與在湖北任官開採銅礦等事有功，得到皇帝賞識，擢升他為雲貴總督。這次被漢人巡撫郭一裕參奏，皇帝並未偏袒，仍派出刑部尚書劉統勳往雲南查案，並面諭劉統勳如恆文貪婪屬實，立即將他摘印質審。劉統勳到雲南後，經過一個月的調查審訊，終於證實恆文確命「屬員買金，短發金價。巡閱營伍，沿途縱令家人收受屬員門託」。不久後皇帝便下令：「著將恆文革職拿問，其有關人犯汪筠、羅以均等，著一併革職，嚴審究擬具奏。」另外，劉統勳在審問恆文時了解到他為何要購買黃金，原來這是郭一裕的主意。郭一裕建議恆文用黃金打造物品進貢給皇帝，並且還以金爐式樣出示過，所以恆文才在雲南以低於市價來收集黃金，後來因為引起全省喧傳，郭一裕怕將來不利於己，乃「轉以參劾恆文，為先發計」。皇帝知道真相之後，原先想把「行險取巧」的郭一裕解押到京城候審的，但後來接受了劉統勳的建議「按律擬流」，也就是充軍到軍前効力去，「以為大吏庸瑣者戒」。恆文後來被查出家產竟高達幾萬兩，皇帝認為他從任湖北巡撫至今，六年光景即使不吃不喝，也不可能有幾萬兩的家貲，恆文家父祖又非富有，當然這筆錢一定是他貪污所得的了，恆文「賜令自盡」，其他知府佛德、知縣趙沁等一批貪官五十多人，則分別受到降級等不同的處分，全案本可至此完全結束；但是不久之後，雲南方面傳言皇帝對漢人輕視，郭一裕敢於告發長官貪污卻落得充軍的下場，將來還有誰敢來揭發貪官？乾隆皇帝為了顧及輿論，終於特旨加恩，准許郭一裕「納贖」，以平息漢人的不滿。郭一裕後來還再被重用，出任河南按察使，也算大幸運之人了。

同在乾隆二十二年，山東也發生了一件大貪案，主角是巡撫蔣洲，他的家世真是赫赫有名，其父是雍正朝歷任戶部與兵部尚書以及大學士的名臣蔣廷錫，其兄則是乾隆當時的軍機大臣，他家一門兩相，政界關係與人脈都好。蔣洲從一個部院主事擢升為山西布政使，並於乾隆二十二年升為山西巡撫，同年七月又轉任山東巡撫，上任才三個月，山西新任巡撫塔永寧告發蔣洲在山西布政使任內侵用公帑兩萬多兩，離任造成虧空，勒派屬員代為彌補。蔣洲又變賣地方木植，以補虧空，犯了貪贓侵帑的大罪。皇帝聞訊後，隨即派了查案高手刑部尚書劉統勳到山西查案，並將蔣洲革職帶往山西，以便對質審問。

經劉統勳、塔永寧審理查明，證實原山西巡撫明德多次收受蔣洲賄贈的古玩、金銀等貴重物品。按察使拖穆齊圖也從蔣洲處得到不少古玩和三千兩白銀。簡直是「巡撫藩臬，朋比為奸，毫無顧忌」。劉統勳等又從冀寧道楊龍文的衙門裏查到「派單一紙」，單中明注州縣官員按規定數目上交彌補虧空銀兩的情形。後來在太原知府七賚等人處查到向所屬催繳銀兩的札文，難怪皇帝大怒說：「明目張膽，竟如公檄。」「是該省風氣，視庫帑為任意侵用已非一日。」塔永寧是告發這項貪案的人，看到如此牽連下去，顯然全省各官都必有問題，於是向皇帝請求說：「若遽行盤查，恐通屬驚慌，以致貽誤地方政務。」皇帝對他的畏縮作法甚為不滿，予以責斥。其後在劉統勳認真深入的調查下，發現吏治敗壞得驚人，蔣洲一案竟有上自巡撫、下至知府、知縣、守備等文武官員幾十人涉案，幾乎到了無官不貪的地步，皇帝也為此發出「朕將何以信人，何以用人」的慨嘆。蔣洲與楊龍文二人「即行正法」，七賚判了「絞監候」，秋後處決。明德、拖穆齊圖解京治罪，另外監司、知府、知縣等多人也分別處以應得之罪。

乾隆三十四年八月，由於貴州省運鉛工作每次都發生誤期與缺少斤兩的事，皇帝下令徹查。巡撫良卿為了推卸責任，便先上奏參劾威寧州知州劉標，指明他虧空鉛一百多萬斤以及工本銀、運腳銀二十多萬兩，請將劉標革職拿問。皇帝雖允許良卿就地「嚴行審究，務得實情」；但是另外也派了湖廣總督吳達善與刑部侍郎星夜趕往貴州調查，因為皇帝認為良卿督辦不力是主因，疏參劉標只是「塞責」而已。九月間，良卿又向皇帝請求將專管鉛務的糧驛道永泰等人革職，以便徹查，因而引起了官員的反彈。永泰上書報告劉標虧空的原因，並指陳良卿與按察使高積等人的營私枉法之事。稍後劉標又將貴州省內各高官勒索銀兩的蓋印底簿一冊差人投送戶部，而良卿、高積等人都在冊上有名。氣得皇帝痛斥「封疆大吏敗壞至此，天理國法尚可復容乎？」不久之後，帶兵征緬的阿桂，在發往京城的報匣中，夾有普安州百姓控告地方官吏藉口用兵緬甸而苛派擾民的呈狀，良卿等人又有了貪瀆之嫌，如此一來，原先只是長官良卿彈劾屬員劉標的案子，一下子變成官員互控與人民控官的各項貪案了。皇帝立即下令吳達善與錢維城會審確查良卿等罪狀，如有必要，可將良卿、高積革職拘禁，以懲積弊。

歷時五個月的審理，威寧州鉛、銅虧空案真相大白了。良卿與高積「上下扶同，營私肥橐」，包庇劉標，乘機勒索，致造成虧空。在罪案無法掩飾時，良卿才先發參劾劉標以脫罪。劉標則在案發前已將贓銀用十七、八馱偷偷運走，終於無法查明下落。而高積又擅自動用庫存水銀二萬六千多斤，運往蘇州「私行販賣」，牟取暴利，因此高積在蘇州與福建都有不少家產。良卿除貪污之外，他又向皇帝保證過征緬興師對人民「實無絲毫侵擾」，現在民間已出面告發他攤派銀錢了，他當然又犯「欺君之罪」。貴州貪案審理之後，皇帝就欽差與刑部的建議對一干人犯作了判決。除劉標早已降旨定了死罪外，良卿與高積以私派累民、徇縱屬下、受賄貪贓等罪論斬，而且在貴州省城就地行刑，讓各省督撫知所炯戒。良卿罪大惡極，所以又將他的兒子富多、富永二人銷去旗籍，發往伊犁，賞給厄魯特蒙古人為奴。另外貴州前任巡撫方世傑處以「絞監候，秋後處決」。布政使張逵堯革職發往軍臺効力，其他還有些受懲的中下級官員。死刑犯與充軍的都將他們的家產全部沒收，政府又增添了一大筆收入。

乾隆皇帝注意貴州鉛銅運送等問題的同時，也認為雲南運銅到京城多年來也是遲誤時日，甚至也常有缺少的。雲南銅產，關係中央錢局鑄錢，所以皇帝也下令徹查。雲貴總督明德為了平息皇帝的疑怒，便上奏呈請讓有關官員分賠短少之數，以作懲罰。後來雲南方面提出賠償銅價是每百斤賠五兩一錢，比實際價格為低，中央戶部認為不合理，予以駁斥。皇帝同意戶部看法，並相信雲南地方擬價偏低是明德等高官「為屬員避重就輕」、「顯有袒徇同官屬員之意」，令明德「另行妥擬速奏」，同時要奏明擬出此種低價的「究係何人」。明德後來向皇帝報告擬價人是錢度。

錢度是當時主管通省錢糧的布政使，他自乾隆元年中進士後，官運算是亨通，屢任外官，乾隆二十九年升任布政使，三十三年再擢為廣東巡撫，後遷廣西巡撫，但任職半年，因事降處，停發養廉銀，並再調回出任雲南布政使。乾隆皇帝得悉擬低價的是錢度，第一反應就是這個「屢獲罪戾」的劣員，在「格外加恩」後才被重任雲南布政使，但他仍不改「沽名取巧之惡習」，「不可不明示懲儆」，下令革去錢度頂帶，仍留布政使之位，以觀後效。

皇帝確實錯估錢度了，以為他低估賠償銅價是為有關官員省錢，事實上他不是庇護屬官，而是與他自己的貪婪有關的。這件事到乾隆三十七年初才暴露真相。當時宜良知縣朱一深上呈戶部，揭露錢度勒令屬員購買金玉奉獻，弄得各地喧傳。皇帝覺得「殊堪駭異」，因為錢度已經幾年未得養廉銀了，如何還有多餘的錢買黃金玉器？因而在三月間派出刑部侍郎袁守侗去雲南查案。就在同時皇帝又分別接到貴州巡撫圖恩德與江西巡撫海明分別上呈的奏報。圖恩德稱：錢度的僕人張林、顧安等攜帶四百多件金玉器皿從雲南來貴州，現在被查獲扣留。海明則奏稱他們在江西捉到錢度的家人王壽等人，並有白銀兩萬九千兩及錢度親筆寫的家書一封，內文囑咐家中要好好存藏這筆銀兩，「或為地窖，或為夾壁，以作永久之計」。不久後海明又密報在萍鄉截獲錢度的幕僚葉士元及白銀兩萬兩。至此皇帝已確信錢度「貪婪多贓」、「負恩敗檢」了，當即下令袁守侗等「嚴訊錢度」，同時皇帝又降旨兩江總督將錢度常州老家以及寄居江寧的產業查封，嚴訊錢度家人，以進一步了解實情。

江蘇巡撫薩載得旨後，便在江蘇進行徹查，結果發現錢度在江寧居所中埋藏白銀兩萬六千兩，黃金兩千兩。雲南方面在袁守侗等人嚴審下，案情明朗了。錢度返任雲南布政使後，正值清廷與緬甸作戰期間，錢度利用支付帑銀的機會，每發放一百兩銀提取一錢八分，從中侵蝕帑銀四萬多兩，大發了一筆戰爭財。錢度的兒子錢酆也在雲南利用其父的權勢勒索道府州縣官員，且大做盜賣糧食的生意，賺得白銀幾萬兩。錢度在雲南貪得的財物，據皇帝說總數高達八、九萬兩之多。乾隆三十七年七月底，錢度處以斬立決，其子錢酆則處以絞監候，秋後處決。雲南運銅案至此結束。

儘管乾隆皇帝不斷的殺貪官，沒收贓銀；但是官場貪風不息，高官與貴族仍然勇敢的貪，不畏王法的貪。乾隆五十年，皇帝將歷任中外大官富勒渾從閩浙總督位上調為兩廣總督。然而在富勒渾離開不久，浙江虧空案就爆發了。富勒渾居官名聲不太好，不少人對他的操守「不敢具保」，而浙江學政又參劾他「供應浩繁，門包或至千百」以及「任聽家人婪索」等事。第二年皇帝派了阿桂去查案，在諭旨中特別強調：「富勒渾雖係阿桂族孫，諒阿桂斷不致稍存回護之道。」不久之後，江蘇織造四德返京，向皇帝報告富勒渾的家人殷士俊在常熟的家產被查封時，竟抄出白銀兩萬多兩，田地共六百三十多畝，房屋三間。皇帝認為一個「微賤長隨，擁貲數萬」，必是主人富勒渾「故縱」的結果，下令將富勒渾革職，由阿桂與廣東巡撫孫士毅「秉公質詢審辦」。孫士毅在廣東調查之後，發現富勒渾的家人殷士俊與李世榮在廣東仍向商人索饋，又以高價強賣人參。同時「又點派口岸，令出巡等繳銀一萬九千六百餘兩」，存貯私宅。

皇帝雖然一再下令浙江與廣東的官員徹查富勒渾貪案；但是欽差官員終不能判定富勒渾的罪名，最多只能說他縱容家人勒索，而富勒渾自己又在案發前已交出大筆銀兩入府庫，並未侵吞為己有，顯然與一般貪污的情形不同。加上家人殷士俊為家主擔下一切責任，他說所有勒索貪枉之事富勒渾全不知情。另外阿桂在暗中也給予幫助，對貪案未予窮追徹查，故而未得實證。因而到結案時只將殷士俊、李世榮處以立絞，富勒渾「著斬監候，秋後處決」，財產充公，其他少數官員被罰銀了事。富勒渾後來蒙皇上加恩免死出獄，閒居在家。阿桂也因辦案「寬縱」被交部議處，後來也不了了之。

乾隆六十年為了實踐「君無戲言」，決定第二年退休，禪位給嘉慶皇帝。正在軍機處等衙門忙著條議禪位大典時，福建省又傳出了大貪案。代理福建巡撫的魁倫，向皇帝告發前任總督覺羅伍拉納與前任巡撫浦森有貪跡。伍拉納等謊報庫存情形，實際上福建各州縣倉儲都有虧空。皇帝隨即降旨命代理閩浙總督長麟徹查，長麟原本是個好官，不過他知道伍拉納與和珅有姻親關係，因而沒有大力查案，只向皇帝報稱布政司庫周經侵占庫帑八萬多兩，想大事化小以結案。皇帝知道長麟是「瞻徇」庇護伍拉納，乃降旨嚴責長麟說：「卸罪於周經，將該犯正法滅口，而伍拉納、浦森惟自認糊塗失察，遂可了事，有是理乎？」長麟接到責斥的諭旨後，只好上報伍拉納等人的罪狀了。他說「伍拉納任內收過銀十五萬兩，巡撫浦森於五十七年索二萬兩」確實，同時他們二人又「兩次各受得廈門同知黃奠邦銀九千二百兩」。皇帝得報之後，立即下令查抄兩犯家產，結果發現「浦森原籍貲財查出現存銀錢，及埋藏銀共二十八萬四千三百餘兩、房屋地契共值銀六萬餘兩、金七百餘兩，其餘朝珠、衣服、玉器等物，尚不在此數」。伍拉納家「先經查抄京中家產內如意一項，多至一百餘柄」，皇帝不禁的說出「此與唐元載查藉家財胡椒至八百斛何異」！伍拉納是滿洲正紅旗人，浦森則是浙江省的漢人，他們經皇帝親審後，認為「昧良負恩，罪無可逭」，在京中立即處斬。福建布政使伊轍布因病身故，皇帝仍命魁倫再嚴查具奏。按察使錢受椿也因貪污屬實，在京中受審後送回福建，「集在省諸官吏處斬」。庫司周經也在福建正法了。此外，伍拉納、浦森、伊轍布、錢受椿等子嗣，「如係官職生監概行斥革……發往伊犁當苦差」，不過這批受牽連的下一代到嘉慶四年乾隆皇帝逝世後，都因大赦而釋放回來了。

從以上的一些貪案中，我們可以看出：第一，皇帝雖不斷的懲貪，而且也殺死了不少貪官，包括滿族與漢族的，中央的與地方的，但是貪案仍是不停的爆發，直到乾隆皇帝執政六十年，即將禪位的時候，竟有貴族覺羅在福建貪贓枉法，難怪皇帝在懲貪工作上有了筋疲力竭的感覺。第二，上級長官曲庇屬員，下級官員以貪污所得供應上司，是造成貪污的一項主因。官員們官官相護，無異是保障了貪污。如果不是一些正直官員舉發，或是官場鬥爭為打倒對方，揭發了貪案，可能有很多貪案是永遠不會為人知的。第三，更可怕的是中央有位高權重的在包庇辦案，讓貪官逍遙法外，常避重就輕的以一些小官來嚴辦塞責，貪案不但不能公平結案，甚至還誘發新貪案的發生。當然如果皇帝再牽涉的貪案，情形就變得更複雜了。現在我們就再來看看乾隆朝一些大官包庇小官、官官相護助長貪案的事實吧。

17 堪稱「奇貪」的甘肅捐監案

中國自秦漢以來，便實行捐納的制度。捐納就是有錢的人可以向政府捐貲納粟而取得官職，成為有地位的人。歷代政府都因籌餉、賑災、興建大工程，或為貧瘠地區儲糧而舉行捐納。捐監或監捐是指有生員資歷的人可以捐貲成為國子監生，後來也有人以一般平民身分捐為監生的，稱為例監。

甘肅地區一直是地荒民貧，常有災荒。乾隆三十九年（一七七四），陝甘總督勒爾謹上疏皇帝，請准在肅州、安西等地收捐監糧，籌集糧食，以備災荒時賑濟急用。皇帝雖然知道甘肅多災，而中央救災時運糧又費時費力，若能在當地籌得大批糧米當然很好，但是開捐也容易發生弊端，因為難保沒有官員不會從中取利。當時主管戶部並為首輔軍機大臣的于敏中極為贊同，在他主持的會議中「即行議准」，並在皇帝猶豫未決時他「慫恿開捐」，說服了皇帝。于敏中為什麼如此熱心推動甘肅這項捐監建議？後來皇帝說了：「于敏中於朕前力言甘肅捐監應開。」「設非于敏中為之主持，勒爾謹豈敢遽行奏請？」于敏中於乾隆四十四年病逝，當時甘肅捐監案還沒有爆發，因而于敏中得以善終。不過他死後半年，他的家族就發生了分財產的大風波，鬧到政府出面查封他家產業，清查之下，竟高達二百萬兩。清代的大學士與軍機大臣的年薪不高，毫無疑問，于家產業應是于敏中生前貪污而來。所以皇帝在甘肅案後說，「于敏中擁有厚貲，亦必至王亶望等賄求賂謝」。王亶望是捐監案中的主角之一。總之，乾隆時期大貪案有高官護航，于敏中就像和珅一樣，他們在上保障了地方的貪官，假如貪案不爆發的話，貪官們都能逍遙法外了。

乾隆皇帝在于敏中的慫恿下允准了甘肅開捐；但是在四月間降旨時特別提出了一項條件，即只准納糧捐監，不能以納銀代糧。同時皇帝也指明如果有「濫索科派」的違法事，總督與任事官員都要被嚴辦。皇帝強調只准收糧不能以銀扣算是為了達到真正儲糧的目的，也為防止官員從中取利。為了慎重起見，皇帝又把浙江布政使王亶望調到甘肅去幫總督勒爾謹經辦此事。王亶望出自名門，其父王師是一位清吏，以勤政愛民聞名當時，皇帝以為王亶望必能謹守家風，達成捐監任務。同年十月，王亶望到任後約半年光景，他向皇帝奏稱：安西州與肅州及口內外各屬，捐監的人已達一萬九千零一十七人，收到各色糧八十二萬七千五百餘石，可謂成績斐然。皇帝固然感到他們「承辦認真」；但也不禁懷疑到甘肅窮苦人多，如何有兩萬人來捐監？而該地產糧不足，怎麼會有如此多的餘糧用來捐監？另外半年即有八十多萬石捐糧，一年或更長時間後必積得更龐大數量的糧食，將來糧倉必然不足，久貯也會令米糧糟爛發紅，如何用以賑災？這等等疑問令皇帝「不了解」，他命令勒爾謹、王亶望「查覈據實上奏」。不久之後，勒爾謹等遵旨上奏，說到新疆開闢，商賈流通，所以安西、肅州一帶人民「獲利倍厚」，而近來又逢糧價平減，所以捐監的人「倍形踴躍」。另外又因甘肅連年收成豐稔，殷實之家積糧日多，「實係本地富戶餘糧，供捐生採買，並非運自他處」。勒爾謹等的回覆，實際上是巧語掩飾，全是王亶望想出來的搪塞之詞。皇帝不疑有他，反而對勒爾謹等大加獎勵了一番。

乾隆四十二年，甘肅捐監事已舉行了三年，據王亶望報告前後共有十五萬商民納糧而成為監生，一共收到監糧六百多萬石，這個數字比甘肅省每年賦稅收入多過七、八倍，成績實在可觀。皇帝為了嘉獎王亶望有功，擢升他為浙江巡撫。三年後當皇帝五下江南時，王亶望在浙江還「供張甚侈」的逢迎過皇帝，當年正值王亶望母親八十大壽，皇帝在旅途中加恩賞賜老夫人御書匾額及大緞二匹、貂皮四張，使得王家備增光寵。然而人有旦夕禍福，皇帝從江南回京後一年多，甘肅捐監案爆發大貪污醜聞了，王亶望等一大批貪官也被繩之以法了。

乾隆四十六年三月，甘肅河州回民蘇四十三聚眾起義，皇帝派了阿桂等人去督辦平亂事，阿桂抵甘後不斷遇到雨天，延誤了用兵，皇帝得到阿桂的奏報，立即心生懷疑，「該省向來年年報旱，何以今歲得雨獨多？其中必有捏飾情弊。」皇帝為什麼對甘肅天氣雨旱如此注意關心呢？原來王亶望自辦理開捐後，固然收得捐納很多，但是在過去幾年當中，連年鬧旱災，因而賑災也用去糧食不少。阿桂為平亂去甘肅，為什麼就碰上連日大雨呢？這是皇帝下令叫阿桂調查過去是否年年遭旱的原因。經過阿桂訪查所得，甘肅多年未有嚴重旱荒，皇帝乃降諭徹查捐監與賑災案了。

徹查的工作是分甘肅與浙江兩地進行的。甘肅由阿桂等人實地深入審查，浙江則由閩浙總督陳輝祖直接向王亶望等查訊。不久之後，案情大致明朗了，可以分以下幾點作些綜合敘述：

一、勒爾謹、王亶望從開始就沒有遵照皇帝的命令收納監糧，而是以商人們交一定的銀兩就捐得監生身分的。三年當中究竟收到多少銀兩，確實數目不詳；不過王亶望等在那幾年中連年奏報甘肅各地發生旱災，向皇帝請求准允賑災。皇帝心想存糧既是那麼多，捐來的糧本來就是為賑災用的，當然無不照准之理。如此一來，三數年中，賑出的糧米竟高達七、八百萬石，連各地倉庫中舊存的糧都被賑出去了。帳面上捐監的糧也就這樣的全用光了。事實上，從頭到尾根本就沒有那麼多的存糧，而官員們所收的銀兩都被大小官分得，可以說做到天衣無縫，皇帝也終始被蒙在鼓裏，還陶醉在「皇恩浩蕩」的美夢中呢！

二、在捐監的第三年，即乾隆四十二年，皇帝也曾派過欽差去甘肅，盤查監糧。當時任欽差的是刑部尚書袁守侗與侍郎阿揚阿。袁守侗是查案高手，有五次任欽差出京查辦重案的紀錄，使得不少督撫大吏將軍正法或革職坐牢。他去甘肅查監糧竟沒有發現破綻，而回報皇帝「倉糧係屬實貯」，皇帝因為信任袁守侗，當然對甘肅各官的侵吞「監糧」也無從發覺了。袁守侗在盤查時為什麼會受騙而信以為真呢？據說地方官員在欽差來查糧時，他們在倉庫的「裏面進深處所，下面鋪版，或攙和糠土，上面鋪蓋穀石」，欽差們只能「簽量廒口數尺之地」，因而以為「實貯在倉，並無短缺」了。尤有甚者，甘肅地方官還以捐糧過多，須增建糧倉儲存，先後冒領建築費六萬多兩。後來為賑災運糧，又向中央請得補助運費幾萬兩。貪官們的手法確實高明，始終使皇帝相信「監糧」是存在的。

三、貪官們也曾為不收監糧而改收白銀做過解釋，不過都是編造的謊言。如王亶望說：「風聞有折色之事，當經責成道府查禁結報，且意在捐多穀多，以致一任通融。」皇帝則認為「捐收監糧，原為倉儲起見，今既稱私收折色，仍行買補糧食還倉，且以捐多穀多為能事，則該省之糧充足可知，但為何每年又須賑恤？」而且即欲收捐，「何須官為包攬，以致弊竇百出」？繼任甘肅布政使的王廷贊後來也向軍機大臣們辯稱：他到任後，原不許折色，因無人報捐，只得以銀代糧的「折色」方式辦理。又怕各州縣有短價勒買糧石之事，所以規定一名捐監人付白銀五十五兩。甘肅糧價較賤，此數足敷定額。皇帝看了他的巧辯，認為「殊不足信」，因為一個簡單的事實是：假如甘肅地區糧賤，必定是因為豐收，既豐收又何必年年要賑災？若是賑災屬實，則糧價必貴，糧價既貴，則五十五兩必不能購得額定捐監的糧數，兩者不能共存，必有一真一偽。皇帝根本認為他的話是純係巧言，目的在隱匿真相。

四、阿桂在調查此一大案結束時，曾向皇帝提出一份「甘省捏報災賑侵蝕帑項」官員的名單，其中共列貪官一百多人，皇帝在上諭中則寫定犯罪貪官名字的計知縣、代理知縣六十三人、知州五人、同知三人、通判五人、縣丞三人等共八十一人，另外還有二十一個該罰的官員，總計在這次大案中侵盜公帑銀兩一千兩以上的各級官員共一百零二人。甘肅當時有直隸州六、直隸廳一、州六、廳八、縣四十七。皇帝說「全省大小官員無不染指有罪」的話是可信的，真是一次「上下一氣」的集體大貪案。

五、甘肅捐監案的一干人犯究竟貪污了多少錢？這件事不易確定；不過前後冒賑被貪官侵蝕掉七、八百萬石「監糧」，另外二十六次申請添建新糧倉共費銀十六萬多兩，這些是有文字記錄的。還有經審訊後知道布政使王廷贊在兩年任期內冒領到運送賑糧的「腳價銀」二萬八千六百九十兩；代理布政使文德也冒領了一萬七千五百兩；王亶望在任內「賑」出的「監糧」最多，他冒領的「腳價銀」也必然更多。阿桂等人向皇帝呈報的貪官中，列舉了侵吞「監糧」之銀二萬兩以上的有二十人；一萬兩以上的有十一人；一千至九千兩的共為二十六人；還有侵吞九萬兩的。至於經方這個六品小通判竟貪得十五萬兩以上的贓款；而總督勒爾謹、布政使王亶望的侵貪雖數字不明，但必然要比經方等人多出若干倍才是合理。據一般史料記載，甘肅當時這批貪官共侵吞了公帑共約一千多萬兩，約當國家全年總收入的三分之一。

六、關於王亶望個人在捐監案中得到的好處，可能高達三百萬兩。因為閩浙總督陳輝祖在向皇帝報告查抄王家產業的時候說：多達「三百餘萬兩」。當然這筆產業中一定有一些是王家祖先存留下來的，不過陳輝祖與承辦抄家的少數官員竟在抄封時私自盜取、吞沒了一部分王家的財產，可見王家總財產數不止三百多萬兩。王亶望的父親是清官，不會積餘太多產業，三百多萬或更多的家產顯然是王亶望在捐監案貪污所得。他可算是清初以來的大貪官了。

乾隆皇帝知道事實之後，覺得甘肅官員竟大膽如此，欺君枉法，令他「傷心」又「寒心」，因此他決定嚴懲不貸，痛懲貪官。四十六年七月皇帝降諭，命將王亶望立即正法，令勒爾謹自盡，王廷贊「絞監候」。八月間又下令將侵冒帑銀「監糧」銀二萬兩以上的立即正法；二萬兩以下的「問擬斬候」；一萬兩以下的稍後定奪。如果按照貪污一千兩即處以斬監候的話，甘肅當時一百零二名貪官個個應被處死。經皇帝再三斟酌，決定對該案中的下級官員從輕發落，只將贓銀高到兩萬兩的斬立決，即使如此法外施恩，被處死的官吏仍有五十六人，另有免死充軍的四十六人，還有勒爾謹、王亶望、王廷贊、經方等十來名官員的子嗣數十人發往伊犁，充當苦差，以示炯戒。

甘肅一地一次就殺了或發遣了那麼多官員，使得當地大小衙門陷於癱瘓，幾乎運作不起來了，中央政府不得不緊急來了一次官僚體系的大調動，才解決問題。

誠如乾隆皇帝在諭旨中說的，甘肅這次大小官員集體貪污的捐監案，是「從來未有之奇貪異事」。

18 皇親貪污也殺頭

乾隆皇帝曾經在一道諭旨裏這樣說過：

朕於宮眷等親屬管束極嚴，從不容其在外滋事。恐伊等不知謹飭，妄欲以國戚自居，則大不可。凡妃嬪之家尚不得稱為戚畹，即實係后族，朕亦不肯稱為假借！

他的這番話是有些真實性的，我們從以下兩件貪污大案中似乎可以證實這件事：

乾隆三十三年六月初，新上任的兩淮鹽政尤拔世向皇帝報告前任鹽政動用鹽引繳貯運庫銀的情形，並特別指明目前尚有餘額十九萬多兩，請為皇家服務的內務府查收。尤拔世不敢明說前任鹽政們貪瀆情事；但他是以先備案的方式來保護自己。

鹽是人生活中不可缺少的調味品，漢代早就實行了國營政策。北宋時期，政府又發明一種鹽引制度，使得官府對鹽商的控制更為系統化。官府發放鹽引不但可以獲得更高額的稅收，也能利用引票來對鹽商的經營規模、數量等加以限制。鹽商得到鹽引就有了專賣壟斷權，所以時時要對發放鹽引的鹽政大官們竭力逢迎，甚至以賄金換取鹽引，以保有專賣與財源。乾隆三十年代，兩淮鹽政從戶部領得的鹽引多則四十萬張，少則二十多萬張，鹽政通常以每張鹽引加收銀三兩左右，因此每年兩淮鹽政所收的貯運銀十分可觀。同時二十年來，沒有一個鹽政在初上任時向皇帝奏明過存銀的數目，而尤拔世又呈報得那麼少，於是引起了皇帝的懷疑，並意識到可能鹽政有矇混不清，甚至私行侵蝕的情事了。不久後皇帝命令江蘇巡撫彰寶與尤拔世共同清查，「不得姑息」。同年六月底，彰寶等人的調查報告送達宮廷，要點約有三大項：一、歷年來兩淮鹽務衙門應有一千九十餘萬兩的餘利銀，不應該是尤拔世報告的僅存十九萬兩。二、短少的一千萬兩固然與各鹽商欠繳有關，但確定有四百六十萬兩是被鹽政們動用在「歷年辦貢及預備差務」的支出上了。三、前任鹽政普福、高恆與鹽商之間有「暗行餽送情弊」，而高恆收納的最多，約在數萬兩之數。

皇帝接到報告以後，發覺事態嚴重，而且非常棘手，因為高恆是已故慧賢皇貴妃之弟，其父高斌曾任大學士、軍機大臣等高官，高恆一直為皇帝的寵臣，幾十年來都讓他當肥缺的稅官與鹽官，實在令皇帝驚駭。同時這筆虧空與侵蝕款項竟高達一千萬兩，又是多年沒有清查的舊帳，若是清查起來，必然涉及很多大小官員與鹽商在內，將會影響各地的鹽運，影響人民的生活與社會的安定。而最為皇帝不樂的是他自己也涉案了，因為「辦貢」、「預備差務」是指地方官給皇帝送禮以及為他南巡江浙辦差務的費用，也就是說不少虧空是因皇帝而造成的。不過乾隆皇帝並沒有改變嚴懲貪官的態度，首先下令將高恆、普福以及鹽運使盧見曾等革職嚴訊，並查封他們的家產。擔任兩江總督的尹繼善與高晉也以「不行據實參奏」而被「交部嚴加議處」。

除了對有關官員採取行動外，皇帝又做了兩件重要的事，一是為自己辯護，說明每次南巡的「一切行宮道路諸費，俱係官為經理」，鹽商與官員們支用了「交官項內」銀兩來招待皇帝，或是根本以皇帝名義額外加派，實在應該治罪。一是傳諭鹽商，鹽務關係數省民生，各商不得因查案而推諉觀望，如有「壅滯運鹽」現象，將嚴懲鹽商。

由於皇帝聲稱要繼續查案，地方官員呈報的犯罪事實日漸增多。皇帝在不久後即發現短缺銀兩有一千萬兩之多，追補實在不易，以鹽商欠繳六百萬兩左右來說，若令他們如數賠償，一定有很多鹽商會立即破產，勢必影響到鹽運，影響到千萬人民的生活，同樣的也會影響到國家的鹽課稅收。再就人的方面來看，此前擔任鹽政與鹽運使的有好幾個，各人的貪污情形要一一追究，絕非易事，一定有很多中央與地方的官吏涉案，若大力懲貪，官場頓時會產生不安情況的。加上皇帝自身也確與虧空有關，徹查下去對自己絕對無益。

基於以上種種原因，經過四個多月的調查，在皇帝主持下，終結了此一大案。高恆、普福被藉沒家產，即刻處斬；盧見曾也藉沒家產，處以絞監候，秋後處決；曾經給盧見曾通風報信的翰林院學士紀昀（曉嵐）、軍機處行走章京王旭、刑部司員黃駿昌等人革職，紀昀因與盧見曾有姻親關係被發往新疆烏魯木齊充軍；兩淮很多鹽商也革去以前賜給他們的頂帶與名譽官銜。顯然皇帝只作了重點式的處分，而且淡化了貪案的嚴重性，例如鹽商欠款由六、七百萬兩說成三百多萬兩。高恆的贓銀總數只三萬多兩，不是當初查出的千萬兩之上。另外鹽商欠銀則以賠收了事，分十年交與運庫，不對行賄商人處分。當然他自己涉入的「辦貢」等事，都以「不知情」不了了之，可見懲貪得不算徹底。不過，皇帝在這次大貪案中，能不顧親情與人情的殺了高恆也確是難得，據當時一位皇室人員昭槤在《嘯亭雜錄》一書裏說：在乾隆即將處死高恆前，孝賢皇后的弟弟傅恆為之求情，「願皇上念慧賢皇貴妃之情，姑免其死」，乾隆斷然拒絕，並說：「若皇后弟兄犯法，當如之何？」這一巧妙而嚴正的回答，不僅拒絕了請求，同時也給身為皇后兄弟的傅恆一個警告，令傅恆「戰慄失色」不敢再言。

傅恆是乾隆皇帝正宮皇后富察氏的兄弟，高恆則是皇貴妃高佳氏的兄弟，兩家都是滿洲八旗的屬下人，而這兩位后妃都是乾隆當太子的早年配偶，高佳氏死於乾隆十年，富察氏死於乾隆十三年，皇帝對這兩家的親屬原本都是善待恩養的，遇到如此大案，只有捨斷親情了。

按照清朝官場上的常規，犯重罪的人家，子孫的仕途一定受到嚴重影響的。高恆被殺之後，皇帝似乎還念著慧賢皇貴妃的舊情，對高恆家人沒有株連，相反的對高恆的後代還給予了提攜擢拔，高恆的兒子高樸就是實例。

乾隆三十七年，高恆被殺後三年多，皇帝「加恩擢用」高樸為三品大官都察院左副都御史，不久之後，這位「年少奮勉」「非他人比」的高樸又被皇帝升官為從二品的兵部右侍郎，到乾隆四十一年，高樸被任命為葉爾羌辦事大臣，擔負治理新得邊疆的重責大任了。

自從乾隆三十年平定烏什之亂後，皇帝對於派往新疆的官員極為慎重，惟恐所用非人，在邊疆激起事變。此前駐烏什大臣素誠對畏吾爾回民所作的科派累民以及姦淫婦女的惡跡，以及駐和闐總兵和誠縱容家奴勒索回民財物等事，都在乾隆皇帝心中留下極壞的印象，所以他希望高樸這次去新疆能建立好功名，為家族爭光。沒有想到高樸去葉爾羌任官三年之中，竟不斷的以「辦貢」名義，大事擾累當地回民，並藉機為自己斂財，終於引起大家的憎怒，有人冒死上奏，揭發高樸的貪贓。

乾隆四十三年秋，駐烏什辦事大臣永貴上奏，說到一位叫色提巴爾第的回民領袖出面控告高樸，地方民情不安。皇帝看了奏報，隨即命永貴查辦此案。在永貴的密奏與皇帝的諭旨中，我們了解當時情形：

高樸上任之後，私役了三千多回民，到「人跡所罕至」的密爾岱山中開採玉石。密爾岱山離葉爾羌四百多里，又是深山，回民冒險開鑿，再將千百斤重的玉石運至葉爾羌，極為辛苦困難，經常造成人員的死傷，而高樸在地方宣稱，這一切都是為了「辦貢」，就是為了向皇帝進貢用的。「回人無不抱怨」，因而有人出面冒死陳情了。

高樸所開採的玉石是不是為了「辦貢」呢？顯然不是。他將所採得的玉石以及在葉爾羌所搜到的玉器，派專人經甘肅、陝西、山西等地，分運京師與江南，其中極少數送給皇帝，大部分私下販賣牟利。由於全國各地「處處均有關隘盤查」，高樸向他的堂叔兩江總督高晉取得「護牌」，以「辦貢」名義，一路通行無阻，關卡不敢盤詰攔阻，因而可以順利的運往蘇州等地，「肆行販賣」。乾隆四十三年，高樸的家人李福等人往江南賣玉，在蘇州一地停留了半年多，得款後乘大船離去，「船中有箱四十六隻」，是玉是銀不得而知，但數量確是不少。同年另一路高樸家人由常永等率領，路過陝西長武縣境，因案發被捕獲，計有「大車九輛，載玉三千斤及家人玉料一千斤」。據當時各地官員的報告，李福等人在蘇州半年賣得白銀十二萬八千多兩，而陝西一路常永等人的所運玉器中，據貨單上記載，成品的玉如意一支，需售銀四千兩，照全部貨品計算，官員們報稱總價應在一百萬兩之數。這是案發當年兩路運玉的情形，若將此前幾年的販玉賣得銀兩一起加上，高樸的所得必然更是可觀了。至於高樸以「辦貢」為名運玉，據史料所記，大約可以看出他進呈給皇帝的為數不多。在回民領袖色提巴爾第所開列的高樸向民間搜得「極佳」玉器成品，都沒有進獻給皇帝，事實上，在事後據皇帝說高樸進貢的玉器只有九件，「且俱平常」之物，「乃以佳者留藏家內」。大學士阿桂奉命查抄高樸家時，確實查封了新疆製品極佳的玉碗等物，難怪皇帝大怒之下，說高樸利用「辦貢」名義，牟取私利，連佳品玉器都留存家中，「即此一端，亦可見其天良盡喪矣！」

皇帝知道高樸確實犯了貪婪大罪，便在同年九月二十八日降諭將他就地處死，這是乾隆年間處理貪案最快速的一次，這可能與新疆特殊情形有關。

皇帝在高樸案爆發後，曾以諭旨告誡駐新疆的辦事大臣們說：

> 經理該處事務，責任匪輕，當體朕意，撫輯回民，俾得安居樂業，不宜稍有派累滋擾。

可見皇帝對新疆安定的重視。事實上，在所謂的乾隆「十全武功」中，有三次軍事行動是在新疆境內，即平定準噶爾與回部的三次戰爭，也因為這三大戰役的勝利，才使清朝有效的統治了天山南北兩路，而在各地以將軍、參贊大臣、辦事大臣、領隊大臣等武官來統治新疆。皇帝深知勝利來得不易，高樸在新疆又激起民怨，而葉爾羌又「地大城堅」，一旦生事，後果必然嚴重，因而盡快處死高樸，以洩回民之恨，以維持邊民對中央的向心力。從皇帝諭旨中透露的：殺掉高樸「

於國家綏靖回疆之舉，則為大得」一番話看來，皇帝確實把回疆安定視為第一重要的。

高樸雖然在安定回疆的政策下迅速審理被處死了；但是皇帝也沒有忘了其他的涉案人等，在其後的半年，仍有不少官員因此案而受罰，如前任駐烏什參贊大臣綽克托以在任時不據實參奏，有「通同徇隱」之嫌，革去吏部尚書官職。兩江總督高晉以「徇私」發給「護牌」，本應治以重罪，因一生辦事勤慎，且年愈古稀，傳諭嚴行申飭。江蘇巡撫楊魁與蘇州織造舒文以徇情故縱，未予奏報，都是「天良喪盡」，楊魁「自行議罪具奏」，罰銀贖罪。舒文後來被革職。此外還有一些山陝江蘇的官員都以失察遭到訓示，或被降調。

乾隆帝在處死高樸時說：「高樸貪婪無忌，罔顧法紀，較其父高恆尤甚，不能念為慧賢皇貴妃侄而稍矜宥也。」皇帝不以私親而寬宥皇親國戚，真是難得，而十年之間，高家父子同因貪污而「前仆後繼」的坐誅，在歷史上真屬罕見之事。

19 學政與皇帝鬥法破貪案

學政，又稱督學，官名。清初沿襲明朝制度，各省有學政，掌一省學校、教習、教育行政與考試等事，向例由翰林院侍讀、侍講、編修、檢討或各部侍郎、科道官中由進士出身者充任，算是欽差官員，官階比地方的總督、巡撫、布政使、按察使都低。一個官低位卑的小學政如何敢與皇帝為貪案鬥法，聽來有些不可思議。乾隆年間還就真的發生這樣的事。

乾隆四十年代連續發生大貪案，其中王亶望的甘肅冒監案與陳輝祖抄王亶望家抽換財物案，兩位主角都擔任浙江的封疆大吏，皇帝對他們極不信任，因而在諭旨裏說到浙江通省錢糧「難保無積壓虧欠」之事，命令新任浙江巡撫福嵩清查，結果發現全省共虧空一百三十多萬兩。皇帝命令盡速彌補。經過四年的時間，在皇帝不斷的催促之下，到乾隆五十一年，據福嵩奏報已彌補了九十六萬多兩，尚缺三十三萬兩之數。皇帝想到山東省國泰貪案後，僅兩年時間，新任官員就補足二百萬兩的虧空，浙江是富饒省份，四年時間竟彌補不到一百萬兩，必是官員辦事不力，「玩視帑項，一味稽遲」的結果，於是便派出戶部尚書曹文埴、刑部侍郎姜晟、工部侍郎阿齡阿為欽差，到浙江徹查。皇帝一面又降諭令福嵩來京候旨，革浙江布政使盛柱的職位，情勢顯得很是嚴重。

曹文埴等到浙江調查之後，向皇帝報告幾次，前後都說地方虧空只有三十多萬兩，現在各官加緊彌補，大體上與福嵩早期奏報的情形差不多。不過，正在此時，擔任浙江學政的竇光鼐突然上書皇帝，說明浙江各府縣的虧空不止此數，而且「未補者多」，「聞得嘉興府所屬之嘉興、海鹽二縣、溫州府屬之平陽縣虧空皆逾十萬」，而且「去歲杭州、嘉興、湖州三府秋收歉薄，倉庫正需平糶，而倉內有穀可糶者無幾，浙東八府歲行採買，惟折收銀兩，以便挪借」。竇光鼐是進士出身，據說他「幼負絕人之學」，很為皇帝器重，只是他人不圓通，是個「拘鈍」的學者型官員，在服官幾十年中，常常和人爭執，因而居官不定，降調之事時有發生。皇帝始終覺得他「無大過」，乃派他出任浙江學政，其時約在乾隆四十年代的後期。皇帝本來對浙江的虧空就有懷疑，現在接到竇光鼐的奏報，益發對曹文埴等查案表示了不滿，認為他們並未將「該省何處虧空若干、何處彌補若干、何處竟未彌補、何處不但未能彌補且有增多之處，逐一詳查根究底裏」，只「

將就了事」，很不應該，命令欽差們依竇光鼐所指各點，再逐一詳查，據實嚴加辦理。五月初，皇帝又分別接到曹、竇兩人的報告，雙方仍各執一詞。曹文埴堅持浙江全省虧空不過三十萬兩，而且「有減無增」。竇光鼐則聲稱仙居、黃岩等七縣的虧欠已「多至累萬」，其他各屬更多。同時他又扯出布政使去年進京「攜貲頗豐」，「上司進京，屬員饋盡」，形成受賄以及其他官員索賄貪污事，他把浙江官場的問題升高了、複雜化了。

皇帝看了這些報告，發現地方與中央的官員各持己見，必然對查辦不利，於是降諭旨叫他們「和衷詳查辦理」，並令竇光鼐暫時不必過問此事，因為學政管查虧空實在是撈過了界，而地方教育行政的工作也多，應該專注自己份內的業務；再說這一年又是浙江省舉行鄉試之年，科考的事尚待辦理。皇帝命令曹文埴深入調查仙居、黃岩虧空實情，另外又派了中央大員阿桂專程南下浙江，協助查案。

阿桂是皇帝的心腹大臣，也是當時查案的能手。他到浙江後不久，首先對浙江布政使盛柱去年赴京是不是「攜貲頗豐」賄賂某人向皇帝呈上了奏報。阿桂說盛柱進京沒有送十五阿哥（日後的嘉慶皇帝）任何禮物，應解送的人參銀三萬九千兩也交到了內務府，這證明了皇太子與貪案無關，令皇帝大感欣慰。阿桂又提平陽等地虧空與高官受賄的事查無實據，竇光鼐是風聞上奏，不足憑信。皇帝一直相信阿桂是正直的名臣，對他的調查結果當然信以為真，這當然對竇光鼐極不利。

不過皇帝有從速結案的心意，所以在六月中就以巡撫福嵩催補不力，將他調山西為代理巡撫，想把查案事告一結束。不料浙江方面欽差與學政的互鬥還不能停止，而且有愈演愈烈之勢。先是阿桂向皇帝奏稱竇光鼐指陳的地方虧空「俱經嚴密訪察，亦屬非實」，而知縣黃梅「丁憂演戲」不孝一事也是「污人名節」的不實之言，可以說全力將竇光鼐描繪成一個造謠生事的人。皇帝當然對竇光鼐嚴詞譴責，並命令他「明白回奏」。竇光鼐發現情勢嚴重，但他個性「迂拙」，不畏權勢，立即報告皇帝欽差等在浙江受到地方官的矇騙，不明瞭真相，才向皇帝作出不實的說法。他又說幾位欽差根本都沒有親自實地訪案，全憑省城官員的話為據，不是真實的情況。他確實聞知平陽知縣黃梅因「抗不彌補」才仍有虧空。關於「丁憂演戲」也是事實，而且黃梅還「縱令其子借名派索濫用」，劣跡多端。他在奏報中又報告皇帝，為了取得真實憑據，他決定去一趟平陽，收集資料，不日再向皇帝呈報。

竇光鼐的此番作為令皇帝大為惱怒，因為有旨在先，叫他少管虧空之事，多作自身教育、考試工作，現在卻擅離職守，去了平陽查案，簡直是違抗聖旨，膽大妄為。閏七月初，皇帝傳旨嚴責竇光鼐，說他「置分內之事於不辦」，只在「袒護劣矜」，狂妄之極，命吏部與刑部議處。

在皇帝諭旨到達浙江之前，竇光鼐已到達了平陽，他在當地明倫堂內與縣內生監聚談，請大家幫忙收集知縣黃梅的各項犯罪證據。他又在城隍廟中，傳集平陽縣的書吏，追究黃梅的貪婪劣跡，據說當時「生監平民人等，一概命坐，千百成群，紛紛嘈雜」，儼然一幅鬥爭大會的情景。

在竇光鼐赴平陽之時，署理浙江巡撫阿齡阿上書皇帝，列數竇光鼐不法抗旨罪狀，令皇帝更為氣恨，認為這樣「病瘋」之人，實在「有乖大臣之體」，於是下令「將竇光鼐拏交刑部治罪」。

竇光鼐既得罪了欽差，又得罪了皇帝，真是大禍臨頭了。所幸他這次平陽之行沒有白跑，在人民與書吏的協助下，他得到不少有利的證物，於是他一面急返省城杭州，一面將搜得的兩千多件田單、印單、借票、收據等證物中的部分，以一天五百里的急件快遞送往京城，向皇帝報告。當竇光鼐回到杭州時，他立即被逮捕入獄，聽候審問了。

乾隆五十一年閏七月二十七日，皇帝收到了竇光鼐的快報與證物，看出「票內一半鈐有官印及伊（按指黃梅）私有圖記，斷非揑造」，了解了黃梅在任內以彌補虧空為名，計畝派捐，「每田一畝，捐大錢五十文」，「蒞任八年，所侵吞部定穀價與勒捐之錢，計贓不下二十餘萬」等等劣跡之後，即刻傳諭軍機處，對「以小民之脂膏，肥其慾壑」的黃梅，「嚴加懲治」，同時又降諭阿桂，要他體會皇帝「辦事苦心」，「秉公查訊」，再審平陽貪案，對竇光鼐不必心存芥蒂。兩天之後，皇帝又下令要阿桂見到竇光鼐時，「將伊除去刑具，免其拿問」。黃梅的家產予以查封，其子黃嘉圖則先逮捕候審。

阿桂與欽差一行也不再敢對竇光鼐加以迫害，只得遵照皇帝的指示努力查辦。據後來阿桂等人向皇帝的奏報，他們也承認黃梅是個貪官，年來勒借部民錢文，貪污銀兩，且未彌補地方虧空。他的兒子黃嘉圖確有在外招搖婪索，有貽害地方之事，應該治以重罪。

同年九月十六日至二十日之間，皇帝連降諭旨三道，對浙江虧空與貪案的有關人員，作了如下的批評與處分。

黃梅及其子黃嘉圖，貪婪不法，罪證確實，死罪難逃。

浙江永嘉、溫州、平陽三縣的地方官程嘉纘、田家鍾、范思敬等人，「迎合上司」，官官相護，「此等外省惡吏，最為可恥，不可不嚴加懲治」，將三人交部議處。

署理浙江巡撫阿齡阿偏聽屬下之言，兩次冒昧參奏竇光鼐，交部議處。

前任浙江巡撫福嵩對於劣員不據實參奏查辦「豈可復膺封疆之任」；前任浙江布政使盛柱追補虧空不力，二人均著免職，交部議處。

阿桂、曹文埴、姜晟三位欽差僅「憑地方官結報就案查核遽為了事」，有虧職守，俱著交部嚴加議處。

至於竇光鼐的部分，皇帝認為他所參黃梅劣跡，雖有三項屬實，但他「嘵嘵執辯，咆哮生事，並有不要性命不要做官之語，亦殊乖大臣之禮」，而且黃母喪事演戲部分不實以及諸端固執行為，亦屬有過，所以令他來京做官，暫署光祿寺卿。

浙江虧空與貪案就這樣落幕結束了。在整個查案過程中，我們看到一位正直不要命、不怕死的學政，也看到一位胸懷開放的能改過的皇帝，確是古代官場中不多見的事例；不過就懲治貪污來說，如此結案顯然草草了事了一些，不能達到禁貪、止貪的目的。

20 乾隆貪案的歷史教訓

乾隆皇帝在位六十年，發生不少大小貪污案件。儘管皇帝不分滿漢、不論親疏的處分過很多貪官；然而政府嚴厲法辦，貪官依舊貪婪，直到皇帝內禪前夕，福建省仍有滿漢高官合作的貪案發生，顯然在六十年中，清廷的懲貪工作是效果不彰的。

如果想要考究其中原因以及乾隆朝的貪污案件能給後人帶來什麼樣的歷史教訓，也許以下幾點值得我們注意與參考：

第一，從前面談到的乾隆朝大貪案，我們可以看出貪官中多是讀書正途出身的官員，「儒官」怎麼變成「貪吏」的，古聖先賢的訓示真是不能產生重名節的效果嗎？我們知道：古代中國社會一直以儒家為主流，儒者原本是以入世態度積極服務社會的。他們當官以後應以關心國事民瘼為職志，以所學聖賢書為抱負。然而儒家思想有些陳義過高，現實的治國手段與富強之術往往與理想相去甚遠，所以令不少儒官修正他們的理念。尤其是清朝乾隆時代，君主集專制淫威之大成，滿族又為了防漢人之反側，他們不希望儒官發揮傳統儒家的經世致用精神，因此學優則仕的士大夫失去了崇高的理想，大家多為「一家身之謀」的祿蠹了。「學也，祿在其中矣」、「書中自有黃金屋」成為他們做官追求的事業目標。

第二，貪污是指官員利用職務上的便利以及他們手中的政治權力，違法謀取經濟利益的行為。在古代中國，無論京官與外官，他們各有各的職務便利進行貪污，如強行勒索、侵吞公帑、監守自盜、收受賄賂等等，真是「靠山吃山，靠水吃水」，各憑本事在官場撈錢牟利。我們從上述乾隆朝部分貪案中，不難發現京中與外省的官員，多是利用政治特權而謀利獲利的。例如府縣的牧民之官利用收稅之便，侵蝕錢糧；關稅官員則吞沒稅課；運銅官員剋扣銅本；運鉛主管短少斤兩；以及其他「浮開價值」、「私收捏報」，大官家人強索、下官供應上司等等，真是不一而足，也透現了貪案與政治地位及權力有關。

第三，貪案也與古代中國政治制度不健全有關。以清代中期而言，政府每年的施政經費，並無一定的年度預算，公費開支多憑官員視實際情形而定，既無確定項目，又無審計考查，這給了官員們極方便的取利機會。不過另一方面，歷代各級官員的俸祿都不高，而地方官員的幕友津貼、單位公費、往來應酬等等費用，都要官員自己籌措。雍正朝以後，政府雖頒發各官養廉銀，但是仍不敷用。據史料所記：清朝中期一個縣官，年薪大概二十多兩到四十多兩，依縣的大小而定，頒給養廉銀後，大縣可以得到兩千多兩的津貼，勉強開支各項公私費用。若非清官，當然就難防止他私奪民脂民膏了。從政府預算與官員俸祿方面看，不難了解當年制度上確有缺失。

第四，一個縣的津貼比知縣本薪高過幾十倍，官員為什麼還要貪污呢？據當時官員的一些文字記錄，我們可以看出在雍正以前，地方官在徵收田賦等稅時，又附徵非法補助費如火耗（或稱耗羨）的，官員所得利益可能比後來發給的養廉銀還多。雍正皇帝改革稅制，命令火耗歸公，再由政府發給各官養廉銀，使各官不能漫無標準的向人民收取火耗。府縣官收到如此多的火耗作什麼用？都能放進個人的私囊嗎？火耗既是非法附加稅，上級官員又如何不將府縣官法辦呢？原來府縣官得到的火耗，通常分成「應贈」、「應捐」、「應費」幾大用途。前兩項是「奉養上司」與「地方公費」的開銷，「應費」才是彌補個人收入不足的補津，而其中贈送給上司的「應贈」費用約佔半數或更多，因為各省的高官收入也不多，個人生活、幕府費用、衙門運作以及對京中大官的公關等等費用全靠地方下級官員的「贈禮」。高官既靠下級官員送錢才能作官，當然他們就不得不庇護下官了，因而形成了官官相護的局面，貪污由此得到保障，貪風顯然不易遏止了。

第五，在懲貪的過程中，最怕的是有位高權重的人出面或在暗中庇護貪官，因為他們的干預常常會使查案的工作辦理得不公平，甚至不能進行。權臣庇護貪官若是因親情而起已經是不好了；若是為了一己的私利而為貪官關說或是脫罪，則更是可怕，而乾隆年間，尤其是中期以後，不幸就常發現有此等事實。如和珅之曲庇李侍堯，讓李侍堯在「出自聖恩」後而免死，事實上，李侍堯的貪案情節比薩哈諒、楊灝等不知嚴重了多少！又如若沒有于敏中、畢沅、袁守侗等要員的庇護，甘肅捐監案可能就不會發生。同樣的，由於阿桂等人的徇私，才能使富勒渾得到生全不死，也幾乎讓竇光鼐蒙冤犯罪，浙江貪案也可能永遠不能真相大白。乾隆中後期的不少貪案確實都隱約牽涉到中央的權臣，甚至有些貪官是為供應中央權臣錢財而犯案的。難怪日後薛福成說：「非其時人性獨貪也，蓋有在內隱為驅使，使不得不貪者也。」這真是直指問題中心的一種確論。

第六，地方長官、中央權貴如果干預貪案、曲庇貪官已經夠影響貪案的查辦了。若是皇帝的某些因素又再影響到貪案，則懲貪肅貪的工作必更為增添問題。在帝制中國時代，皇帝是法律的源泉，他是法律，他也能更改法律，所以他的須與閃爍念頭可能決定貪案的審判，決定貪官的生死，因此貪風是否盡絕，皇帝是有很大責任的。以乾隆朝的貪案而言，有人可以「完贓」後減免，有人在「完贓」後還被處死。有人犯了貪案兒子受牽連被罰去充軍，有人則死後子嗣仍連升幾級的做官。甘肅捐監案大殺地方官，殺到連地方衙門的日常運作都幾乎不能進行；但是山東國泰貪案與浙江、福建後來的一些貪案，皇帝又「不忍」興案，或是「不蔓延」連株辦案了。凡此種種，都說明了皇帝在懲貪肅貪中時常有著雙重的標準。尤其李侍堯一案，中外各官都認為應判以「斬立決」，皇帝卻獨排眾議，讓他免死，這不但違反了以大學士九卿等官判決為準的傳統，也違反了《大清律》罰分貪官的條文，實在不好。

再看乾隆皇帝在早年肅貪時，不論是山西的薩哈諒、喀爾欽、湖南的楊灝、雲貴的恆文，或是山東的蔣洲、貴州的良卿、雲南的錢度，甚至皇親貴戚高恆，都是以極嚴厲的手段處置的。可是到甘肅冒賑案之後，皇帝的態度顯然變了一些，他又想「於懲創之中，仍寓矜全之意」，行寬仁之政了，這種始嚴終懈的肅貪作風，絕對影響到肅貪工作的成效。

最後我們再從乾隆朝若干貪案與皇帝本身的關係來看，歷史的教訓可能就更顯明了。雲貴總督恆文、鹽政高恆、葉爾羌辦事大臣高樸等貪官，如果不是「辦貢」或供應皇帝江南巡幸，他們就沒有籌措收集貢品的藉口，更不會有借機撈錢或造成虧空的可能，這些貪案可見都與皇帝有關，甚至可以說是因皇帝而起的。另外，乾隆皇帝藉大臣「辦貢」來肥己實在是不當之事，但是更壞的事是他在懲貪肅貪後又抄贓入己，結果使國庫與皇室成為貪贓的最大受益者。還有更可怕的是乾隆皇帝同意和珅倡設「議罪銀」的法條。「議罪銀」又稱「自行議罪銀」，這一法條規定：凡犯有過失的地方官員，可以納銀贖罪，免去處罰，而議罪所罰銀兩，不交戶部，由軍機處催交內務府，實際上是內務府的特別收入，全部歸皇帝所有，這真是為皇家開闢了大財源。近代史學家鄧之誠說：「乾隆以軍旅之費，土木游觀與其不出自正供之費，歲無慮億萬，悉索之和珅索之督撫，督撫索之州縣。」這一連串的「索」，怎麼能不造成貪污大案？乾隆五十五年，內閣學士伊壯圖反對議罪銀，向皇帝上了一件奏章，內容要點有：近來規定，總督、巡撫有過時，可以「罰銀數萬，以充公用」，而可以免其罪。這規定極為不妥，因為督撫如能自請認罰銀兩獲得免罪，則「在桀驁之督撫，借口以快饕餮之私」，即清廉者亦不得不希冀屬員資助，「日後遇有（屬員）虧空營私重案，不容不曲為庇護」，因為他認為「是罰項雖嚴，不惟無以動其愧懼之心，且潛生其玩愓之念，請永停罰銀之例」。尹壯圖想擋皇帝財路，當然遭到指責，幾乎被皇帝處死。

乾隆六十年中，皇帝不斷大興獄案，嚴懲貪官，殺掉不少官員；但是貪案仍是層出不窮，不能斷絕。以上列舉各點，似乎可以提供其中的主要原因所在了。誠如《清史稿》中說的：

> 高宗（即乾隆皇帝）譴諸貪吏，身大辟，家籍沒，僇及於子孫。凡所連染，窮治不稍貸，可謂嚴矣。乃營私玩法，前後相望，豈以執政者尚貪侈，源濁流不能清歟？抑以坐苞苴敗者，亦或論才宥罪，執法未嘗無撓歟？然觀其所誅殛，要可以鑑矣！

我個人以為這是乾隆朝貪案的持平公論。

21 無非一念為民生

乾隆朝貪案特多，應該是與國家的經濟發展以及人民的生活改善有關。如果民間不富有，貪案顯然也無由發生。乾隆時代，在政治統治日益鞏固的同時，皇帝也採取了一系列有利於經濟發展的措施，使整個國家的經濟得到迅速的揚昇，也使清朝進入鼎盛的時代。

乾隆發展國家經濟是從「愛養民生」基調上開始的。他在即位後不到一個月，就降諭強調他了解「本固邦寧」的道理，他要「愛養元元」。他完全贊同孟子的看法，人民必須有「恆產」，因為有了恆產，才能產生恆心。百姓有穿有吃，才能「知禮義」，如此民心才能安順，天下才能太平。但是皇帝也清楚的看到當時面臨的一些問題，如「生齒日繁」、「地不加廣」等等。人口不斷增加，耕地不能加廣，當然就「民用難充」、「民產難制」了。

乾隆所說的「生齒日繁」是事實。清朝入關時在冊的全國人口是一千零六十三萬餘丁，康熙平定三藩動亂時，全國人口約七千萬。由於當年政府收丁銀的人頭稅，很多壯丁為逃稅而不報戶口，所以全國人口的數字絕不正確可靠。康熙五十年代以後，政府宣布滋生人丁永不加賦的德政，雍正時又推行攤丁入畝政策，壯丁不需要逃稅而登記了，人口統計才開始反映真實的情況。在乾隆初年進行人口普查時，竟發現已超過一億四千萬。乾隆二十七年又突破了兩億的大關。到乾隆末年，全國人口達到三億之眾。人口劇增，土地卻沒有相對的大量增加。據史料所記，明朝神宗萬曆六年（一五七八）全國在冊民田為七百零一萬餘頃，加上屯田五十九萬頃和官田約為七百七十多萬頃。經過清朝康雍乾祖孫三代的不斷努力墾荒，到乾隆四十九年，量得的全國總耕地面積為九百八十萬頃左右。耕地增長在近兩百年中才達三成，而人口暴增已是好幾倍之多了，糧食生產在當時難怪被皇帝列為重要大政。

乾隆二年五月，皇帝特頒諭旨兩道，強調務農勸農，專講「重本務本」的事，他說：「食為民天，一夫不耕，或受之飢，一女不織，或受之寒，而耕九餘三，雖遇災年，民無菜色。」他又提到種稻、黍的方法，有「水耨火耕之異」，南方人多不諳習，北方人更不講求，他認為這是地方官的責任，總督、巡撫等絕少「課百姓以農桑本務者」，從今以後，應該「驅天下之民，使皆盡力南畝」，地方官必須「身先化導」。尤其北方幾省對耕耘方法疏略，以致常鬧災荒，官員應詳議勸民耕種辦法，提高生產技術。皇帝甚至規定，督撫等官以民務農桑與否，作為對他們工作考核優劣的標準。不但如此，皇帝在諭旨裏也要求有關部門編寫農書，他說「農桑為致治之本」，皇祖康熙曾繪耕織圖，「以示勸農德意」。皇父雍正也屢下勸農之詔，並親耕耤田。他認為自古以來，「為耒耜，教樹藝」，都是明君應做的事，而播種的方法、耕耨的季節、防旱驅蝗之術，在各種經籍裏記述的很多，也很詳盡，有關官員應當把這些資料薈萃成書，頒布中外，「庶三農九穀，各得其宜，望杏瞻蒲，無失其候」。他命令南書房的翰林與武英殿的官員盡快編纂進呈。一年之後，這部專書編好了，共七十八卷，皇帝定了書名為《授時通考》，傳授一些農業的專業知識。

皇帝為了關心各地的農事收成，雨水糧價，命令官員在奏摺裏向他報告莊稼生長情形，氣候變化，隱瞞災情的要受嚴重處分。他又相信「天人感應」之說，如遇水旱大災，他都虔敬的舉行祈晴、祈雨大典祈求風調雨順。他一生寫下的詩文當中，有不少是「喜雨」、「報雪」等的即興吟詠之作，反映了他重農的思想。

皇帝除了要求地方官勸戒百姓耕種、傳授進步耕作技術外，又推廣其他農作物的種植。有些地區如貴州遍地多桑，但不知蠶絲之利，皇帝就責成官員僱募別省種棉織布或飼蠶紡織的專人去設局教習。他又命有些省份多植樹、植棉，以利用地利。他又指示：「牛為農事之本，民賴以生。」嚴禁屠殺，這也是有利農業發展的。

要農業生產增加，耕地面積也要加廣才好，所以乾隆對墾荒也是極為重視的。他即位後第五年就以積極的態度頒布諭旨，鼓勵各地「開墾閑曠地土」，他說：「從來野無曠土，則民食益裕。即使地屬畸零，亦物產所資，民間多闢尺寸之地，即多收升斗之儲。」所以他規定「凡邊省外地零星土地，嗣後悉聽該地民夷墾種，免其升科，並嚴禁豪強爭奪，俾民有鼓勵之心，而野無荒蕪之壤」。同樣的皇帝也說明督促開墾荒地的地方官若有好的成績，一定予以升遷。皇帝又為鼓勵各地人民墾荒，下令給優惠稅率，甚至准許多年免其「升科」。另外對於內地各省人民移墾邊疆地區土地也開寬尺度，如東北地區原是滿洲人的龍興發祥之地，歷來是禁止人民去墾種的。乾隆則明令開寬，不但容許外地人居留，而且准入墾人民入籍，東北因此開墾出一大片肥田沃土。臺灣在康熙時代是禁止人民入臺墾荒的，雍正略有放寬，乾隆時代更加寬鬆，到末年完全解除禁令，由於大陸移民湧入，土地的開闢，可謂一日千里，當時臺灣西北南三面平原及山坡地帶，開闢已遍及各地了。再如華北地區的人民租種蒙古牧地，皇帝也同意了，因為「邊民獲糧，蒙古得租，彼此相便，事屬可行」，據說當時古北口外，有數十萬人前往耕種墾荒。還有廣東、湖廣、江西、南方各省有大批無地人民入墾四川，皇帝也不加阻止，川西與川南地區因而得到部分的開發。魯、甘、山、陝人民也有在官員組織下攜眷出嘉峪關屯種的，成績也斐然可觀。總之，由於皇帝有了勸墾的政令，全國開闢的土地直線上升，據清代官書所記，從乾隆五年至三十九年（一七四〇至一七七四）之間，內地各省的墾田總數為二十萬頃；嘉峪關外等地達四十萬畝；其他東北、臺灣、四川以及西南等邊區的墾土必然更多了，這些新墾地上的生產食品大大地緩和了人口迅速增長而帶來的社會經濟壓力與問題。

農業技術講求了，耕地面積也加廣了，但是沒有良好的水利系統，發展農業也是很難的。乾隆完全了解這一點，他將「河工海防」視為「民生之最要」，對於其他各地的灌溉工程，也給予高度的重視。乾隆三年他先撥出庫帑一百萬兩，興修江南水利，經過三年的時間，各大江河及重要支流水道都被疏浚調修了，另外江南各州縣的溝渠、圩埂、土壩也有近百處被維修或保護。江、浙兩省的海塘工程，乾隆也專撥過九十萬兩帑銀並派劉統勳、訥親等大臣去查勘與主持興修工程，結果完成了四千二百多丈的海塘護堤，保障了該地區的農業生產與人民生命的安全。北方的永定河也是重點工程，黃河、淮河更是乾隆日夜關心的，這些大河道也在乾隆幾次諭令與幾番南巡之下得到了興修與改善。由於皇帝在上的提倡，不少地方官員也注重水利事業了，如甘肅官民「開渠鑿井」；河南官員「疏治深通」河道；直隸也大興引水灌田工程；四川一地則挑渠灌田、挖深堰底，增建大壩；新疆官員又以雪山融水灌田，鋪設木渠。各地雖然用不同的方法，但都一致的得到了水利之便，增加了農作物的產量，對於乾隆時期整個社會經濟的迅速發展，必然是有推動作用的。

在舊時代裏，農民是辛苦而又貧窮的一大群人，尤其他們靠天吃飯，即使水利興修了，但是遇上災荒，他們還是會面臨絕境的。乾隆皇帝一直認為農民儘管有了恆產，但他們的生活未必就能安定富足，所以他相信對農民最有利的事，莫過於輕徭薄賦，減免他們的錢糧。正如他在諭旨中說的：「愛民之道，以減賦蠲租為首務也。」乾隆朝蠲免百姓錢糧是空前絕後的，蠲免的理由與方式也是多樣的。大致說來，有以下幾類：

一、災荒蠲免：凡是地方遇到洪水氾濫、河堤決口、造成水災、毀村莊、死人畜；或是久旱不雨，赤地千里，糧食無收；或蝗蟲蔽天，盡毀莊稼；或地震大作，倒屋死人等等災難發生，都予減免租稅。

二、恩遇蠲免：當皇帝即位、皇太后與皇帝大壽、恭上帝后徽號、慶賀武功等大喜事時，常下恩詔，蠲免租稅。

三、大事蠲免：政府派軍出征，皇帝出巡各地，地方上或因供應軍需，或因供辦皇差，都會耗錢費力，也常給予減免稅賦。

四、積欠蠲免：人民因貧窮不能按期納稅，常有積欠的。年復一年，不能補繳，以致愈久愈多，根本無力繳納，加恩予以蠲免。其他還有一些如舊稅過重，予以減少，無地「浮糧」，免予徵收等，也是當時的免稅德政。

乾隆舉行登基大典後，特頒恩詔，其中就有一項是要豁免民欠錢糧的，後來決定「將雍正十二年以前各省錢糧實在民欠者，一并寬免」。包括「官侵吏蝕二項」也「照民欠例寬免」。這次蠲免的數量很大，地區很廣，全國各州縣窮人欠糧的都被免除了。因為史料不全，無法了解當年蠲免的總數；不過據江南省（江蘇、安徽）有關文獻所記，雍正十年查明，所屬州縣積欠錢糧共一千零一十一萬多兩，其中「官侵」（官員挪占）「吏蝕」（吏胥吞沒）的是四百七十二萬多兩，「實在民欠者」是五百三十九萬多兩，這一大筆積欠都因乾隆即位而蠲免了，錢數相當於當年全國一年田賦總收入的三分之一。若再加上其他各省的蠲免錢糧，總額確是可觀的。

乾隆一生經常出巡各地，他每次所經過的州縣，都會加恩蠲免當地的錢糧。清朝官書裏記載了他到奉天、承德、山西、山東、江蘇、浙江等地的減免租稅事。以乾隆十六年南巡為例，就免除了江南各地稅金近三百萬兩。另有記述，從乾隆元年到十八年，因出巡而免去的地方稅款約有二千四百九十多萬兩，「糧米稱是」，可見數量也是很多的。其他還有慶典的恩蠲、戰爭的事蠲、水旱等的災蠲，總數加起來，乾隆朝免稅的金額應是驚人的。

尤有進者，皇帝為了效法他祖父康熙，所謂「以皇祖之心為心」，他又學康熙時代舉辦過的「普免天下錢糧」，在乾隆十年、三十五年、四十三年、五十五年以及他當太上皇的嘉慶元年，五次下達普免天下錢糧的諭旨，又加上三次全免南方漕糧，每次約米四百萬石，前後累計因普免而損失的國家賦稅收入高達兩億多兩，比五年國家的財稅總收入還多。乾隆一朝對人民免稅像似奇談，確實是帝制中國歷史上空前絕後的。

除了免稅給貧苦大眾減輕經濟負擔外，乾隆皇帝也不時的關心貧民的生活，特別是在災難發生時，他總是及時下令地方官施予賑卹，不但對災民蠲免或減徵稅金，還進行一些有效而實惠的救災工作，如設粥廠、發口糧、行平糶、貸種籽、借耕牛等等，幫助災民渡過難關，及早恢復生產。

乾隆皇帝蠲免賦稅，確使佔有少數土地的自耕農與中小地主受益良多，難怪「詔下之日，萬方忭舞」，更有人「清香一炷，禱祝上蒼，惟皇上子子孫孫永保民」的。而皇帝的關心貧民，遇災必賑，也使廣大百姓感受到在享「清福」。乾隆詩文中常見「時時以保赤為念」、「無刻弗因農繫念」、「無非一念為民生」語句，顯然不是空話，他是以具體政策施行了。

22 飢寒起亂心

正像乾隆皇帝費了很多心力整飭官場，但仍不斷發生貪案，凸顯統治集團日趨腐朽一樣；他多年愛養民生的努力，也有不少令他傷心之處。百姓並沒有完全給他順服的回報，相反的，民間卻發生了很多的騷亂與不安。

乾隆雖大力提倡墾荒，但是土地的開墾數字始終無法與人口增長數字相比匹。據專家的研究，從雍正二年到乾隆四十九年（一七二四至一七八四）的六十年間，全國耕地面積約增百分之三十五，而人口則增加了百分之九十一。耕地與人口的比例失調，絕不是蠲免錢糧或是其他恩典所能徹底解決問題的，至少以下幾項事實就出現了：

一、中國沿海北自遼東、山東，南到廣東以及內地湖北、山西等地，或因人口密集、經濟發達；或因土地貧瘠成為當時的缺糧區，這從乾隆四十年代以後廣泛的在這些地區勸種番薯、推廣高產作物一事中可以窺知。糧食緊缺，當然是從人口壓力反映出來的，也是引起社會不安的一項原因。

二、人多地少的後果，社會生活中必然引發地價上漲，乾隆年間，正是如此。現在我們可以從官私書檔中看出，在順治初年，一畝良田只能賣銀二、三兩，康熙間漲到四、五兩，乾隆三十年前後則需銀七、八兩甚至十餘兩才能買得一畝田了。所謂「承平既久，人餘於地，則地價貴」，即是指此。

三、地價上漲也引起米價及其他物價的上漲。以米價來說，乾隆年間任職雲貴總督的張允隨說：「米貴之由，一在生齒日繁，一在積貯失劑。……天下沃野，首稱巴蜀，在昔田多人少，米價極賤，雍正八、九年間，每石尚止四、五錢，今則動至一兩外。……一省如此，天下可知，此時勢之不得不貴者。」另有專家們統計，在富庶的江南，自康熙五十八年至乾隆五十一年（一七一九至一七八六）共六十七年之間，蘇州米價從八錢六分白銀一石，最高漲到一石價值四兩三錢。揚州米價也有上升四倍的紀錄。不但食米漲價，棉花、棉布也價揚。總之，米價上漲是全國性的趨勢與現象，其他物價在同時也相應的上漲，這當然直接影響到貧苦大眾的生活。

四、人口增多，物價上漲又造成「田歸富戶」的結果。以前一些佔有小土地的自耕農，由於家中人口劇增，收入不足養家活口，不得已要變賣田產。當時就有人指出：「近日田歸富戶者，大約十之五六，舊時有田之人，今俱為佃戶，歲入難敷一年口食，必需買米接濟。」如此一來，土地漸漸集中在富戶手中，形成社會上貧富懸殊加大的現象。

在傳統中國的舊社會中，人本身的生產與耕地等物質資料生產是互為條件、互相制約的。兩者之間必須保持一定的比例關係，人類社會才能協調的發展。一旦失調，一定會給社會帶來危機的。乾隆時代皇帝雖然竭力的為人民減輕經濟負擔，但沒有成功的解決人口與耕地失調的問題，因此社會的危機形成了，人民的動亂事件也時有所聞。

本來皇帝治理國家，除了他自己的勤勞問政、關心民事之外，還要靠賢能的大臣與地方官從旁輔助，以及強大的軍隊來維持治安。可是乾隆中期以後，皇帝為首的統治集團已日趨腐化，吏治敗壞不堪，「侵貪之員，比比皆是」，這當然更容易激化起各種社會問題。而國家軍隊也因長期和平生活，多不習戰陣。「各省營伍，整飭者少，廢弛者多」。皇帝雖加整頓，但效果不彰，乾隆中期以後，各級軍官有「貪縱營私，廢弛營務」的，有「經年並不訓練」兵士的，有「派兵貿易逐利」的，甚至有「開賭窩娼」的。遇到戰爭時，「即紛紛散失」。當時政府每年軍費開支高達一千七百萬兩，卻豢養了一大群不堪為國家服務的官兵。乾隆一朝很多地方動亂，都是基於以上種種原因產生的。

乾隆皇帝雖然一再強調「愛民之道，以減賦蠲租為首務」，也特別重視對災民的賑濟；可是在下的官員如果奉行不力，隨時就會發生問題，甚至鬧成地方不安事件。乾隆六年至八年間，中國南方各省相繼發生災荒，中央雖下令賑濟災民，但地方官賑濟不積極，而且又催租徵賦，使災民苦痛加深，各地遂有騷亂事件出現。乾隆六年六月，廣州人民災後生活困難，乃向囤積居奇、哄抬米價的米商問罪。民眾搗毀不少米店，「將所貯貨物搶去，打毀門牆」。地方官動員兵丁鎮壓，仍有零星打劫事件，直到幾個月後才平息下來。當年又有潮陽民眾，因為政府「停止平糶，米價驟增」起而罷市。「男婦擁擠縣堂，懇求糶米」，「擁入典吏衙署，毀壞轎椅等物」。另外江蘇丹徒、寶應兩縣貧民也在年底「集眾告災」，「糾眾罷市」。乾隆八年正月，江蘇高郵、寶應、山陽等縣災民又迫使政府賑濟，發生「聚眾罷市，抬神哄鬧公堂衙署，勒要散賑」。兩湖地區也因為水災，「有窮民百餘人聚集，向村莊各戶強借搶糧」。江西遭水災後，「米價昂貴，每米一石自一兩八、九錢至二兩以外不等」，貧民為活命，起而搶奪官戶糧食，「一邑中竟有搶至百案者」。福建省與浙江省也有因水災乏食、災民「勒借富戶米穀」和「強賒商米」的事件。貴州、廣西兩省境內的索借富戶糧米、截搶外運米船的事也時有發生。這些都是乾隆上臺不出十年之間的民間不安事件。

中國幅員遼闊，災荒時有發生，民亂事件不能一一盡述。現在再舉數例，說明貧民因災後飢寒生亂的擴大情形。乾隆十三年，江蘇多雨，麥收無望，市場米價驟漲，蘇州貧戶顧堯年為使政府下令米鋪減價，他自己反縛雙臂，插竹粘紙，寫著「無錢買米，窮民難過」等字樣在街頭行走，支持他的人民「紛如聚蟻」。地方官見狀，立即逮捕了顧堯年，但也激怒了民眾，大家合力打爛縣堂，奪回顧堯年，並大鬧蘇州府衙，造成地方大動亂。皇帝聞訊後，下令強行鎮壓，結果顧堯年等三人被當堂杖斃，另有三十多人「永遠枷號」。政府想以嚴厲之威「以儆刁徒」，但人民更恨上官吏與政府了。

乾隆五十年，河南大旱，新鄉、柘城等縣飢民搶奪富戶糧米、布匹。柘城民眾又因向富戶告貸遭拒，大家集合搶奪富戶糧米及當鋪財物，分散給無米人家。官府最後出兵鎮壓，兩百多民眾被殘酷處死才平定這次動亂。由此可見，乾隆雖不斷賑濟災民，但貧民過多，杯水車薪，不能解決根本問題。因賑濟災荒而起的不安事件可以說與乾隆朝相始終的，而且愈鬧愈大。

除了賑濟引起的動亂之外，地方上抗租與抗糧的事也經常發生。乾隆六年，江蘇崇明縣因糧食失收，不少佃戶無力付租，乃集合起來倡議「不必還租，打逐業戶」，結果他們真的把前來收租的地主打得狼狽逃竄。當地政府出動差役將行兇抗租佃戶拘捕，民眾又從官府救出難友，正式與官方對抗，並且「將業主寓所，保正房屋肆行燒毀」，抗租事件不久竟擴大到全島，佃戶甚至「脅逼業主，勒寫田契，嚇詐銀兩」，又聚眾到縣衙挾制「縣丞出示減租」，真是無法無天了。

乾隆十一年，福建上杭縣農民也有抗租活動，他們起先痛揍了下鄉收租的業主與同來的典吏官員，然後聚眾千人「把守關隘，各執竹槍木棍，堆積石塊於高阜，以作拒捕之勢」。最後被地方政府派來大軍才鎮壓下來。

乾隆後期，抗租、抗糧的事仍然經常發生，而且規模進一步擴大。如乾隆四十一年浙江永嘉縣佃戶胡挺三領導的聚眾抗租，乾隆四十三年嵊縣王開經的糾眾抗糧，安徽合肥夏瑤江的領導搶米，乾隆四十四年直隸、山東、江西各地的大規模的聚眾鬧事，在性質上有逐漸以官府為對象了。人民最不滿意官府的是任意加派，增加大家的負擔。乾隆十二年，山西安邑縣縣令佟濬縱容家人催徵錢糧，並加科派，貧民三、四百人擁至縣城東門，「拆毀鎮壓刁民牌坊」，不久人民更聚集七、八百人，各執木棍、鐵鍬，「將草塞北門，公行放火」。政府出動兵弁，逮捕為首者八人，民眾又從兵弁手中奪回，並將堡門堵塞，與官兵對峙。最後還是中央派來大員帶兵鎮壓，才平息紛擾。

乾隆三十二年，陝西長武縣因書役需索、短發草價而引起人民不滿，「將書役七家房屋拆毀」。同年河南新野知縣曹丞宣因謊稱「辦差賠墊，勒令市民捐派，人心不服」，以致縣民搗毀書役房屋。三十五年，貴州桐梓縣官員額外攤派軍需，招致民怨，糧戶「俱不許出馬繳價應差」，還準備「斂聚錢文，到京摺告」，並有人「打鑼號召眾人赴城」，更有將抗攤派被捕的人奪回「

劈枷開釋」，最後也是以大軍鎮壓才得到收場。

乾隆四十三年，直隸井陘縣令周尚親利用採買糧食之際，剝削百姓，他向人民購買時價九錢三分一石的穀米，只付六錢給百姓，其餘的盡入私囊。又以修橋、修廟的名義，「派錢累民」，因而引起人民向上級官員告狀。當時直隸總督是周元理，他庇護貪官，不但沒有公平的調查此案，反而將為首告狀的斬首示眾。人民的憤怒因而無法抑制，便和徵稅等官員訴諸武力了。皇帝後來得到消息，派了額駙富隆安處理此事，雖然把周元理一批貪官革職治罪，但民眾中也有一些人因叛亂大罪而被處死的。

乾隆四十六年，山東儀封一帶因黃河決口，地方官於正額地丁之外，又勒派一萬名民眾去當差。對於這種非法攤派，人民當然不能接受，因而抗爭又起了。人民在生員等人的領導下，一致約定，「一概抗違」，後來事態擴大，人民竟聚眾衝進縣衙，打傷衙役，扒平房屋。當然事件最後還是靠武力鎮壓才平息。

從以上零星的敘述，可以看出從乾隆初年到晚年，從中國北方到南方，各地抗租、抗糧、鬧賑、反攤派的官民衝突是不斷發生的。乾隆皇帝雖然顧惜到人民的生計，以勸農、開墾、免稅、賑濟等等方法來減輕人民經濟負擔，為人民開源節流，但民間生齒過繁，物價升高，勞苦大眾想越過貧窮線是很難的，飢寒無望的生活，要人民不思亂也難！

23

官逼民反

乾隆皇帝因為從小就受儒家教育的影響，非常了解「民為邦本」的道理。在他即位之初，經常看到他降諭談到「修養民生」、「愛養百姓」的話，日後詩文中也有「益信為政者，仁民最先著」等言志作品。他所以重視養民、愛民，主要的是他清楚國家的錢糧是靠農民、商民等交納的；疆土開拓與地方治安要靠軍隊維護打拚的；而整個國家社會的經濟繁榮、文化興盛則是有賴於全體人民的力量，才能成就。也正因為如此，他說：「朝廷恩澤不施及於百姓，將安施乎？」

不過，乾隆對於君民的關係，則有一種新解釋。他說：「蓋君之於民，其猶舟之於水耶？舟不能離水而成其功，人主亦不能離民而成其治。」這顯然與水能載舟覆舟的示警教訓不同，他是強調舟是主體，而他這個主體是必須擔負養育萬民之責的。皇帝愛養萬民，萬民也應該給皇帝一個忠誠順服的回報才是，如何可以經常的抗租、抗糧、鬧賑，在地方掀起動亂呢？若是想反抗中央政府，推翻大清皇朝，那就更是大逆不道了。

在全國各地不斷有抗租抗糧、鬧賑反攤派等事件發生時，皇帝就不滿「民氣漸驕」的現象。他認為「涓涓不絕，將成江河；萌芽不剪，將尋斧柯」，民間反政府的情緒不能不處理了。他下令地方官員要注意民間的不安，「嚴禁刁民斂錢告賑傳單協官惡習」、「整飭刁悍民風」，必要時應對刁民予以鎮壓，施予嚴懲。乾隆十三年他下令「嗣後直省刁民聚眾毆官至四、五十人者，為首照例擬斬立決，仍照強盜殺人例梟示。……如係實在首惡，即一面具奏，一面正法梟示，並將犯由及該犯姓名遍貼城鄉，使愚民咸知儆惕」。對於一般附和的人民，皇帝也主張重罰。乾隆初年，為標榜中道仁政，他曾說百姓因飢寒扒搶的行為，可以減輕處分，「分別流徙枷責」，可是到十三年以後，他卻下令將附從的人民「俱著照伊應得之罪，按律分別定擬，不得概援飢民扒搶之例率請減等」了。乾隆十八年，更進一步規定，「嗣後各省有毆差奪犯致斃人命者，俱著不分首從，即行正法。其但經聚眾奪犯，無論曾否毆傷差役，即照因而傷人律，從重擬絞」。乾隆為了專注對付「刁民」，他還作了兩件不盡合理的決定，一是在地方人民鬧事時，官員不必一定受到處分，因為若將官員同時受罰，「將來愚頑之徒，必且以此脅制官長，殊非整飭刁風之道」。另一件是「刁民」父兄族長不即時舉報或有意縱庇曲為容隱的，「查出一併治罪」。如此一來，官員的權限加大了，對人民的迫害也加深了。「官逼民反」的事件自然也容易發生。

乾隆十三年以後，民間反清的運動增多了，像廣東的李阿萬、莫信豐；江西的李德先、何惡四；湖北的馬朝柱；福建蔡榮祖，都是與官員處理不當有關的，尤其馬朝柱與蔡榮祖兩案，影響比較深遠。

馬朝柱是湖北蘄州人，家貧難以渡日，又受官府欺凌，他在佛教法師的教導下，利用迷信集合了不少貧民。他向愚民宣稱天神向他傳授了兵書、寶劍、金鏡等法器，他又以明朝後代朱洪錦為號召，有兵數萬，自己是軍師，要帶領大家推翻腐化的滿清政府。乾隆十五年，他的勢力已經擴大了，追隨他的人已遍及湖廣、河南、四川、江西一帶。他組織人員，打造武器，準備起兵，不幸在十七年三月被官府查獲。馬朝柱雖想一齊舉事，但各省清軍都戒備森嚴，最後只好孤軍拒敵，不久他被清軍打敗，隨從的幾百人全被消滅，他自己則乘亂逃出，不知所終。

福建的蔡榮祖則是和平縣的一個秀才，因不滿地方政府與地主富戶對佃農的剝削與壓迫，乃與一位好友道士一同密謀反清。乾隆十七年定國號為「大寧國」，竟有不少貧民與地方政府低層小吏、兵丁參與。他計劃分漳浦、海澄、廈門、琯溪等五路起兵，約定十二月二十七日「黃昏以後，放火為號，一齊動手攻擊」。結果因事機不密，蔡榮祖在南靖縣城被捕，他的部眾後來又有很多人被官兵擒拿，起事乃胎死腹中。地方文武官員照皇帝的指示，將兩百多人不分首從，一概

「即行斬決」。

乾隆三十年，新疆烏什回民發動了一次較大規模的反清運動。清朝統一南疆之後，設官治理，但是官員們以「天高皇帝遠」，對當地回民剝削與壓迫。據當時人的報告，清朝派往南疆的官吏與回民上層分子勾結，向人民徵收繁重的「正供」之外，還要他們負擔名目多種的苛捐雜稅。另外在政治上作威作福，「每借戰勝之威，淩虐所屬」、「狎玩其民，輒以犬羊視之」，濫用酷刑，霸占民女，簡直無法無天。回民實在無法忍受，便在賴和木圖拉的號召下，進攻駐守烏什的清軍，辦事大臣素誠自殺，事態由是擴大。駐阿克蘇的辦事大臣聞訊，率領清軍前來攻打烏什回民，不加區別的濫殺了很多人，因而激怒了葉爾羌、庫車、阿克蘇等地的回族，「人情洶洶」的參加了反清行列。清廷後來甚至命令南疆參贊大臣那世通與伊犁將軍明瑞調來幾萬大軍平亂，但戰事仍無結果。乾隆最後任命阿桂運來大砲轟城，回民「依恃城堅糧足」、「以死拒守」，歷經半年多的進攻，烏什才被清軍攻陷，亂事才得平息。這是辦事大臣素誠「昏憒不治事，又酗酒宣淫」所造成的反清民亂。

乾隆三十三年夏秋之間，住在臺灣岡山地區的貧農黃教，因不堪當地官員的壓迫和盤剝，集合了當地貧苦農民兩百多人，向官兵駐地進攻，由於獲得大批軍械，實力頓時大增，全臺也驚震起來。皇帝因臺灣孤懸海外，急令福建提督率水師數千人渡海，協助臺灣總兵平亂。由於兵力懸殊，黃教只好退守山區，出沒無常的與清軍作戰。直到第二年三月，清軍以重金收買叛徒刺殺黃教，這股反清勢力才告瓦解。但是也有記述黃教並未被殺，只是逃亡不知所終，而清軍謊稱他被殺而結案的。

乾隆三十九年，山東又發生王倫的起事動亂。王倫是山東壽張縣人，性慷慨，濟危扶困，精拳棒，善醫術，是白蓮教一支的小首領。當時壽張縣等地「年歲歉收，地方官妄行額外加徵」，引起人民極度不滿，壽張知縣沈齊義大捕教徒，王倫等人便率領農民攻打壽張城。知縣沈齊義不敵被殺，王倫自稱「真紫微星」，設置元帥、國公等官，起兵攻打附近城市。王倫的軍隊節節勝利，人數大增，很快就攻佔陽谷、堂邑、臨清等地。清廷見情勢嚴重，命大學士舒赫德為欽差督師，並以健銳、火器二營精兵千人前往平亂。清軍後來與王倫軍隊在臨清決戰，由於兵力清方強過王倫很多，火器也比王倫部下的鐮刀菜刀強大堅利，終於破臨清舊城，王倫死不投降，在一小樓上舉火自焚，「火勢炎烈時，王倫鬚髮已經焦灼，仍坐樓不動」，他的同伴死於戰爭的很多，為時一月多的王倫變亂至此結束。

乾隆四十六年，甘肅循化（今屬青海）一帶地方信奉回教的居民發生新舊教之爭，舊教教長控制清真寺的土地與財富，並購買土地成為地主，轉租農民取利，而教長一職又由選舉變為世襲，形成「門宦」階級。新教則反對舊教的「多收布施，歛錢惑眾」以及「門宦」制度，而貧苦回民多歸新教，「附之者日眾」，因而引發了新舊教之爭。本來這是回民內部問題，當地清朝駐防官員與舊教有勾結，採取了「幫扶老教」、「盡洗新教」的政策，這使回民間之爭轉化為回民反清之爭。這一年正月，新教的首領蘇四十三攻打舊教，殺死舊教總頭人。蘇四十三「戴大紅帽」，自稱「回王」。陝甘總督勒爾謹乃派蘭州府駐軍往剿，結果大敗，新教回民竟反圍蘭州。五月中，清朝派出阿桂與和珅為欽差，前往討伐。和珅想爭得首功，急躁前進，又遭敗績。結果還是由阿桂統一指揮，並由京城調來二千多名火器營兵，才扭轉局勢。直到八月中蘇四十三在戰役中戰死，新教回軍陷於失利局面，但他們「俱盡力抗拒，不肯束手就縛」，最後全部犧牲，無一人投降。

清軍勝利後，以高壓手段盡毀新教禮拜寺，不准人民私習新教，又大舉查辦餘黨，株連羅織，並將新教徒充軍邊疆，沒收其土地與財產，使新教無法復生。清廷這種強制殘忍措施，更激起回民的反感，不到三年，又在甘肅的石峰堡發生了反清事件。信奉新教的田五，一則要為慘死的新教領袖們復仇，一則受不了清廷的迫害，他在固原州、通渭一帶團結回民，並在石峰堡修建營寨，製造武器，準備起事，不料事機不密，有人向清方告發，田五不得已乃倉促發動反清戰鬥，在攻打靖遠、會寧的戰爭中失利，田五也戰死，餘眾約在三個月後在清軍重圍下，或死或擒，結束了這場動亂。

清軍為徹底消滅回民反清勢力，將田五等人家鄉全部夷為平地，並沒收參與此次動亂人的所有土地五萬餘畝，房屋近四千間，都賤價賣給漢民，不准回人購買，這一措施給日後帶來回漢間爭產的糾紛，並埋下民族不和的種子。

在乾隆時期發生的多起少數民族反清事件中，湖南與貴州一帶的苗民起義可能是最令清廷頭痛的，也是給清廷打擊最沉重的。本來雍正實行「改土歸流」政策後，苗疆與內地的關係已日漸密切，苗民「衣冠耕讀，無異編氓者」已「十居五、六」，乾隆初年平定苗亂後，為防止苗人反抗，對苗人統治趨於嚴格，加上乾隆中期以降吏治的敗壞，使關係頓形惡化，尤其清廷推行很多不合理的政策，如不許苗漢往來、不許苗漢結親、不許苗人當兵、不許苗人習鳥鎗、不許苗人參加生員考試等等，剝奪了不少苗人的權利。另外清廷派駐苗疆的官員多半腐敗不堪，他們在正額賦稅之外，又浮收濫徵、額外敲詐，使苗民經濟負擔加重。尤其嚴重的是在清朝地方官縱容下，漢族地主以高利貸盤剝苗民，有「借穀一石，一月之內償至三五石不等」。苗家經常出現「收穫甫畢，盎無餘粒；此債未清，又欠彼債；盤剝既久，田產罄盡」。結果「苗眾轉致失業，貧難渡日者日眾」。苗民生活如此淒慘，反動事件當然容易發生了。

乾隆五十九年，貴州松桃廳的苗民石柳鄧、湘西永綏廳的苗民石三保與吳隴登等祕密歃血立盟，提出「驅逐客民，奪還苗地」（客民，滿漢官商）、「復故土」的口號，準備在第二年正月十五日起事。不料消息走漏了，石柳鄧只好提前舉事，圍攻銅仁府正大營，一時貴州不少地方苗民響應，以致「苗疆大震」。湘西的苗民聞知也集合幾千人，燒毀軍營，苗民領袖吳八月特別英勇，率眾攻下了他的故鄉乾州，殺死清軍地方官，聲勢甚大。不久石三保的苗民隊伍也趕來與石柳鄧會合，大喊「打到黃河去」的口號。清廷中央見勢態嚴重，下令雲貴總督、四川總督、湖廣總督等大吏合兵征剿，並派福康安為主帥，和琳為隨軍參議，統領全軍去征剿。

清廷動員了七省的兵力，經過半年的戰鬥，苗民攻勢才被控制。乾隆六十年八月間，各地苗民為建立統一領導機構，整頓隊伍，大家推吳八月為「苗王」，石柳鄧、石三保為將軍，重新部署，迎戰清軍。清方見苗勢一時不能用武力盡除，乃用官爵、金錢分化苗民，對「苗酋皆許官爵花翎，散苗優以金錢」。不少意志不堅的苗民被收買了，連吳八月後來也被起事元老吳隴登出賣獻到福康安的大營中，這對苗民起義軍是一重大打擊。

乾隆做太上皇的第一年，即嘉慶元年（一七九六），苗民又與白蓮教反清大軍在兩湖取得聯絡，使退休的乾隆都緊張起來，命令福康安「務宜加倍奮勉，迅速帶兵剿捕，勿使湖北匪徒與苗匪勾結，此為最要」。但是不久之後石三保被人誘騙遭清軍俘虜，石柳鄧又在稍後的戰爭喪生，大規模的苗民反清事件才被鎮壓下去。但各地仍有零星的反抗運動，一直此起彼落的到十二年後才算結束。清朝對西南苗民的起事，前後動員了七省的兵力近八、九萬人，耗費白銀九十五萬多兩，損失一百一十多員將官，包括雲貴總督福康安、四川總督和琳這兩位乾隆的愛將，也是因為平苗亂而勞累死亡的，付出也不能不算重大了。

當然，乾隆晚年最大規模、最嚴重的「官逼民反」事件，應是侵擾五省的白蓮教反清大運動。白蓮教是元、明、清時代的祕密宗教，是從佛教白蓮宗一支上發展出來的，後來與彌勒信仰混合，並吸收了道教、明教教義，宣稱能拯救苦難世人，獲得永生與幸福。白蓮教在發展過程中，由於徒眾日增，且往往成為貧民反政府的組織者，因而一直被朝廷視為邪教，指明要加以鎮壓消滅。白蓮教也因此在各地發展時不斷改變名稱，如清代就以混元、清水、清茶、三陽、八卦、天理等名目進行傳教活動。乾隆前期，南方各省如江蘇、福建、四川、湖廣、雲貴等地早已成為白蓮教徒活動地區，山東、河南等省亦有「邪教」的出現。當乾隆末年湘、黔、川苗民大舉起事後，川、陝、楚各省的人民生活更加困難，因為政府軍費驟增，這些就近地區人民應多納稅款，而且為地區安全，又厲行「保甲法」，這些需要正好給地方官員與衙役兵丁欺壓剝削人民的機會，藉機敲骨吸髓的取得民脂民膏。加上四川、湖北一帶又連年災荒，人民因洪災淹沒無數，歉年缺糧，餓殍遍野，貧民只有寄望白蓮教了。不過當時官府正在大捕白蓮教首領，如乾隆五十九年八月，湖北一地先後被捕的就有宋之清、林齊、伍公美等一百多人，其後又在房縣捕獲王應琥、廖勇富等數十人；在河南的宋顯功、高成功；陝西的劉松、劉四兒；安徽的王雙喜、劉之協的母、兄、妻子數十人。三個月中，各省的白蓮教首領被捕、各派組織被破壞，著名的首領幾乎全遭殺害，只有主要首領劉之協數人得早逃脫。

隨著這幾省的瘋狂屠殺白蓮教首領後，清朝地方官又以查拿邪教為名，四出搜求，胥吏任意勒索，「不論習教不習教！但論給錢不給錢」。據說荊州、宜昌都逮捕了百姓數千人，「凡衙署寺廟，關鎖全滿，各令納錢若干釋放」。不付錢的即慘遭毒刑，或「釘人手掌於壁上」，或以鐵錘打得人「足骨立斷」。人民就在這種恐怖惡政下貧困破產，流離失所。

白蓮教徒在這種形勢下，以「官逼民反」為號召，起而抗清了。首先是湖北各地的教徒在逃亡的首領策劃下，準備在乾隆退休後的第三月，即嘉慶元年三月初十日辰年辰月辰日辰時發動起事。但事機不密，教徒們只好在正月間舉事，各地教民紛紛響應，形成一股巨大反清勢力，尤其王聰兒等起兵於襄陽；徐天德、王三槐、冷天祿、羅其清、苟文明等起兵於四川；馮得仕、林開泰等起兵於陝西，更強大了這一白蓮教眾反清的規模與勢力。

各地起事的教眾多則六、七萬人，少則幾千人，由於湖北駐防兵大都調出平定苗亂，顯得兵力空虛。清廷隨即下令調河南、陝西、山東、兩廣、直隸、山西、東北等地兵丁來增援，致使該省起事軍受制。惟一特別活躍的是襄陽部分，他們縱橫在北起河南鄭州、新野，南至湖北鍾祥的漢水東岸廣大地區，給清軍很大困擾。

四川部分的白蓮教眾在徐天德等人統領下，勢力也擴展到川陜兩省，使清軍一舉殲滅湖北反清份子的計劃，變成泡影。不過，清軍除了增調兵員之外，又協助各地富戶組織團練鄉勇，幫助官軍保衛地方。如此一來，貧苦的教徒大眾面對的不單是官軍武力了，同時也要對付鄉紳富戶所組織的武力，這給教徒們很大的威脅與牽制。乾隆當太上皇的第三年，是白蓮教起事後戰局變化較大的一年。正月長陽起事軍失利，三月著名女英雄王聰兒與首領姚之富等在隕西壯烈犧牲；五月大寧老木園戰役結束；教眾軍力幾乎都被迫轉移到了四川境內；同年七月王三槐又被清軍誘擒。九月箕山失守，起事教民只好分散到各地區活動。十一月羅其清被俘，十二月底冉文儔戰死。白蓮教起事徒眾在這一年可謂損兵折將，元氣大傷。清政府雖然取得若干戰役的勝利，但付出的代價也不輕，除官兵、鄉勇死傷數字龐大外，軍費支出到嘉慶三年末已高達七千萬兩，約等於兩年的國家總收入。然而白蓮教反清活動仍在繼續，直到嘉慶十年（一八〇五）才真正的被鎮壓下去，結束了這場縱橫五省、歷時九年的大動亂。

乾隆皇帝一心要整飭吏治，但很多民變都是「官逼民反」而起的。尤其是白蓮教的動亂，令他「心體焦勞，以勤致疾」。嘉慶四年（太上皇四年）正月初二早晨他還寫一首〈望捷詩〉，希望「執訊速獲醜，都同逆首來」，當晚病發，第二天逝世，帶著遺恨離開了人間。

24

「十全大武揚」

乾隆一朝確實是把他祖父康熙與父親雍正所建立的事業推到了高峰，成就了「康乾盛世」。他勤政愛民，勇於進取，蠲租免賦，嚴懲貪官，給人的印象是他營造了一個太平治世。然而官場的腐敗惡習並沒有能革除，國家經濟問題更沒有能妥善的解決，因此民間疾苦仍多，民怨引起的動亂隨時可見。有小規模的抗租抗糧事件，也有大規模的宗教或種族的反抗運動。這些民變不但耗費了龐大的國庫帑金，死傷了眾多的官兵吏役，同時民間生命財產損失更是無法估計，可見乾隆時期並不是一個和平安定的時代。尤有進者，乾隆皇帝還對外國與邊疆地區發動過十次大戰爭，即他自己所謂「十全武功」，這些戰役的規模、死亡、費錢、費力又不是各省地方的這些小動亂可比了，乾隆一朝也可以說是在刀光劍影、腥風血雨中走過來的。

所謂「十全武功」，按照乾隆自己說是：「十功者，平準噶爾二、定回部一、打金川為二，靖臺灣為一，降緬甸、安南各一，即今之受廓爾喀降，合為十。」這是乾隆晚年講的，算起來好像只有九次，事實上廓爾喀戰役也有兩次，因而共有十次。如果更仔細的一點說：「十全武功」應該是指：

乾隆十二年至十四年（一七四七至一七四九）的大金川之役。
乾隆二十年（一七五五）平定準噶爾達瓦齊之役。
乾隆二十年至二十二年（一七五五至一七五七）平定準噶爾阿睦爾撒納之役。
乾隆二十三年（一七五八）平定南疆大小和卓之役。
乾隆三十年至三十四年（一七六五至一七六九）平定緬甸之役。
乾隆三十六年至四十一年（一七七一至一七七六）再定大小金川之役
乾隆五十一年至五十三年（一七八六至一七八八）平定臺灣林爽文之役。
乾隆五十三年至五十四年（一七八八至一七八九）安南之役。
乾隆五十五年至五十七年（一七九〇至一七九二）兩征廓爾喀（今尼泊爾）之役。

從時間上看，這十次戰役從乾隆十二年開始一直延續到乾隆五十七年，可以說幾乎是與他統治歲月相始終的。

從戰爭的對象上看，有外國、有本國。有廓爾喀王、有藩屬領袖、有蒙古大汗、有回部和卓、有金川土司、有臺灣反清志士。

從實際作戰時間上看，少則一年，多則三、四年。若以大小金川來說，則此一戰役也可以說或和或戰、或有或無的前後長達近三十年。

將近半個世紀的連續戰爭，究竟是乾隆黷武，還是有其原因？先來看看乾隆自己的說法。

乾隆五十七年十月初三日，廓爾喀戰爭結束，八十二歲的皇帝親身撰寫了〈十全記〉記述他的「十全武功」，當時稱為〈御製十全記〉，文字雖長，但值得一讀：

昨准廓爾喀歸降，命凱旋歸師詩有「十全大武揚」之句，蓋引而未發，茲特敘而記之。夫記者志也，虞書朕志先定乃在心，周禮春官掌邦國之志乃在事。……則予之十全武功，庶幾有契於斯而志以記之乎。……前己酉（按指五十四年）廓爾喀之降，蓋因彼擾藏邊界，發偏師以問罪，而所遣鄂輝等未宣我武，巴忠乃遷就完事，致彼弗懼，而去歲復來，以致大掠後藏，飽欲而歸，使長此以往，彼將佔藏地，嚇眾番，全蜀無寧歲矣。是以罪庸臣、選名將、勵眾軍、籌糧餉。福康安等感激朕恩，弗辭勞苦，於去歲冬月即率索倫、四川降番等精兵，次第由西寧冒雪而進，今歲五月遂臨賊境，收復藏邊，攻克賊疆，履線險如平地，渡溜要若蹄涔，繞上襲下，埋根批吭，手足胼胝，有所弗恤，七戰七勝，賊人喪膽。及兵臨陽布，賊遂屢遣頭人匍匐乞降，將軍所檄事件無不謹從，而獨不敢身詣軍營，蓋彼去歲曾誘藏之噶布倫丹津班珠爾等前去，故不敢出也。我武既揚，必期掃穴犁庭，不遺一介，亦非體上天好生之意，即使盡得其地，而西藏邊外，又數千里之遙，所謂不可耕而守者，亦將付之他人，乃降旨允准班師，以蕆斯事。昔唐太宗之策頡利曰：示之必克，其和乃固。廓爾喀非頡利之比，番邊殊長安之近，彼且乞命吁恩，准之不暇，又安敢言和乎？然今日之宣兵威，使賊固意求降歸順，實與唐太宗之論所有符合。……乃知守中國者，不可徒言偃武修文以自示弱也。彼偃武修文之不已，必致棄其故有而不能守，是亦不可不知耳。知進知退，易有明言，予實服膺弗敢忘，每於用武之際，更切深思，定於志而合於道，幸而五十七年之間，十全武功，豈非天貺。然天貺逾深，予懼益切，不敢言感，惟恐難承，兢兢惶惶，以俟天眷，為歸政全人，夫復何言？

這篇志得意滿的御製文，皇帝還諭令軍機大臣等將它譯成滿、蒙、藏文，與漢文一起建蓋碑亭，「以昭武功而垂久遠」，似乎給人好大喜功的印象；不過他在文章中所說的「乃知守中國者，不可徒言偃武修文以自示弱也。彼偃武修文之不已，必致棄其故有而不能守，是亦不可不知耳」等語，倒也是值得吾人深思的。

先以大小金川來說，這些邊境地區原來分設土司，各守疆界，互相牽制，作為羈縻，用以捍衛邊陲的。不過到乾隆年間，大小金川雖接受清廷冊封，但常常利用朝廷名號，恃強掠奪，聲勢日盛。乾隆皇帝認為大小金川近接成都，影響衛藏亦大，如果任他們不安住牧，侵略鄰近地區，這不但對附近土司是騷擾，對清朝內地也是安全的威脅。為了安定邊疆，乃有大小金川之征。

厄魯特蒙古自清初以來就是清朝西疆的困擾，康熙、雍正時期都與他們兵戎相見過，每次當他們新換領袖後不久，都見再一次的向清朝興兵。乾隆當政以後，適逢準噶爾「部落攜離，人心渙散之候」，為了不坐失良機，乃有用兵之事，以完成他父祖的未竟事業，「收自古以來未收之地，臣自古以來未臣之民」。

新疆的回族同胞很多，乾隆時期以大小和卓木為回部頭目，安撫回民，穩定邊疆。可是大小和卓木竟乘清廷與準噶爾戰爭時，佔據回部獨立，起兵反抗清廷並殺害清廷派去的專使。乾隆認為大小和卓木「負恩反噬」，所以毅然決定加以討伐。回疆平定，實際上也標示著西北邊事的解決。

臺灣林爽文之變，牽涉到祕密社會與反清復明活動的大問題，直接影響到清朝統治的存在，是大逆不道的行為，若不「痛加殲滅」，對皇朝的危害是可觀可怕的。

緬甸、安南、廓爾喀都算是外國，但也都是中國的近鄰。緬甸與雲南接壤，安南也與中國的疆土毗鄰，廓爾喀（尼泊爾）則位於西藏西南方，兩地疆土犬牙相錯，商務與宗教關係尤為密切。乾隆年間，這三國因自身發展而與中國發生糾紛，繼而爆發戰事。緬甸由於阿隆丕耶新王朝的建立，統一全境，勢力大增，因而經常在滇緬邊境上生事，乾隆為保衛邊疆，遂有中緬之役。安南早為藩屬，入清以後，仍按時朝貢。乾隆末年，安南阮氏興起，推翻黎朝，恃強篡奪。清廷本著宗主國有保護屬邦的義務，「義莫大於治亂持危，道莫隆於興滅繼絕」，乃派兵助黎氏執政。不料黎王怯懦無能，毫無振作，以致被阮氏兵力迫得棄印出走，而阮氏又向清廷「悔罪求降」，乾隆為「知進知退」，乃冊封阮氏為安南王，以平息戰事。廓爾喀則在乾隆末年因鹽稅銀錢等事，先後兩次派兵入西藏，肆行搶掠，嚴重影響到康雍時代在西藏開創的主權統治事業。乾隆皇帝為「綏靖邊圉，保護藏衛」，乃有勞師動眾之舉。皇帝也說這是「不得已用兵之苦心」，難道是「窮兵黷武」嗎？

乾隆皇帝在每一次大戰役中都寫下一些記事詩，現在只引幾句反映他心境的佳句。如征大小金川時，他見軍費耗支極多，官兵死傷亦眾，最初很有退兵之意，曾有詩句云：

功成萬骨枯何益，壯志無須效貳師。

金川事件初定時，他想到官員、將領被他處死了一大堆，士兵死傷的更難計，他寫了〈回憶往事輒益惘然〉詩：

六宮今日添新慶，翻惹無端意惘然。

他的不快、自責是溢於言表的。

第二次金川之役，皇帝也擔心前線的軍情，乾隆三十七年初春焦急等候戰報時，他說：

節事七朝今日收，一彈指頃迅過眸。
都稱火樹銀花快，誰識望雲思雪愁。
只覺民艱那覺樂，知無仙分故無求。
邇來倍有關心者，賊境將臨盼捷郵。

新春喜氣，京城歡樂勝景對他都不是樂事，他只是每天在望雲思雪的盼著早日能有勝利消息傳來。到參將薛宗等人在戰場殉職軍報抵京後，皇帝更感慨的寫下〈自慚〉詩，其中有：

夜不安眠晝問頻，劃籌軍務復勞神。
自慚息事安民念，卻類窮名黷武人。

以上只是大小金川的部分詩句，皇帝的感受、心緒是可以看出一些來的。

現代史家有人認為乾隆十全武功是保衛國家領土與主權，維護邊疆安定與鞏固才發動的；但也有人說是因他好大喜功所致。我們現在就比較深入的來看看十全武功吧。

25

大、小金川之役

在四川西北部，有一條著名的河流叫大渡河，上游有兩個支流，即大、小金川，因沿河諸山有金礦而得名。金川地區形勢險要，交通極為不便，所謂「萬山叢矗，中繞洶溪」，當地居住的是藏族，他們都在石碉之中，生活相當清苦。這一帶地區在明朝屬雜谷安撫司，清朝順治七年（一六五〇）小金川歸附，康熙五年（一六六六）大金川也來附清，都仍為土司，像附近的雜谷、綽斯甲、瓦寺等土司一樣，是清朝的「屬番」，各土司的首領被清政府封為安撫使、宣撫使等職銜，通常簡稱為土司，他們定期向朝廷交納貢賦，聽從調遣，從征應役，不得相互擄掠侵佔，否則要被朝廷革職問罪，遣兵征剿。

雍正元年（一七二三），清政府因莎羅奔隨岳鍾琪進兵西藏平亂有功，授為安撫司，是為大金川，而舊土司澤旺仍居小金川為土司。

莎羅奔當了大土司後，勢力漸強，常常搶掠鄰近土司的人畜，奪佔土地，四川官員諭勸調解，毫不生效。乾隆十一年（一七四六），莎羅奔想兼併小金川，劫持澤旺印信。四川總督紀山下令申斥，並命「還澤旺於故地」。莎羅奔不但不理，反進一步出兵攻掠其他土司。紀山乃派軍鎮壓，但又為莎羅奔所敗。清廷得報後，命令「征苗有功」的雲貴總督張廣泗統兵進剿。

乾隆十二年三月命張廣泗主持軍務時，又撥餉百餘萬兩，調兵三萬，皇帝以為如此一舉可以大功告成。張廣泗軍分兩路進攻金川，一路由川西入攻河東，一路由川南入攻河西。但是金川與苗疆不同，山高路險，碉卡林立，藏民又恃險冒死抵抗，使得清軍「阻險不前」，戰事極不順利。張廣泗又向皇帝派調甘、陝、雲、貴等地兵萬人前來，並請從京中趕運火砲助戰，乾隆都照准給予支援，可是戰事仍無進展。皇帝派欽差大臣班第入川了解實情，班第對張廣泗的報告很差，說他對「番情非所熟悉，士氣積疲」，「聞將弁怯懦，兵心渙散」。建議皇帝起用「久辦土番之事，向為番眾信服」的岳鍾琪出山剿賊。

皇帝考慮再三，最後決定派大學士訥親經略四川軍務。訥親是乾隆的表叔，雍正指定的顧命大臣，皇帝即位在削弱皇室親貴旗權與打擊舊朝重臣時都倚重過他，乾隆也坦白的說過「朕培養陶成一訥親」、「自御極以來，第一受恩者無過於訥親」。皇帝用訥親督師也表示朝廷對金川事的重視，希望徹底消滅「川蠻」。為了盡快完成任務，皇帝又命被革職的岳鍾琪為提督，隨行協助訥親。

訥親以皇親自居，一到前線，趾高氣揚，下令「限三日克刮耳崖，將士有諫者，動以軍法從事。三軍震懼，極力攻擊，多有損傷。訥自是懾服，不敢自出一令，每臨戰時，避於帳房中，遙為指示，人爭笑之，故軍威日損」。訥親打了敗仗，反過來依靠張廣泗，張一方面輕視訥親不知兵，另一方面對死對頭岳鍾琪又東山再起表示不滿兼恐懼，結果他對訥親陽奉陰違，「諸將無所稟承，率觀望不前」。張廣泗用的當地嚮導良爾吉竟是莎羅奔的臥底間諜，清軍動靜全被莎羅奔掌握，因此在乾隆十三年夏天的一次重大決戰中，勇將任舉等人陣亡，漢士兵死亡數千，另有因病遣返川內的，六個月內，四萬多官兵竟減員八分之三，「士無鬥志，戰輒奔跑」，「兵老氣竭，株數半載，無尺寸功」。訥親、張廣泗計盡策窮，只好築碉株守，龜縮碉中，坐耗錢糧。

乾隆皇帝雖不斷的降諭教誨、督促，斥責訥親與張廣泗，要他們重振軍威，可是並無效果。後來皇帝知道張廣泗桀驁不馴，跋扈驕橫，御下寡恩，心胸狹窄，而訥親又為依仗張廣泗，「是以明知其非，曲為徇隱」，不敢向皇帝報告實情。皇帝一怒之下，將二人革職削爵，並在乾隆十三年底處斬了張廣泗，命訥親自盡。

此次金川的失利，固然與訥親的膽小偷安、張廣泗的指揮失宜、金川地險、番兵勇悍等等因素有關；但是乾隆是指揮全局的最高統帥，他的過分輕敵，任用長於政治但毫不知兵的訥親以及盲信張廣泗的才能等也不無關係，乾隆該負用人不當之責。皇帝殺訥親等人之後，隨即又任命大學士傅恆為經略，繼續對金川用兵。傅恆又是皇親，他姊姊是皇帝的皇后，二十四歲時就當上了軍機大臣，後升為大學士，位居首輔。傅恆到達四川之後，調集精兵三萬多人，採用岳鍾琪的進兵方略，分兵兩路進攻，連續攻打番碉，頗有斬獲，正想在乾隆十四年春天大舉進攻時，不料皇帝在是年正月至二月間，發出上諭二十道，命令傅恆撤兵停戰。皇帝諭旨中所述的撤兵理由不外：一、金川道路奇險，進攻難以獲全勝。二、軍費過大，國力難支。三、補給運輸，民力難堪。四、一切政務因金川事貽誤甚多。他甚至引咎自責當初不該遣兵前往征討。傅恆覺得軍事行動已奏效，不想撤守。皇帝則在諭旨中說：「朕思蕞爾窮番，何足當我王師？經略大學士傅恆乃朝中第一宣力大臣，顧因荒徼小醜，久稽於外，即使擒渠掃穴，亦不足以償其勞！」並且還賜詩給傅恆：「速歸黃閣贊元功。」要傅恆趕快返京輔佐皇帝，顯然傅恆將要被更受重用了。傅恆真是一位福將，正當他準備下令撤軍時，岳鍾琪已率軍攻下了莎羅奔的老巢勒烏圍，莎羅奔曾是岳鍾琪的部下，便向岳鍾琪請降了。岳鍾琪更驚人的只親率十三騎到莎羅奔營中談判，示以誠信，莎羅奔等「稽首膜拜，衷甲持弓矢迎」，「請奉約束，頂佛經立誓」。歷時三年，調兵六萬，用銀一千一百多萬兩的第一次金川之役於焉結束。

自此以後，大小金川仍屬土司管理，莎羅奔也被赦免，仍為土司。不過當地土司之間，相互爭鬥，戰亂時有所聞。乾隆中期大金川土司莎羅奔年老，由其侄郎卡主持土司事務。郎卡經常侵掠鄰近土司。乾隆三十一年（一七六六），四川總督阿爾泰想從中調解，使郎卡與綽斯甲土司結親，又准郎卡之女嫁予小金川澤旺之子僧格桑為妻。阿爾泰原以為這樣可以緩和、增進他們之間的關係，沒有想到他們卻藉此聯合了力量，從此不但更攻殺其他土司，甚至也公然與清政府的援軍作戰。乾隆得悉之後，指示阿爾泰實行以番攻番之策，希望用眾土司之力打擊大小金川。可是阿爾泰平庸無能，率軍進剿時也在打箭爐停留半年不作戰。皇帝大怒，革掉他大學士、總督之職，拿問治罪，後來賜他自盡。並下令由定邊右副將軍溫福統軍進剿。

乾隆給溫福極為優越的條件，不但升他為大學士兼兵部尚書，撥發漢土兵七萬人供他遣調，六七倍於小金川的番民，又為溫福派去海蘭察、哈國興、阿桂等名將，更特別的是，皇帝又為他調運了各種新製大砲，付出三千萬兩白銀，皇帝是想溫福速戰速決，建立功勳的。

溫福率兵猛攻小金川，開始時頗為順利，連奪關隘，小金川土司僧格桑逃往大金川。大金川見清兵來攻，「全力抗守，增壘設險，嚴密十倍於小金川」，清兵分六路進攻，但效果不佳。同時溫福「為人剛愎，不廣諮方略」，而且又學張廣泗當年「以碉逼碉」的辦法，興建了碉卡近千座，讓很多士兵住進碉卡，活動的戰鬥力反而不足了。乾隆三十八年夏，溫福屯兵於大金川之東的木果木，「日與董提督天弼輩高宴」，「不親督戰」，「寒將士之心」。大金川此時見溫福無出兵攻擊意，乃主動出兵切斷糧運道路，並猛攻木果木大營與各碉卡，溫福戰死，清兵大潰，據說清兵自相踐踏，「過鐵鎖橋，人相擁擠，鎖崩橋斷，落水死者以千計」。軍營米糧一萬七千餘石與大量銀兩、槍砲彈藥都被大金川獲得，這是乾隆執政三十八年第一次的慘重敗仗。

皇帝得到戰敗消息之後，重新布置軍事，命阿桂為定西將軍，豐紳額、明亮為副將軍。增調健銳營、火器營及各省兵增援，名額增加近十萬之眾，又撥發大量軍費與彈藥，決心非消滅金川勢力不可。阿桂等於稍事休息整頓後，於三十九年正月開始進攻大金川。在「天時之多雨久雪，地勢之萬夫莫前，人心之同惡誓死」的「三難」下，阿桂沉著指揮，諸將用命，不久攻克了小金川，隨即向「跬步皆山」的大金川挺進。大金川土司索諾木倚險設碉堅守，清軍一碉一碉的爭奪，至為艱苦，最後終於逼進到了大金川的根據地勒烏圍。索諾木見形勢緊急，他將小金川土司僧格桑鴆死，向清軍獻尸求降，阿桂不允，繼續進攻。勒烏圍「碉堅牆厚，西臨大河，……有崖八層，層各立碉」，因此耗費了清軍半年的時間，才逐漸進入核心地帶，最後還是用重砲轟擊大寨，始克竟全功。乾隆四十年中秋夜，清軍攻破勒烏圍，索諾木等又逃到刮耳崖，直到四十一年初，清軍才大舉包圍刮耳崖，索諾木走投無路，乃帶領祖父莎羅奔、喇嘛、家族、藏民二千多人出降。大小金川戰役至此真正結束。

阿桂等的捷報傳到京師，皇帝大喜，封阿桂為一等公，豐紳額為一等子爵，海蘭察為一等侯爵，明安一等伯，其他將官也晉升官爵。乾隆四十二年四月十八日，莎羅奔、索諾木等人押運京師，在午門前舉行受俘禮，皇帝穿龍袍、御午門樓，一時鐃歌大作，金鼓齊響，戰犯押至行三跪九叩首禮，又置已死僧格桑的首領於地，禮成後各犯被押出天安門。莎羅奔、索諾木祖孫及金川首領多人被寸磔，又將索諾木與僧格桑二人腦袋梟示於市。

乾隆十四年第一次平定大金川，清廷前後動員了約八萬名的兵員，軍費耗掉約一千多萬兩。乾隆四十一年第二次大小金川之役，各路參戰的滿漢土屯兵丁約十萬人，軍費則花掉七千多萬兩，實在是勞民傷財、死傷慘重的事。據阿桂的報告：小金川番兵約七千名，大金川約八千名，總共只有一萬五千人，何以讓清廷花費那麼多時間，耗損那麼多錢財、人命才能平定呢？乾隆的用人不當，估計錯誤，相將不和、文武貪生等等都是原因。不過金川藏民的一些能以寡拒眾因素也應該注意。據莊吉發教授從故宮舊檔裏查得資料，金川的「地險碉堅」是一個原因。地險是指「碉寨所踞地勢危峻」，「跬步皆山，並無平地」，而金川藏人又「善於穴地藏躲，臨陣之殲戮無多」，清軍馬兵無用武之地，步丁也不慣於在如此地形地區作戰。碉不但堅而且數量特多，又是難以快速平亂的原因。據史料各路官兵攻克的碉寨不計其數，總督阿爾泰在負責征剿時就共克碉寨八百五十餘座，大小石卡二百五十餘座，焚毀寨落四百五十餘間，總督桂林在乾隆三十六年十二月到第二年五月，共毀大小戰碉二百餘座，焚毀寨落八百五十餘間。將軍阿桂則前後毀大小戰碉一千一百餘座，焚燒寨落八千五百多間，將軍明亮、豐紳額等人也有毀戰碉數萬座的紀錄，可見金川一帶，遍建戰碉，不容易攻打。另外，藏番所用的武器本來只有原始的擋牌、兩頭尖捧棒、腰刀、長矛、鳥槍等物，後來從清軍逃兵處獲得大砲、劈山砲、母子砲等重武器，實力增強了很多。還有凡遇打仗，「各寨頭人挨著門戶每家派一人去出兵，就是十三、四歲小孩也要派去充數，器械是各人家裏自己帶去，所需口糧，都是出兵人家自己預備先帶著十五、六天的糧食去」，可見土司不需為作戰經費煩心。藏人敬奉喇嘛，而喇嘛又善咒語，可以呼風喚雨，也可以詛咒清軍，對金川藏民的士氣大有鼓舞作用。弄得乾隆後來都命阿桂也帶著喇嘛隨營聽用，以求助順。

大小金川及鄰近地區平定後，為永絕後患，皇帝命於大小金川設鎮安營，後來又把大小金川改設為阿爾古廳與美諾廳，不久又合兩者為懋功廳，駐以同知，辦理屯務，大小金川被改土歸流了。金川自設廳後，保證了川藏交通，也發展了當地農業，不到十年，人丁日增，屯事日興，原住民也各安耕作，「無異內地民人」，大小金川被內地化了。

26 兩征準噶爾

明末清初，分布在天山南北、青藏、甘肅一帶的蒙古部落稱為衛拉特（又稱厄魯特）蒙古，即明朝的瓦剌，意思有「親近者」、「聯盟者」、「林中百姓」等不同解釋。清初分為和碩特、準噶爾、杜爾伯特、土爾扈特四大部，其中準噶爾部的勢力強大，與清廷關係也最差。康熙時代曾三次親征準噶爾噶爾丹，雍正時也因準噶爾庇護青海逃人羅卜藏丹津而再啟戰端，最後以劃界和談結束，準噶爾蒙古始終是清朝北疆的一大隱憂，尤其在噶爾丹死後，準部由策妄阿喇布坦及其子噶爾丹策零繼承汗位，團結衛拉特諸部，實力日見增長。乾隆即位後，因穩固自身統治地位與國家財力等問題，對準噶爾採議和固邊的原則，簽訂了和約，但是在皇帝心中，這父祖未完成的事業他有責任要達成的。

乾隆十年，準噶爾瘟疫流行，九月噶爾丹策零又因病去世，汗位繼承發生了問題。本來噶爾丹策零生有三子，長子喇嘛達爾札係庶出，次子策妄多爾濟「因母貴而嗣汗位」，年幼的三子策妄達什也被一些權貴所擁護，因此策妄多爾濟雖繼承而隱伏著鬥爭的危機。乾隆十五年，策妄多爾濟終因肆意荒淫，誅殺過甚，被長兄喇嘛達爾札的人馬弒殺，喇嘛達爾札乃繼立為汗。但準部貴族大策零敦多布等極為不滿，擬立第三子策妄達什。他的計劃不久曝光，喇嘛達爾札乃先發制人，殺死了三弟及支持者大策零敦多布等人。繼承政爭並沒有因此結束，大策零敦多布之孫達瓦齊又與輝特部的臺吉阿睦爾撒納聯合在一起，於乾隆十九年發動政變，殺死了喇嘛達爾札，達瓦齊於是登上了汗位。達瓦齊與阿睦爾撒納之間也不是精誠合作，政變成功後雙方又起矛盾，而且愈演愈烈，到乾隆十九年，兩邊的人馬便在伊犁一帶發生激戰，阿睦爾撒納大敗，於是率領了殘部兩萬多人投降了清朝。

阿睦爾撒納不是等閒的人物，他是和碩特部拉藏汗的孫子，準噶爾部策妄阿喇布坦的外孫，他的牲畜、牧場、屬眾都很多，是當時衛拉特蒙古王公中一個舉足輕重的人物，但是他的野心也不小，他的投降清朝，實在令乾隆意外，乃派出專人帶著賞賜禮物去迎接，並準備冬天再去承德避暑山莊親自接待阿睦爾撒納。乾隆十九年十一月十五日，避暑山莊陳設了全套鹵簿，以隆重的典禮接見阿睦爾撒納一行，封他為親王並任命為北路參贊大臣，可謂相當厚待了。

乾隆皇帝早就把平定準噶爾的事看作是頭等大事，現在準噶爾內訌將近十年，汗國實力嚴重削弱，是用兵的一大良機。阿睦爾撒納又力陳「伊犁可取狀」，請求盡速出兵，正合皇帝心意，也增強了皇帝平定準噶爾的決心。

乾隆二十年春，皇帝任命班第為定北將軍，阿睦爾撒納為定左副將軍，由烏里雅蘇臺出北路。又命永常為定西將軍，由巴里坤出西路，兩路出兵會攻。清軍出征之後，準噶爾軍紛紛歸降，甚至有些地方，「各部大者數千戶，小者數百戶，無不攜酒牽羊」迎接清軍，達瓦齊的準部兵土崩瓦解，幾乎全無抵抗，清軍便如此順利的到達了伊犁。達瓦齊當時已無力阻止清軍進入伊犁，便率領兵士一萬多人退守格登山一帶，駐營固守。清軍分兩路攻擊，直搗營地，達瓦齊兵敗奔逃，降者六千多人，包括雍正初年青海叛投準噶爾的羅卜藏丹津也一併擒獲。達瓦齊則與少數隨從逃竄到南疆。

南疆的回民本來就痛恨準噶爾的暴力統治，紛紛起來響應清軍，當達瓦齊逃經烏什時，被當地回民領袖霍集斯擒獲。霍集斯是用計佯裝慰問，供應酒馬給達瓦齊而將他逮捕的，後來達瓦齊被押送到清軍營中，與羅卜藏丹津一併輾轉再押送京師，至此，一征準噶爾之役順利完成。

平定準噶爾後，乾隆滿心歡喜，大封功臣，特別給阿睦爾撒納封為雙親王，食雙俸。用兵三月就有如此成就，實在不易。乾隆二十年五月，皇帝命在伊犁建「平定準噶爾勒銘伊犁之碑」以及「格登山碑」，記載戰功。十月，達瓦齊等押解北京，又在午門舉行獻俘大典禮。皇帝認為達瓦齊雖有罪，終究是準噶爾臺吉，特予赦免，並加恩封為親王，配以宗室之女，賜第京師，希望減少準部的仇恨。同月，乾隆又下令在承德避暑山莊附近依西藏三摩耶式樣，建造普寧寺，以誌盛事。

乾隆在平定伊犂準部之後，為了西北邊疆不再有強權割據，便採取「眾建以分其力」的策略，把衛拉特四部「封為四汗，俾各管其屬」。但是阿睦爾撒納一心想作「四部總臺吉，專制西域」，他是想作衛拉特總體汗王的，當然對乾隆的政策是不能贊同的。他雖被封為雙親王，食雙俸，但這些都不能滿足他的慾望。自從平定達瓦齊受封之後，他獨斷專行了，也任意殺掠了。他不穿清朝官服，不用清朝官印，暗中擴展勢力，積極準備反清。

乾隆也看出了他的野心，想出了一個解決的辦法。就是戰勝準部之後，召見有功人員到避暑山莊來入覲，皇帝原想利用這個機會把他調離蒙古老巢，以消除後患。但是狡猾的阿睦爾撒納看穿了朝廷的用意，早有應變方法。他先是一再遷延的上路，後來走到烏隆古河時又謊言「暫歸治裝」，終於從間道逃回塔爾巴哈臺，公開的與清廷對抗了。一時間，「伊犂諸喇嘛、宰桑劫掠軍臺，蜂起應之」。當時清軍因準部已平，大部分撤回內地，在伊犂只有班第與鄂容安所領的五百名官兵辦理善後，根本沒有想到阿睦爾撒納會突然反清，結果被叛兵殺害，而在烏魯木齊的定西將軍永常也不敢赴援，只好先退守巴里坤，天山南北頓時又變亂四起了。

在阿睦爾撒納反清後不久，喀爾喀蒙古也追隨叛亂。他們原與清朝關係很好，只是在這次征討準部的行動中，清廷在喀爾喀地區中徵丁徵馬，騷擾很大，引起民眾不滿，高層權貴又因他們的活佛兄弟被清廷處死而感到疑懼與不安，因而參與阿睦爾撒納的行列。喀爾喀部長青滾雜卜將「卡倫、臺站兵丁盡行撤回」，使清政府北路臺站幾乎全部癱瘓，軍情聯絡中斷。

針對新發生的大變局，乾隆皇帝又制定新方案。他先任命了一批武將，如策楞為定西將軍、達爾黨阿為定邊左副將軍、玉保為參贊大臣等等；同時又調整了衛拉特四部汗位人選，這一切都有助於平定阿睦爾撒納的叛亂。

乾隆見喀爾喀撤回站兵，乃命在額爾齊斯辦理屯田的另一位喀爾喀親王成袞札布帶兵迅速鎮壓青滾雜卜，不久亂平，穩定了喀爾喀的局勢。乾隆二十一年正月，各路官兵將抵伊犁時，阿睦爾撒納怕被清軍捕獲，派人去清營地詭稱：阿睦爾撒納已被臺吉諾爾布擒獲，現正在押送前來途中。參贊大臣玉保信以為真，立即馳報定西將軍策楞，策楞也不審虛實，飛奏朝廷。乾隆帝以賊渠被擒，宣示中外，並封賞策楞等人，結果發現是一大騙局，而讓阿睦爾撒納輕易脫逃，皇帝大怒，降旨將策楞等拿解入京治罪，重新任命以達爾黨阿為定西將軍，兆惠為定邊右副將軍，繼續往剿阿睦爾撒納及其叛眾。

乾隆二十二年，清廷命成衮札布、兆惠等分兵兩路進剿，大軍在前進過程中，隨軍的綠營兵丁留在適合農耕的地方屯墾，又召募了一批回民幫助種地，如此則一面解決了軍糧供應問題，一面又截斷了準部兵丁的退路，而適在此時，準噶爾地區「瘟疫流行，死亡相望」，因此官兵長驅直入，阿睦爾撒納在清軍進逼下，倉皇逃生，竄往哈薩克。清軍派人到哈薩克部長阿布賚處說明政府緝捕阿睦爾撒納的決心，希望他予以協助。阿布賚已向清廷「遣使入貢」，當然答應照辦。不過在同年六月阿睦爾撒納逃亡至哈薩克時，發現他的馬匹牲隻被人分散，機警的阿睦爾撒納覺得不妙，便將器械鞍馬拋棄，輕裝隨著少數人渡過額爾濟斯河逃往俄國了。

乾隆皇帝對於阿睦爾撒納的脫逃，很是憂慮，他認為這個「遊魂遠竄，將來必不能久甘窮困，勢必滋生事端，為患邊境」，「逆賊一日不獲，西路之事一日不能告竣」，尤其是阿睦爾撒納逃入俄國，更是感到不安，因為「俄羅斯既收留叛賊，始未嘗不欲撫而用之」。因而下令理藩院行文與俄國交涉！根據雍正年間訂立的《布連斯奇條約》中議決的條文「彼此不允許留逃人」一款，強烈要求俄國引渡阿睦爾撒納。俄國政府最初支吾推託，捏造謊言說阿睦爾撒納已「落水身死」。實際上西伯利亞總督庇護了阿睦爾撒納，把他「安置在托波爾斯克二十俄里外已經廢棄的庫杜斯克酒廠一所房子裡」居住。後來阿睦爾撒納患天花身亡，俄國見奇貨已不可久居，又在清廷不斷交涉下，便將阿睦爾撒納的屍體送到恰克圖，交給清廷官員驗視，阿睦爾撒納的死亡，也宣告了清廷第二次征討準噶爾戰爭的結束。

準噶爾戰事的平定確實鞏固了清朝西北邊防，也鞏固了多民族國家的統一，更鞏固了乾隆皇帝的統治地位。對於西北地區與中原內地經濟及文化的交流同樣具有發展的重要意義。只是清朝皇家對準噶爾族人有成見，認為他們是難制的敵人，因此在兩次征剿戰役中，使用了殘酷的屠殺手段，到了「凡山陬水涯，可漁獵資生地，悉搜剔無遺」的程度，甚至對已歸降的無辜民眾，也悉數屠殺，使準噶爾人口大量減少，這是一大憾事。

27 統一回疆

現在新疆南部塔里木盆地周圍，在明末清初，存在著一個信奉回教的汗國，早期稱為喀什噶爾汗國，後來因首都遷到葉爾羌，又改稱為葉爾羌汗國。由於居住在這個汗國內的人幾乎都是回教信徒，清朝稱該地為回疆。

這個回教的汗國，因為處於強大的準噶爾蒙古的周邊，經常受準噶爾的侵凌。康熙十九年（一六八〇），準部噶爾丹稱霸時，就滅掉了葉爾羌汗國，利用一批傀儡回人首領為他治理回疆。噶爾丹被康熙消滅後，回部首領瑪哈木特和卓木（「和卓木」，譯言「聖裔」也）企圖恢復依斯蘭汗國，卻被噶爾丹的繼承者策妄阿喇布坦派兵征服，並把瑪哈木特俘送伊犁禁錮，瑪哈木特的兩個兒子，長名波羅尼都（又譯稱布拉尼敦）、次名霍集占，即所謂的大小和卓木，也被準部當作人質，在伊犂不得自由。另有不少回人也押運到伊犂，利用他們的農耕技術，為準部墾地輸賦。

乾隆二十年（一七五五）清軍一征準噶爾攻陷伊犂時，準噶爾汗達瓦齊捕送北京，瑪哈木特早已去世，他的二子乘機逃脫，率領部眾向清軍投誠，乾隆皇帝對他們的遭遇甚為同情，特別降諭說：「投誠之和卓木，原係葉爾羌、喀什噶爾回部之長，羈留為質，情甚可憫，著即令彼等前來入覲後，仍令復回回部。」可是不久發生了阿睦爾撒納反叛事件，大小和卓木因而未能入京朝覲。不過皇帝還是派兵送大和卓木波羅尼都回葉爾羌，「使統其舊部」，留小和卓木霍集占於伊犂「掌回務」。清廷並分派官員赴回疆各城曉諭，招服回民歸順，天山南路各地回民都欣然接受，不料此時卻發生了大小和卓木的叛亂。

在阿睦爾撒納反時，小和卓木霍集占就曾「率眾迎逆」，暗中參加了叛亂，到阿睦爾撒納逃亡俄國時，霍集占就從伊犂潛逃回葉爾羌，唆使其兄一同策劃起事。

乾隆皇帝本想利用大小和卓木在宗教上的影響力去招服葉爾羌與喀什噶爾人民，從而安定回疆的；但是事與願違。據回民事後對清朝官員說：大和卓木本來「欲安集回地人民、聽候大皇帝諭旨，而霍集占不從」。霍集占對他哥哥說：「若聽大皇帝諭旨，你我二人中必有一人喚至北京為質，當與禁錮何異？莫若與中國抗拒，地方險遠，內地兵不能即來，來亦率皆疲憊，糧運難繼，料無奈我何。且準噶爾已滅，近地並無強鄰，收羅各城，可以自立。」波羅尼都受了他的蠱惑，決意反清了。他們隨即「傳示各城回目，整備鞍馬、器械」，不久「葉爾羌、喀什噶爾、和闐所屬之數十萬回戶皆從之起事」。

乾隆二十二年（一七五七）五月，清朝派出的招撫使阿敏道到南疆後，又被大小和卓木殺害，隨從的一百多人也無一倖免，回部反清愈演愈烈。

乾隆皇帝聞訊後，一連頒降幾道諭旨，其中可以看出他對回變的看法及計劃。第一、他認為大小和卓木之亂必須予以征伐，進軍時間可以稍後到明年。第二、目前準噶爾阿睦爾撒納之亂尚未平，以擒獲阿賊為先。第三、征討回部較為容易，用兵不難。也就是因為皇帝輕估了回部的實力，使得日後出征的兵將吃了不少虧。

乾隆二十三年正月，準噶爾的亂事大體上已平定，皇帝著手對付回疆了。他先以回酋霍集占罪狀宣諭回部各城，講出用兵的原因，希望回人歸順，凡來歸的「安居如舊」，助惡的則「悉行剿除」。隨即任命雅爾哈善為靖逆將軍，率滿漢兵一萬多人，由吐魯番進攻庫車。庫車是通往回部的門戶，而「其城依山崗，用柳條沙土密築而成」，相當堅固，易守難攻。雅爾哈善是文人出身，歷任知府、巡撫等官，自命儒將，實不知兵，他不認真指揮，不巡營壘，也不聽諸將建言，以為回民不足一戰。清軍萬餘人攻庫車，大砲齊發，一連兩日，均未攻下。大小和卓木聞庫車被困，乃親率三千馬兵由阿克蘇趕來增援，結果卻被清軍擊破，退入庫車城中，清軍大有一舉盡滅大小和卓木之勢。

霍集占等退保庫車後，清軍沒有乘勝攻城，也不派兵巡查動靜，雅爾哈善「坐守軍營」，「略不設備」，致使霍集占等乘夜突圍遁走。雅爾哈善後來以詒誤軍機罪被革職解京處死，另有將官多人也受到死刑的判決。

皇帝於是重新布局，任命納穆泰為靖逆將軍，三泰、富德、阿里衮、舒赫德為參贊大臣，又重用兆惠率軍由天山北路往征南路，並且說：「辦理回部，仍於兆惠是賴。」兆惠的心頭壓力由此可知了。更讓兆惠感到責任重大的是皇帝在二十三年七月間傳諭兆惠說：「回人素稱怯懦，近來屢經剿捕，畏我軍威，乞降相續」、「如擒獲霍集占，各城自然歸附，兆惠即加意奮勉，以奏膚功。」好像回人膽小都怕清軍，因此也沒有撥發大量的兵丁與軍費給兆惠，讓他以優勢去作戰。

兆惠於八月間從伊犂出發，領兵只有八百人，而且去南疆行程有千里之遙，道路又不完好，因此行軍十分艱苦。所幸當時不少重要回城如阿克蘇、烏什、和闐，沙雅爾等都先後歸順，也被清軍取得。大小和卓木則分別據守喀什噶爾與葉爾羌，相互犄角，準備與清軍負嵎頑抗。

皇帝在京城聽到回疆各城相繼投降的消息，十分高興，認為「霍集占不日就擒」、「大功即日告成」，還命令軍機大臣等計劃回疆平定後的善後事宜。不料此時，前線傳來兆惠被困的不幸消息。

原來兆惠在十月間開始進攻葉爾羌時，霍集占已於葉爾羌城外堅壁清野，他又掘壕築壘，加強工事，而霍集占擁兵一萬三千多人，實力不弱，兆惠所率領的清軍僅三千人，可謂孤軍深入。葉爾羌是南疆大城，周長十多里，四面有十二個城門，兆惠在城東的黑水河「自水草處，結營自固」，由於兵少，兆惠只能圍攻城的一面，參戰的清軍約一千多人，先遭回軍誘騙，再被回軍大舉包圍。清軍嚐到敗績，只好且戰且退，浮水還營，勇將高天喜、參贊大臣鄂實（鄂爾泰的次子）、都統三格等將官皆戰死，兆惠也負傷。清軍以殘餘兵力「據壕結寨」、「築長圍以相持」，回軍則以萬餘之眾包圍，形勢非常危急。回軍又不斷以砲轟、水淹、偷襲等方式攻擊黑水營清軍，兆惠則一面向中央求援，一面率軍勇敢迎敵，艱苦的堅持了三個月之久，這便是著名的「黑水營」之役。

乾隆皇帝不愧是明君，他得悉兆惠被圍之後，曾發表一篇長諭，其中有：

……向來之輕視逆回，乃朕之誤，又何忍以妄進輕敵為兆惠之責乎？……

皇帝如此引咎自責，不罪前線將帥，當然給了兆惠等人很大的激勵。乾隆同時又從重獎賞了兆惠及一些回部首長，封公封王，並對陣亡死難者議典議卹或從優封賞，以安定軍心。

兆惠等在黑水營的境狀確實十分險惡，先後與回軍接戰五次，真是死裡求生。霍集占後來在黑水營外築一道長壘，想困死清軍。不久後又在上游掘水淹灌清軍大營，兆惠都設法予以解除破壞，只是「拒守日久，糧日乏，僅瘦駝羸馬亦將盡」。這時雖有納穆札爾與三泰的援軍趕來，但人數不多，又被霍集占的三、四千大軍圍困，直到乾隆二十四年正月，參贊大臣阿里衮、舒赫德等領兵四千人到來，才與富德的一軍會合，包圍了霍集占的回軍，在富德與兆惠兩軍內外夾攻下，霍集占的回軍土崩瓦解，狼狽逃竄，黑水營之圍遂解。

皇帝聽到兆惠等脫險之後，十分欣喜，並作了幾項重大決定：一、堅持征討，痛斥「罷兵息事」之論與一些「怯懦無知之人」。二、糾正輕敵冒功之弊，大調兵丁兩萬人，戰馬三萬匹，並充分準備糧草軍費。三、重用回部降人，分別封賞他們，鼓勵他們從征効力。

乾隆二十四年六月，在兵多糧足的優勢下，兆惠與富德兩位將軍分別率領大軍出發。兆惠攻大和卓木波羅尼都防守的喀什噶爾，富德則負責進剿葉爾羌的霍集占。在清軍逼進之際，大小和卓木竟將喀什噶爾與葉爾羌兩地回民遷移，焚城砍樹，攜帶兵馬眷屬棄城往巴克達山逃去。有部分不願隨和卓木逃亡的回民，他們分別從喀什噶爾與葉爾羌寫信給清朝將軍，表明他們願意投誠，並請清軍速來援救。兆惠等一面將軍情上報朝廷，一面接受回民的歸順。皇帝收到前線軍報之後，給兆惠等指示說：挑選精兵數千，每人給馬三匹，足備口糧，緊急追襲二和卓木，「總以務獲逆賊兄弟，始可告成功」。至於一般回民應恩威並用，施以離間，敵必自潰。巴達克山首領亦令獻送大小和卓木，「違則誅剿」。兆惠等遵照皇帝命令行事，果然收到良好效果，清軍先大事招降，來歸的回民很多，使得大小和卓木只有舊部四、五百人隨行逃入巴達克山。清軍加緊追殺，在巴達克山界伊西洱庫爾兩岸又殲滅了不少回軍。霍集占兄弟後來被巴達克山汗素勒坦沙殺死，並將兩人首級獻送給了清軍，至此，大小和卓木之亂正式平定。

乾隆鑒於準噶爾與回部一再叛亂，現在既然都被平服，也應該想個徹底解決的善後辦法。以前的稱汗稱王顯然有弊，就是仿照喀爾喀、科爾沁的盟族制度將來也可能有問題。為了全盤改革，乾隆決定建立新的軍事管轄制度，將天山南北路直接隸屬於中央。在天山以北原衛拉特蒙古地區設一總管伊犁等處將軍（簡稱伊犁將軍），總管全疆（包括回疆）軍政財經一切事務，下設都統、副都統、參贊大臣、領隊大臣、辦事大臣、總管等官，分駐各地。南疆的所有大臣也直接受伊犁將軍節制。這種軍府制的實行，不但進一步加強了新疆地區與清朝中央的關係，也增強了清政府對西北地區的統治與邊防，假若我們更深一層的來看，天山南北路的平定至少有以下幾點值得注意的事：

第一，乾隆完成了他祖、父（康熙、雍正）兩朝「籌辦未竟之事」，徹底清除了喀爾喀蒙古生存與青、藏不安的禍根。第二，在軍府制的管理下，大力推行屯田政策，並對原住民輕徭薄賦，以致人丁增多，生產發展，改變了全疆以往人煙少、勞力嚴重不足現象，對當地農工商業的發展大有裨益。第三，內地與新疆的交往增繁，在文化經濟方面起了推進作用，在種族融合方面也起了正面的作用。

清朝大學者魏源曾說：乾隆平定準、回之後，從前「烽火逼近畿」的西北邊亂，如今「中外一家，老死不見兵革」了。新疆除官田之外，餘地聽民人自耕，農桑阡陌徭賦如內地。內地土滿人滿，而西域地大物博，「牛、羊、麥、麵、蔬、瓜之賤，澆植貿易之利，金礦、銅礦之旺，徭役賦稅之簡，外番茶馬布緞互市之利，又皆什佰內地。邊民服賈牽牛出關，至則闢漢萊，長子孫，百無一反，是天留未闢之鴻荒，以為盛世消息尾閭者也」。

他的讚語應該算是中肯的。

28 四征緬甸

緬甸是亞洲中南半島上面積很大，人口很多的國家，在中國史書裡，漢朝稱它為撣國，唐稱驃國，宋稱蒲甘，元稱緬國，明朝才稱作緬甸。由於緬甸與中國是山水相連的鄰國，交往也多。元世祖時曾派兵征緬，明代則設宣慰使司羈縻之。清順治十八年（一六六一），吳三桂等因追捕明桂王永曆帝曾統軍入緬，緬王後縛獻永曆帝送清軍，吳三桂等後即班師，沒有責令緬甸朝貢。

乾隆初年，雲貴總督張允隨奏請聽從內地人民出邊開礦。不久有雲南石屏州人吳尚賢在緬境開採有成，事業大旺，且得卡瓦部長蚌筑信任，獲利甚豐。張允隨亦委任吳尚賢為該地礦場首長。吳尚賢與當地首領關係良好，為保護礦場繼續經營，便遊說蚌筑以廠課納貢，向中國內屬。乾隆十一年（一七四六），卡瓦礦地課銀便解送到雲南省城，並進呈緬文稟書一紙，請求歸誠納貢。

張允隨也立即上奏說：

滇省永、順東南徼外，有蠻名卡瓦，其地茂隆山廠，因內地民人吳尚賢赴彼開採，礦砂大旺，該酋長願照內地礦例，抽課作貢。

乾隆皇帝後批示「應如該督所請辦理」，緬甸一小部的入貢就由此開始了。吳尚賢勸說蚌筑入貢成功後，他又想遊說緬甸國王向清廷入貢。當時緬甸國內局勢混亂，土司多有叛亂的，國王奔達拉很想藉著中國力量來穩固他的統治權，乃同意吳尚賢的建議，因此在乾隆十五年七月，吳尚賢就向雲南巡撫稟報稱：

緬甸國王奔達拉情願稱臣納貢，永作外藩。……彼國大臣一員、頭目四人，象奴夷眾數十人出境過江，於四月已抵邊界，請代奏。

雲南巡撫圖爾炳阿立即將吳尚賢的稟文與緬甸國王的貢表一起呈送中央，向乾隆報告。皇帝得報後，相當高興，同意緬王請求，並派官員伴送緬使來京。乾隆十六年六月，皇帝在太和殿接受緬使朝賀，賜以筵宴賞物，緬使一行於十月返抵雲南。

中緬正在建立朝貢關係之時，緬甸內部突然發生大動亂，緬王奔達拉先被得楞部酋長殺害，而另一木梳部長甕藉牙則乘勢起兵，統一了大部長緬甸，只有少數如貴家（一稱桂家）部等與他對抗。貴家是明末隨桂王逃亡緬甸的一些貴族後代，他們據波龍等處採銀礦，自成一部。貴家的首領宮里雁後來被甕藉牙擊敗，竄居到雲南邊境。甕藉牙的次子懵駁相繼統一緬甸各部，成了國王，他為擴展勢力，派兵擾掠雲南普洱府一帶的土司，使清朝雲南邊境時受侵凌，很不安定。

吳尚賢本來是個「無籍細民」，自從開礦富有，又為朝貢關係牽線成功後，變得膽大妄為起來，頗為雲貴疆吏不喜。總督碩色就說他「言貌舉動粗野無知，終非安份之人」。隨緬使入京後，在歸途又因「望澤未遂，時懷悵怏」。不久在碩色等人搜證下，認為他「侵肥入己」、「乖張僭越」、「霸占別人產業」等罪，將他拘禁，吳尚賢最後「在監病故」。

乾隆三十年（一七六五）十月，緬兵在九龍江一帶騷擾，雲貴總督劉藻即調兵防禦，主動出擊。由於軍隊缺乏訓練，三路兵丁均告敗績，尤其何瓊詔部，行軍征伐途中，竟將兵器綑載行裝，將弁徒手散行，以致慘遭緬兵痛擊，全軍不戰自潰。但是三路總兵劉德成竟謊報戰績，劉藻又不作調查，為邀功立即進呈皇帝，聲稱破緬軍大營七座，並將在普洱府迎戰緬兵等語。皇帝後來發現劉藻所奏的情況不實，而常以書生之見，辦事錯謬極多！官兵忽調忽撤，全無紀律，於是降旨將劉藻革職，留滇効力，所有因調兵不合定例麋費的銀兩，全由劉藻補賠。劉藻見緬事難辦，又多次被皇帝降旨責斥，心緒大壞，寢食難安，乃於乾隆三十一年三月初三日夜在公館內自刎，留書：「君恩難報，臣罪萬死，快請常巡撫……。」劉藻死後，皇帝命楊應琚繼任雲貴總督，揚總督運氣不錯，他剛到昆明時，正值緬甸境內瘴癘大作，緬軍漸次從邊界退卻。清軍也乘機攻取了孟艮、整欠、車里等地，隨著普洱邊外地區平定，楊應琚派出官兵正經界、集流亡、釐戶口、定賦稅，使地方恢復安定。皇帝知道這些事實之後，非常高興，下令加恩邊地土司豁免錢糧，以表示優恤之意。

楊應琚已達成了份內工作，但是不久之後他竟誤聽騰越副將趙宏榜的煽惑，以為緬甸首領勢力孤單，容易征服，決定興兵征緬。儘管不少屬下官員勸告「邊釁不可輕開」，但他卻不予採信，並向皇帝奏報緬甸可攻取，並說有些土司怨緬王殘刻，情願歸附。皇帝以為「楊應琚久任封疆，夙稱歷練，籌辦一切事宜，必不至於輕率喜事，其言自屬可信」。不過乾隆也帶著幾分保留的說：「倘必須勞師籌餉，或致舉動張皇，轉非慎重邊徼之道。」指示楊應琚「務須詳審熟籌，其於妥善，以定進止」。楊應琚顯然沒有經過長時間的「詳審熟籌」，他接到皇帝的諭旨後，便向皇帝保證似的說：他斷不敢邀功，但也「不敢坐失事機，不敢輕舉妄動」。乾隆覺得很穩重實在，特別傳旨嘉獎了他。

楊應琚得到皇帝允准後，便開始了他的軍事行動，先派人傳說緬方，說他已調集精兵五十萬，大砲一千門，隨時可以發動戰爭，緬甸各土邦，不降的即予征討，他想以此來震懾緬人。清軍入緬境順利的進據蠻暮、新街等地，但不久緬甸國王集軍數萬人反攻！而清軍僅有三千人應戰，副將趙宏榜先在新街失利，大敗退兵，響應清軍的土司也隨之入雲南境內避難。楊應琚得前線兵敗報告後，痰疾發作，他向皇帝報告了病情，但沒有真實的陳述戰況。皇帝還關心他的身體，調兩廣總督楊廷璋去雲南暫帶軍務，並派楊應琚長子江蘇按察使楊重英去雲南探視父病並為監軍，分擔他父親的事務。皇帝又讓乾清門侍衛、大學士傅恆之子福靈安帶著御賜的十香返魂丹、活絡丹等大內珍品與御醫去雲南為楊應琚治病，皇帝對他的關懷重視，可謂無以復加。當然也暗中命福靈安在當地了解軍情，回京時據實詳報。不久，楊應琚病癒，調集士卒一萬四千餘名，分路出擊，不幸在楞木、宛頂等地均遭敗績，並受重大損失，楊應琚卻向皇帝謊稱大捷，殺緬兵近萬人，並說緬甸有兵頭來營，懇請罷兵歸降。他想以與緬甸議和來彌補此前的一切謊報。他並向皇帝表示緬人「願效臣服，似可宥其前愆，酌予自新之路」。然而乾隆在不久後即接到福靈安等人的奏報，知道緬甸乞降，前線勝仗，殺敵萬人等等，都是虛妄不實之語。綠營兵多畏縮不前，而楊應琚馭下姑息，不察虛實，實屬欺罔。乾隆了解實情後，大為生氣。下令革楊應琚大學士與雲貴總督職務，逮捕入京，廷訊後命令他自盡。其他雲貴一帶有關與楊應琚一同造假欺罔的官員，都逮治論死。這是乾隆朝第二次征緬之役的大概情形。

乾隆三十二年三月，皇帝重新任命滿族名將明瑞為雲貴總督，決心與緬甸作戰。他在一份諭旨裡說：

蠻暮、新街等處，既已納降，並遵定制剃髮，即成內地版圖皆為中國版宇，兩處附降人民，即同內地人民，自當加意保護。木邦、整欠、整賣等處，前此懇請內附，並請我兵保護，焉能還與緬甸，聽其欺凌！

皇帝還特別強調說：

……緬匪侵擾內地，則必當殲渠掃穴，以申國威，豈可遽爾中止？且我國家正當全盛之時，準夷、回部皆悉底定，何有此區區緬甸而不加剪滅乎？

由此可見，前兩次清軍攻緬，多因總督邀功，尤其是楊應琚抵達雲南履新時，普洱邊外事態已經平靜，可以不必用兵，若能善自清理疆界，亦能保衛邊疆。但他為冒昧喜功，又缺乏對緬甸的認識，致遭敗績，自身亦致凶終。此次皇帝任命明瑞督師，完全出於主動，大有一雪前恥之意。

明瑞於三十二年五月抵達雲南，了解軍事情況並調整部分官員外，八月間他擬定好了三路出兵計劃，一路由他親自率領，向木邦前進；一路由都統額爾景額帶兵，攻向猛密；另一路由領隊大臣觀音保指揮，作為互為聲援的中軍。不過在出發的前夕，明瑞又把觀音保一路劃入他自己的一路，簡化為兩路出兵。九月二十四日明瑞等統兵出征，天下大雨，三晝夜不絕，人馬都在泥潦中渡過，「飢且冷，多疾病，糗糧而盡失」，真不是好兆頭。十月十八日明瑞一行抵木邦，緬兵早已棄城而去，明瑞派珠魯訥帶五千兵留守，令楊應琚長子楊重英等人管印務糧餉，明瑞則率兵深入，希望能直搗緬甸國都，打敗緬王。

明瑞乘勝渡錫箔江至蠻結，該地緬兵兩萬，立木為柵，柵外有深壕，又「列象陣為伏兵」，木柵共有十六座，相互為應，「不但山勢峻險，兼深林密箐，並無可通之路」。明瑞英勇督戰，「身先陷陣」，右眼遭敵槍傷，「幾殞」，「猶指揮不少挫」，終於連破柵壘，殺敵二千多人，緬兵逃散，是為蠻結之捷。但是經過戰役，隨行將官觀音保等認為不宜再深入，因兵疲糧乏，不如先回木邦，「整旅再進」。明瑞不從，反責諸將怕死，於是繼續進兵，不料在前往目的地阿瓦途中，嚮導無人，迷失道路，明瑞一軍到了人疲馬乏，水土不服，「勢不能進」的境地，而北路軍額爾景額的情形又一無所知，實在面臨危急狀態。

額爾景額一路進兵到猛密北面的老官屯時，被緬軍所困，他也因「幽恚」而死，他的軍隊九千人於是就由額勒登額統領。

乾隆三十三年初，軍情發生不利的變化，緬甸攻占錫箔，又打進木邦，參贊大臣珠魯訥自盡，數千綠營兵或逃或死，楊重英被俘。雲南巡撫鄂寧七次檄令駐守旱塔的額勒登額援救木邦，正如要他出兵支援明瑞一樣，他卻全無反應，甚至後來還退兵入內土司地區，以保安全。明瑞至此與內地聯繫完全隔絕，只得孤軍奮鬥。二月初七日，明瑞率軍行至猛臘地方，緬兵數萬人截斷去路，他下令在山頂紮營七處，迎戰四面來攻的緬軍。此時額勒登額僅離明瑞二百多里，竟不聽皇帝諭令派兵來援。明瑞等在人傷糧缺的情形下，仍拚命拒敵，直到初十日，見形勢大壞，乃率將領與巴魯圖侍衛數十人及親兵數百殿後，命諸軍乘夜退去。後來扎拉豐阿陣亡，觀音保以遺矢刺喉自盡，明瑞身負重傷！竭力疾行二十多里，至小猛育，「乃從容下馬，手截辮髮，授家人使歸報，自縊於樹下，家人木葉掩其屍而去」。由於明瑞等將領視死如歸，掩護了突圍的兵士，總兵哈國興、長清及不少滿漢兵丁，才能突出重圍，安抵宛頂。第三次征緬之役也就這樣以慘敗收場。

皇帝對明瑞的死非常難過，也感到自己有責任。他說過：「若在額爾景額病故時，即令阿里袞前往統帥，即不能進取阿瓦，亦必能應援明瑞。」因此皇帝對按兵不動的額勒登額痛恨萬分，後來乾隆下令將鎖拿來京的額勒登額凌遲處死，其父雲代與其親叔弟侄等都照大逆緣坐律擬斬立決，譚五格也因為不出兵被處斬，由此也可以看出皇帝對明瑞之死的震悼之情。

乾隆三十三年二月二十八日，皇帝降諭授大學士傅恆為經略，阿里袞、阿桂為副將軍，舒赫德為參贊大臣，增兵增糧，再征緬甸。

在籌集兵馬糧草期間，舒赫德等人曾以山多路遠，緬人熟悉地形以及緬甸未敢侵犯內地種種理由，上書建議息兵，派人招降緬甸。皇帝嚴飭「荒唐無恥，可鄙可怪」，並將他革去尚書與參贊大臣職務，改赴新疆烏什任辦事大臣。另外，在三十三年六月初，緬甸有使者來書談和，強調以往都是「土司從中播弄，興兵戰爭」，希望能准許他們「循古禮，賜貢往來，永息干戈」。乾隆也認為緬甸人「甚屬狡猾，殊難憑信」，因而不予接受。

乾隆三十四年二月十八日，皇帝賜御用甲冑給傅恆，舉行隆重出征典禮。二十一日傅恆離京，三月二十四日抵昆明，七月間即兵分三、四路出擊，準備直搗阿瓦，生擒緬王。傅恆進軍後，因緬甸正值秋收時節，無兵應戰，傅恆行軍千里，兵不血刃；但一路多雨路滑，馱馬倒斃的很多，兵士食宿不易，傅恆只好先收兵而回。十月間再發兵與阿桂等會合，結果在伊洛瓦底河與緬軍分別發生水陸兩軍大戰，阿里袞、阿桂等在兩岸矢銃齊發，騎兵勁旅衝入，緬兵大潰。哈國興在水上又大敗緬甸水師，「殺溺數千人，河水發赤」。這是傅恆征緬初期的所謂清軍三路皆捷。

可是自伊洛瓦底勝利後不久，傅恆與阿里袞都染上時疫病倒，直搗阿瓦的計劃無法執行。將領們會商結果，認為先進攻老官屯，作為基地。不料老官屯依坡臨河，形勢險要，清軍以火砲猛轟多日，竟不能攻破。後來阿桂以戰艦截斷緬兵糧道，緬人才遣使乞和。當時清兵中患病的很多，阿里袞也在十一月間病故，傅恆也臥病不起，只好上書皇帝準備接受議和。

乾隆在接到傅恆奏摺，知道三萬清軍「僅存一萬三千餘兵丁，領隊大臣亦多患病」，而阿里袞已死，皇帝決定允降罷兵。

經過中緬雙方初步談判、議定：緬甸對清朝稱臣納貢，交回侵占土司之地。清朝則以木邦、蠻莫、猛養等地人口交還緬甸。傅恆乃帶兵回京，阿桂留雲南辦理善後。

乾隆三十五年三月，傅恆在天津行宮朝見了皇帝，七月中因病重逝世，阿桂在雲南談判也不如預期的順利，因為據西方史書記述，當初進行議和只是緬甸前線領兵官的主意，並未事先稟報國王。所以在清軍撤退後，「緬王異常憤怒，而將緬甸所執的一份和約撕毀，並命參加議和將領家眷俱在阿瓦宮廷西門頭頂著清軍經略傅恆贈送的禮物，跪了三天三夜」。緬甸並未如約來朝貢稱臣，而且後來也指責清朝失信，沒有將土司歸還，於是生出很多糾紛，交涉朝貢的事一直到二十年後才得到解決。那是因為緬甸新王即位，國內連年用兵，國力耗損極大。又與暹羅作戰，並遭敗績。其後暹羅又朝貢中國，緬甸受威脅更大，乃於乾隆五十三年（一七八八）遣使呈金葉表文入貢，奠定中緬封貢關係基礎。乾隆五十五年，緬甸再正式遣使來華為皇帝慶賀八旬萬壽，並請求敕賞封號，乾隆帝以緬甸既已納貢稱藩，位列屬國，因而正式敕封猛隕為緬甸國王，並賜印，定十年一貢，至此雲南邊界才無緬患。

乾隆十全武功中的中緬之戰，實在有值得人省思的地方。戰爭歷時四年，征討前後四次，動員幾十萬官兵，花費白銀一千三百多萬兩，而死傷的官兵為數驚人，最後卻是毫無成果而收場。

本來只是邊界土司間的糾紛，緬甸也沒有進犯中國之意，卻因邊臣的冒進喜功，皇帝的決策誤謬，以致損兵折將，弄得國家顏面無光。若非金川亂事再起，乾隆可能還不肯罷兵，中緬兩國的民間災難也可能還會更為深重。惟一令人欣慰的事，是一位英國史家所說的：「由於乾隆皇帝外交政策的成功，緬甸十年一貢，結果使得英國在兼併緬甸的過程中，遭遇了極大的障礙。」

29 臺灣林爽文之役

臺灣自康熙二十二年（一六八三）歸附清朝之後，一度嚴禁大陸人民偷渡入臺，雍正時始逐漸開放，乾隆中期以降，入墾的人因禁令廢除而日增，臺灣也因此得到進一步開發。由大陸渡海入臺的人，以閩粵兩省的人為主，而且多來自漳、泉、潮、惠等地。這些移民歷盡千辛萬苦，在臺灣求得生存，成家立業。為保護得來不易的財產與一己的生命，大家常以同宗、同鄉血緣與地緣關係，相互集合，形成力量，彼此扶持幫助。乾隆以後，祕密社會勢力也在臺灣傳布開來，特別是天地會常對會眾號召：「入了此會，大家幫助，不受人欺負。」因此當時在臺灣各地有不少集團，互相為維護利益而發生械鬥。有閩粵人之間的械鬥，有漳泉人之間的械鬥，也有幫會之間的械鬥等等。官員對他們不是不予置問，就是派人曉諭，將就了事，因此械鬥成了一項亂源。臺灣又因遠隔重洋，人民與中央的關係真是天高皇帝遠，在臺的官員因腐化而貪贓枉法，對居民常常壓迫與剝削，使得民不聊生，因而屢見有百姓鋌而走險的民變事件，乾隆五十一年（一七八六）發生的林爽文揭竿起事反清，就是其中規模特大的一次。

林爽文原是福建省漳州府平和縣人，生於乾隆二十二年，十七歲時隨父移居臺灣彰化大里杙，早年趕車度日，後來曾充衙門捕役。他為人豪爽，素喜交遊，人脈可謂很廣。當時天地會正在臺灣各地祕密傳布，乾隆四十八年有位嚴煙（又稱嚴若海或莊煙）藉賣布為名來臺傳授天地會，第二年林爽文結識了他，並參加為會眾。他們在大里杙山內車輪埔飲酒結拜，很多人一同約誓，有難同當，有事相助。於是他們武斷一方，地方官甚至也不敢過問。

乾隆五十一年秋天，林爽文等天地會勢力日益強大，官府派人前往拘捕，不肖「衙役等從中勒索，無論好人歹人，紛紛亂拏，以致各村莊俱被滋擾」。衙役們甚至宣稱：「如敢違抗，即燒莊剿洗。」人民逼得無法忍耐，終於又演出「官逼民反」的事件了。同年十一月二十五日，林爽文、劉升等二百多人首先起事，兩天後參加的高達兩千多人，前來剿捕的清軍被他們全部殲滅，事情發展至此，民軍只得進一步對抗地方官兵了。二十八日夜，林爽文等率眾攻打彰化縣城，由於城是栽木為牆、守兵又少，因而不堪一擊。知府孫景燧、同知長庚等大小官員多人被殺。民軍「搶奪倉庫器械」，「開獄放囚」，事態變得更嚴重起來。

劉升等又率眾攻破大墩（今臺中市），到處張貼告示安民，俱寫「大盟主劉」字樣。由於會黨兄弟多不服劉升領導，後來在彰化城中建立政權時，大家公推林爽文為盟主，因他「人爽快、有義氣」的緣故。二十九日，林爽文以縣衙門為盟主大元帥府，豎立旗號，初書「天運」年號，後改稱「順天」。彰化攻取後，民軍為數更多，林爽文下令不准損壞居民財物，規定「失一賠二，焚茅賠瓦」，軍紀相當嚴明，據說當時民軍「所過之處，香案疊疊，唧唧相迎」。為進一步鞏固政權，林爽文分兵往攻鹿仔、淡水（今新竹）、諸羅（今嘉義），聲勢極大，全臺震動。十二月初六日，民軍攻下諸羅，殺死代理知縣董啟埏等官員。各地人民響應，斗六門、南投等地不久也被林爽文軍政佔，臺南府城面臨嚴重威脅，而此時南路的莊大田也率眾起兵。莊大田與林爽文是同鄉，也是天地會眾，居住在南部鳳山，以俠義聞名，所以一時擁戴他的人民也很多。他與林爽文係莫逆之交，大家曾歃血盟誓過，他自稱南路輔國大元帥。莊大田起兵後很快就攻下鳳山，知縣湯大紳等被殺，不久與林爽文合力由南北夾攻府城，海防同知楊廷理兼知府，力禦來攻民軍，穩住局勢。

同年十二月底，閩浙總督常青呈報臺灣亂象，並向皇帝報告他已經急派水師提督黃仕簡領兵二千由鹿耳門飛渡進剿，又命陸路提督任承恩領標兵一千二百名入臺，口氣非常緊張。乾隆看了他的奏報後，批評常青「看爾等俱屬張皇失措」，並說「臺灣常有此等事，此次何至爾等如此張皇恐懼」、「豈有因一匪犯，使合省及鄰疆皆懷恐懼之理？」」可見皇帝當時把林爽文之事看成一般械鬥。他不了解臺灣實情，如當地民風好鬥，而且人民痛恨官吏的貪婪，藐視兵丁的實力，而林爽文已集眾十萬，打下了半個臺灣，他還以為殺雞焉用牛刀，派如此多官兵赴臺，真是「張皇失措」之舉！

常青派到臺灣的水陸兵丁，抵臺後沒有發生平亂的作用。海壇鎮總兵郝壯猷雖一度打敗民軍收復鳳山，但不過二十天他又被莊大田部猛攻下，死傷慘重的失掉了鳳山，逃回府城。福建陸路提督任承恩由鹿港登陸，見林爽文兵勢強大，不敢出戰，龜縮在鹿港，一籌莫展。水師提督黃仕簡則株守府城，毫無作為。可以說清軍都被民軍切斷，並被包圍之中。

皇帝後來知道了臺灣的危急情形，一邊下令閩浙總督常青為將軍入臺，以福州將軍恆瑞、提督藍元枚為參贊，率領所屬滿漢軍隊由常青統領，一邊命令將失地遁逃的郝壯猷就地正法，將擁兵觀望的黃仕簡、任承恩革職下獄。

常青於五十二年三月抵臺，擔任欽差大將軍，到十一月初福康安領兵征臺取代他為止，歷時八個月，這期間他不但沒有達成任務，反而使情勢更為惡化。常青出生於官宦之家，父親安圖當過江西巡撫。他從一個郡王府的長史，一路升官到閩浙總督。他根本不是將才，而且庸懦無能；但他善於鑽營，特別是搭上了當時被皇帝寵信的和珅，所以他官運亨通。這次遇上林爽文之變，令他愁苦萬分。

常青抵臺後不久，莊大田部下莊錫舍率眾投降了清軍，一度使府城的處境轉好；但是為時不久，林爽文與莊大田兩路大軍會合，猛攻府城，使清軍重創。五月下旬，常青曾有一次帶兵出城迎戰，結果大敗。有人說常青駭怕到「手不能舉鞭」，在軍中大喊：「賊砍老子頭矣！」不敢再戰，即速逃回府城，只作被動的防守。後來林爽文分兵北上，圍攻諸羅，臺灣總兵官柴大紀負嵎頑抗，多次派人請常青援救，常青也幾次派兵試去救援，但卻遭民軍擊敗。當時整個臺灣只有沿海及府城仍在清軍之手，柴大紀被困在諸羅，常青則株守府城，不敢離城一步。

林爽文深知諸羅的重要，曾經幾次發動圍攻，甚至用「中藏槍砲」的大車「擊城北堞」，並以火箭射雉樓，又斷絕糧道，但是始終攻城不下。常青在府城更是焦急恐懼，來臺半年以上，一事無成，既不能解府城與諸羅之圍，又不能削平民變，為了將來不受嚴重處分，俗話說：「三十六計，走為上計」，於是向和珅求救，據說「密札哀求和相，請以他將往代」。和珅可能在皇帝面前說了情，當常青上奏請「派一大員，到臺灣督辦軍需」時，皇帝也覺得常青既不舍南趨北，「豈在臺灣坐老即能了事乎？」常青年老，「留於軍營，亦屬無益」，因而有改派欽差到臺灣的事了。

乾隆五十二年六月，皇帝以福康安為將軍，領侍衛內大臣海蘭察為參贊大臣，率領在京的滿洲強勇侍衛一百多人趕赴臺灣，代替常青。同時下令抽調四川、貴州、湖廣軍隊數萬人速赴福建沿海，待命渡海入臺。至此，為鎮壓林爽文變亂，清廷已徵調了七省大軍十萬多人，軍費更是可觀，福康安是孝賢皇后的侄兒，傅恆的兒子，曾參加第二次征金川之役，多次率軍攻下險碉，軍功卓著。其後為皇帝重用，歷官盛京將軍、雲貴總督、內務府大臣、軍機大臣。乾隆四十九年的甘肅回民田五亂事他又去平定，升任協辦大學士，留任陝甘總督。

除了增派大軍備福康安作征臺之用外，皇帝又為征臺軍籌集大量銀米，命令戶部「於鄰近福建各省撥銀三百萬兩，迅速解往閩省備用」。其後不少洋商、鹽商又響應皇帝分別捐銀三百多萬兩。江南、四川、湖廣等省又派辦米糧一百多萬石，供應臺灣軍糧與救災之用。福康安在兵員糧餉方面確實是很充足了。

不僅如此，皇帝還降諭給他兩項重要的指示，這對福康安在臺取得戰勝結果是非常有關係的，一是皇帝叫他設法招撫良民，嘉獎（也許說得貼切一點是利用吧！）「義民」。所謂「義民」，就是擁護清朝反對林爽文等人的在臺百姓。原來移民到臺灣的廣東人與福建泉州人，他們都與福建漳州人因多年爭利益而惡交，林爽文起事時，粵民與泉民多不支持，後來有少數參加反清的也多半是被脅從的。康熙時朱一貴之亂，清廷就利用了臺灣族群的矛盾而收到很好的效果，乾隆也特別交代福康安要聯絡這些「義民」，增強自己的力量。另一件指示是他命令福康安登陸後，不忙去救府城，應先去搗毀林爽文的住家一帶老巢，因為起事人的家屬還居住在大里杙，林爽文與他的部下一定會分兵救家鄉家人，如此一來，諸羅之圍必解。即使林爽文等不返家救援，福康安可以毀大里杙後再攻包圍諸羅的民軍，林爽文兵丁見「巢穴已傾，自可不戰而潰」。不過在福康安抵達福建將渡臺時，皇帝發現諸羅情勢實在危急，又改變了計劃，諭令福康安「就此時情形而論，自先以援救諸羅為要」，並且還說：臺灣府城，現有常青防守，雖不能進攻，尚可禦敵。即使府城竟至失陷，亦不難收復。意思是福康安在援救諸羅後，用兵有自己的空間，不一定非救府城不可，因而大大減少了福康安的壓力。

乾隆五十二年十月二十九日，福康安率大軍抵鹿港，十一月初四日，海蘭察等與民軍大戰於八卦山，大敗爽文軍。由於清軍為數眾多，裝備也精良，加上用金錢與官位來誘惑「義民」，福康安大軍很是順利，在佔領彰化八卦山後，南下先攻崙仔頂，再打牛稠山（今嘉義縣），勢如破竹的逼近到了諸羅。福康安與海蘭察分兵攻打，林爽文領軍「阻溪自固，在山梁屯紮，見官兵將至，四面圍裹，不下萬餘」。清軍後來，「搶上山梁」，民軍不敵，紛紛逃竄，福康安等遂進入諸羅，解除了五個月的諸羅之圍。

福康安是十一月初八日打進諸羅的，他還不知道在五天之前皇帝已將諸羅縣名改為嘉義了。據清宮檔案所記：乾隆認為「城內義民幫同官兵，奮力守禦，保護無虞，該處民人，急公嚮義，眾志成城，應錫嘉名，以旌斯邑」。十一月初二日軍機大臣們遵旨更定諸羅縣名，擬出「嘉忠」、「懷義」、「靖海」、「安順」四個名稱，請皇帝選取。乾隆則在「嘉忠」與「懷義」兩個名字中，各取一字而定名為「嘉義」，取嘉獎義民之意。第二天，正式頒諭，將諸羅縣改為嘉義縣。

林爽文在嘉義戰敗後，便逃往大里杙。清軍追擊，先在丁臺莊（今臺中縣）發生戰鬥，互有死傷。爽文後又攜帶家人走集集（今南投），十二月初五日，清軍又追集集，爽文不守，逃到小半天（今南投），竄埔里社山中。福康安派兵入山追捕，並檄令原住民幫助搜索，直到第二年正月初五日，林爽文逃到老衢崎（今苗栗縣）時，才被人捉到，獻給了清軍。

林爽文的被捕，還有一段插曲。據臺灣本地的方志說：他逃到苗栗後，自知性命難保，乃到朋友高振家，對他說「吾使若富且貴」，高振後來就把他「縛之以獻」清軍。不過在福康安向皇帝的報告中，則稱：因為清軍不熟路徑，又不認識林爽文，所以找了義民作眼目。正月初五日在老衢崎地方，義民首領高振發現了林爽文，隨即告知清軍侍衛翁果爾海等三十多人，一同圍捕，拏獲後解送京城的。高振後來賞戴藍翎，並授千總職銜。林爽文等則被裝入木籠，渡海押解北京，經大學士、軍機大臣會審後，按律凌遲處死，梟首示眾。

福康安平定北路之後，又揮兵南下，向莊大田發動猛烈攻擊，莊大田先據大武壠（嘉義東南一帶），經過激戰，民軍不敵，乃退保琅嶠（今屏東縣）。二月初，清軍分水陸兩路攻琅嶠，莊大田拒戰失敗被擒，後被磔殺於府城，林爽文反清之役，至此才完全被平息。

福康安建立了「三月平臺」的大功之後，又著手處理善後問題，他修建了城池，添設了戍兵，賑濟了災民，並舉辦屯田，給從征的幾千名原住民各四十多畝田地，要他們協助官兵，防守隘口，緝捕逃犯。福康安又與福建巡撫徐嗣曾根據皇帝指示，妥擬了稽查臺灣積弊善後事宜章程十六條，計為一、各營操演宜設法稽查以核勤惰。二、水師兵丁宜按期出洋巡哨。三、嚴總兵巡查之例以肅營制。四、兵丁貿易離營等弊宜嚴行禁止。五、禁革旗牌、伴當、內丁、管班四項目兵丁以杜包差之弊。六、換防戍兵宜分交水陸提督互相點驗。七、清查海口城廂各砲位。八、嚴禁搶奪械鬥以靖地方。九、清查戶口以別良奸。十、嚴禁私造器械旗幟。十一、嚴懲賭博惡習。十二、大員輪查臺灣文武官員出具考語。十三、准臺灣道員專摺奏事。十四、開八里坌海口以便商民。十五、嚴查各港口私渡船隻。十六、修治道路與船隻以便傳遞郵報。

這些善後事宜的實施，使得清廷能更進一步有效的管理與統治臺灣。

30 「秋後算帳」

臺灣林爽文之役，自乾隆五十一年十一月二十七日起事，至乾隆五十三年二月初五日莊大田等被捕而平定南北兩路動亂，前後歷時一年又三個月。在歷次戰鬥中，民軍死傷的很多，無法統計。清軍方面據福康安的報告，自乾隆五十一年十一月至五十二年十月，陣亡官弁計一百四十一員，滿漢兵丁共為四千零九十五人。福康安來臺主持軍務後，直到平息亂事的三個多月中，戰事中死亡的漢屯官弁兵丁共四百七十八人。另據戶部開列的資料，說四川抽調征臺的屯土弁兵共傷亡二千八百七十八名。清廷為平臺花費的軍費也是一筆大數字，因此在平臺之後，除了妥擬善後事宜章程外，還做了一些賞罰的事宜，現在把這筆「秋後算帳」分兩方面來簡略說明。

除了福康安、海蘭察這些功臣得到封賞以及死難官兵得到撫卹外，皇帝很重視臺灣當地「義民」的獎賞。他曾在諭旨中說：「如係務農經商生理者，即酌免交納賦稅。若係首先倡義紳衿，未有頂帶者，即開列名單，奏明酌予職銜，以示優異。」福康安上奏稱在南路東港上游，有粵民一百餘莊，誓不相從莊大田，並同心選出壯丁八千多人，由舉人曾中立等領導，堵禦天地會民軍，請皇帝嘉獎。乾隆親自寫「褒忠」二字匾額，並賞給曾中立同知職銜。另有教授羅前蔭也因管理義民有功，也賞給同知職銜。其他劉繩祖、涂超秀、黃袞、周敦紀四人，俱賞戴藍翎。在北路彰化一地，楊振文與曾大源在林爽文起事時，拒絕入伙，棄家逃到泉州，後隨福康安征臺，在鹿港一帶招募義民並參戰，經福康安奏請賞戴花翎，曾大源因係舉人，後來還以同知實缺補用。還有嘉義的黃奠邦、鄭天球、王得祿、淡水（新竹）的王松、高振、葉培英等人，都以翎頂加身，榮宗耀祖了。

林爽文動亂期間，臺灣米價飛漲，高到平時三倍，即一石賣價三兩銀之外。皇帝了解實情之後，先下令蠲免乾隆五十二及五十三年兩年錢糧，讓人民得到經濟實惠。同時又因兵亂農村無法正常耕種，嚴重缺糧，先從內地運米來臺救急，廣為平糶，以減市價。皇帝又下令給難民賑濟銀與修屋費二十四萬多兩，以便人民安身。

附從林爽文作亂的人當然也應受罰。現在舉三項作為說明：

第一、在變亂中參加林爽文民軍的，不論是漳州人是泉州人，事後都受到遷徙內地的處分。

有人被編入大陸清軍內當兵，藉以約束，這批人如阮和等約有九十多人，因後來叛林爽文投清，他們有罪又有功，所以貸其一死，但不能再住臺灣。另外有一批人如李祖生等一百多人，情節較重被發往湖南、貴州、廣西煙瘴地區，交與地方官嚴加管束。還有在作戰中被清軍俘獲的很多人，則被充軍到黑龍江等處，分給滿洲兵丁為奴，以防止他們逃回原籍。清廷如此措施，據說是怕他們留在臺灣，滋生事端。

第二、參加林爽文亂事死亡及遷徙內地的人，他們所有的田產被政府充公，另行作分撥之用，或為渡臺防守兵丁的補貼。林爽文與其他要犯的祖墳，不論在臺灣的，或是在內地的，都給刨挖，以示懲罰。

第三、林案要犯的子孫，十五歲以上的處死，十五歲以下則送到北京內務府進行閹割手術，充當太監，以備宮廷灑掃之用，前後分三批解送，共有三十七名幼童，其中年齡僅四、五歲者達六、七人，極為淒慘。

在林爽文之役「秋後算帳」事件中，最令人感傷的可能是柴大紀的被處死。一般說來，柴大紀死守諸羅的功勞很大，而且連皇帝也激賞並嘉獎過他，何以最後得到如此不幸下場呢？此事值得一述。

柴大紀是浙江江山縣人，乾隆二十八年由武進士揀選為守備，分發福建試用。三十六年至四十三年，歷任水師守備、游擊、參將等官，後升湖南水師副將。四十六年升為福建海壇鎮總兵。從資歷上看，柴大紀是科班正途出身，一路升遷平順。乾隆四十八年，原任臺灣鎮總兵孫猛患病，因水師無人可調，閩浙總督富勒渾奏請將柴大紀調到臺灣，署理總兵，皇帝卻降旨令柴大紀為正式的總兵官，這是他入臺的經歷大概。

臺灣因地處海外，一般地方官視臺灣官位為肥缺，不以冒險渡海為畏途，不少人反而以獲得美缺為喜，因為來臺任官後可以任意侵漁肥己，大獲貲財。柴大紀多年服務軍旅，綠營惡習沾染仍多，來臺後的操守大有問題；不過自林爽文起事後，他的表現應該是不錯的。

乾隆五十一年動亂開始後，柴大紀先領兵保衛府城臺南，立下功勞。後來領兵收復諸羅，並在乾隆五十二年間死守諸羅，雖經林爽文先後十次猛攻，始終堅守，也阻止了林爽文全力攻打府城的計劃。設若柴大紀在諸羅戰敗，民軍必可揮兵南下，沒有後顧之憂的與莊大田會合，府城也會被攻陷，林爽文據有全臺即能成為事實，清軍要想恢復也會更為困難。因此諸羅保衛戰是具有重要性的。

皇帝對柴大紀守諸羅的戰功也是肯定的。乾隆五十二年五月十六日，皇帝就降諭褒揚其戰功，命交兵部議敘，並賞給大荷包一對、小荷包兩對，讚揚他「始終奮勉出力」。六月十六日，又頒諭旨說柴大紀「實屬奮勉可嘉」，「著即補授福建陸路提督」，這次不是空口讚美，而是給柴大紀升了官。七月中又下令「授柴為參贊大臣及壯健巴圖魯名號」。「巴圖魯」是滿洲語 baturu 的音譯，意為「勇士」，這是滿族有大功才能獲得的稱號，有清以來，漢人武將得此殊榮的不多。諸羅後來改名嘉義，雖然為了義民參與守城之戰，事實上也與柴大紀的義氣有關，因為皇帝看到各方情報，知道諸羅缺糧、缺兵、缺武器，柴大紀能死守幾個月，實屬不易，因此皇帝曾在八月二十七日傳諭給柴大紀，不必拘泥於城存與存、城亡與亡的舊思想，如果實在支持不了，可以「將賊匪乘勢剿殺，突圍而去」，意思是叫柴大紀可以棄城而走，政府將來不會怪罪的。可是柴大紀卻拒絕了皇帝的好意，寫了奏摺向皇上表示願與人民共守危城。柴大紀提出兩大理由不能突圍棄城：一是，「若一旦棄之而去，則城池營盤大砲均為賊匪所據，恐賊勢益張，鹽水港、笨港兩路之兵，均難駐守」。二是「城廂內外居住百姓，及各莊避難入城者，共有四萬餘人。……實不忍將此數萬生靈，盡付逆賊毒手！」皇帝閱覽了柴大紀的報告，被他的「忠肝義膽」感動得「為之墜淚」。認定他是「以國事民生為重」的忠義之臣，「古之名將！何以加之？」因而給他重賞，擢封為一等伯爵，世襲罔替。並且命令浙江巡撫撥銀一萬兩，賞給柴大紀的家屬，「用示朕軫念勛勞錫爵酬庸之至意」。

柴大紀有如此難得的際遇，應該前程似錦，一片大好了。可是就在此時，欽差將軍福康安等人向皇帝參奏他了，說諸羅城被圍數月未失的原因是「眾民一心奮勇。柴大紀人本詭詐，甚染綠營習氣，不可倚任」，所奏守城、打仗各情，多非事實。皇帝看了福康安的奏報，最初很不以為然，認為福康安「過事苛求」，於是寫了一份滿洲文的諭旨給在臺灣的福康安，曉諭開導，並為柴大紀剖辯，甚至還指點出福康安或因柴大紀「屢經恩旨褒嘉，或稍涉自滿，在福康安前禮節或有不謹，致為福康安憎，遂爾直揭其短乎？」皇帝並且還婉轉的對福康安說：

> 朕於柴大紀、蔡攀龍二人，並非先有成見，不過念其守城打仗，勤苦出力，曲加軫念。福康安非他人可比，尤需仰體朕心，略短取長，方得公忠體國之道。況柴大紀已加恩封以伯爵，蔡攀龍業經超升提督，福康安所奏各情形，並無確據，豈可轉沒其功，遽加以無名之罪耶！

皇帝既如此相信柴大紀，此參案本應該就此了結；但是這年底，有位工部侍郎名叫德成的，他自浙江返京，皇帝召見他時問起柴大紀平日的官聲名譽如何？德成回皇帝說：風聞柴大紀「縱恣自大，且居官貪瀆，較之地方文職尤甚，並將臺灣所轄守兵，私令渡回內地，貿易牟利，駐守之兵，所存無幾」。皇帝聽了這番話之後，突然改變了態度，他想到臺灣駐軍，為數本來不少，就因為柴大紀「私令渡回內地」，才讓林爽文之亂蔓延滋擾開來，於是下令叫福康安與閩浙總督李侍堯查明柴大紀的罪行，拿問治罪。乾隆五十三年正月二十三日，皇帝正式下令將柴大紀革職拿問。七月間柴大紀被認定有罪處斬了。

柴大紀被殺之後，兩百多年來不少人認為是一大冤案。同時代人滿洲貴族禮親王後代昭槤就說：

……大紀以功高，與福康安抗行賓主禮，康安銜之，遂密奏其人奸詐難信。會侍郎德成自海上監修城垣歸，復媒孽大紀之短。上信其言，遂以前貪縱事，逮大紀及永福入，先後正法。

道光時代的大學者魏源也說：

初福康安之解諸羅圍也，柴大紀出迎，自以參贊、伯爵，不執櫜之儀，福康安即劾其前後奏報不實。

民國初年修《清史稿》，書中有〈柴大紀傳〉也寫著：

……福康安師至，嘉義圍解，大紀出迎，自以功高拜爵賞，又在圍城中，倥傯不具櫜鞬禮，福康安銜之，遂劾大紀詭詐，深染綠營習氣，不可倚任……侍郎德成自浙江奉使還，受福康安使，訐大紀。上命福康安、李侍堯、徐嗣曾按治……軍機大臣覆讞，大紀訴冤告，並言德成有意周內，迫嘉義民證其罪，下廷訊，大紀猶力辯。……

清史大家蕭一山先生認為：

福康安之解諸羅圍也，城中市民皆羸飢無人色，見福至，無不欷歔啜泣，喜其來而悲其晚也。惟大紀出迎，自以參贊、伯爵，不執櫜鞬之儀，福康安恨之，密奏大紀奸詐難信，前後奏報不實。……大紀逮至京，命軍機大臣會同大學士九卿覆訊，大紀再三稱冤。弘曆廷訊，大紀始引咎，仍微訴其枉。清廷謂其狡辯取死，依福康安所擬正法。時議以大紀之死也，不知引咎，昧帥臣之體，與張廣泗不服訥親之劾，而負氣大廷者何異？……

近人周遠廉教授則稱：

為什麼皇上對柴大紀的態度會發生這樣一百八十度的大轉變，把他由欽封的忠臣名將貶為奸佞小人？是乾隆洞察秋毫識破柴大紀偽裝面目，還是聽信讒言誤殺棟樑之臣？從歷史事實看，從乾隆有關柴大紀數十道諭旨看，柴大紀確實不是有罪當戮，而係含冤去世。

以上諸家的看法大都從皇帝諭旨中因柴大紀「屢經恩旨褒嘉，或稍涉自滿，在福康安前禮節或有不謹，致為福康安所憎」這些話引申而來，事實上福康安在調查柴大紀之後所述的罪狀才是真的重要，如「縱容兵丁出錢替役、離伍貿易，包庇娼賭」，以及柴大紀本人營私罔利，巡查婪索天價，海口得受陋規，公然受賄徇私，林爽文起事時「退縮府城，以致賊匪蔓延猖獗」，這些罪行是犯了「統兵將帥玩視軍務故意遷延貽誤軍機」大罪，按律是「擬斬立決」的，也因此福康安才請皇帝將柴大紀「即行正法」。

福康安指陳的各項罪名是不是都是真實呢？據柴大紀後來在北京受審時的口供，我們可以了解一部分是確有其事的，一部分則是柴大紀矢口否認，認為是羅織的罪名。例如他到臺灣之後，按照舊規，在巡閱南北兩路各營時，接受「折送酒席銀兩」，前後四次，共得番銀一萬二千元。在「撥補各營外委」時，他又收過不少人番銀「各七八十元及一百餘元不等」。還有巡查經過廳縣所收盤費銀兩，「共得過番銀七千三百餘元」。「又每年受營員生日節禮番銀三千七百餘元，亦是有的」。顯然柴大紀對貪婪得贓是供認不諱的，只是這類收受銀兩都是慣例的居多，從前多任總兵都取得這些銀兩的。

至於「廢弛營伍，全不認真操演，縱令兵丁在外包庇娼賭，販賣私鹽」等等，為什麼柴大紀「不行查辦」？柴大紀在供詞中有：「臺灣營伍廢弛，我不能實力整頓，隨時操演，以致兵丁在外包庇娼賭，原是向來有的」。總之，這些都是多年來的老問題。

對於彰化玩誤軍機的指控，柴大紀辯稱他因回府城添兵，不料彰化與諸羅兩城失陷如此之快。後來諸羅收復，他因軍力不足，只有「在縣城死守，以待大兵」。他不認為他犯有貽誤軍機的大罪。另外他指德成在臺灣有意羅織罪款，圖謀陷害。軍機大臣等原本判了他監候免斬，但他在皇帝親自審問時，給皇帝的印象是他想「將德成扳陷，希冀脫罪，奸巧之極，實屬可惡」，因而激怒了皇上，改判他「即行處斬，以為辜恩昧良，狡詐退縮者戒」。

柴大紀的貪瀆，罪應處死；但他的戰功也不應抹滅。蕭一山先生說他「不知引咎，昧帥臣之體，與張廣泗不服訥親之劾，而負氣大廷者何異」？極有道理，因為乾隆是專制獨裁君主，大臣只應向他求饒服貼才能生存得寵，辯論是不能得到真理的，柴大紀確與張廣泗一樣，畢竟還是個正直而又負氣的「武夫」！

31 臺灣赤崁樓邊的平臺紀事碑

平定臺灣林爽文之亂既然被列為十全武功之一，好大喜功的皇帝當然會為自己美言一些功績了。史官們以文字寫記在國家官書裡，乾隆自己也留下不少詩篇歌頌他的決策與成就，這些還是不夠，他在乾隆五十三年三月十一日，降諭軍機大臣說：

……此次剿捕臺灣逆匪，軍書籌筆，宵旰焦勞，一切緊要機宜，朕思所及，隨事指示。福康安等稟承方略，擘劃周妥，仰賴上蒼眷佑，於三月之間，生擒二逆首，全郡賊氛，掃蕩無遺。現在大功告蕆，所有辦理此事顛末，曾親製紀事語二篇，及平定臺灣功臣像贊序一篇，備述用兵機要及賞功罰罪諸大端，而一本於敬天勤民、孜孜不怠之一心，宜勒之貞珉，以昭彰癉。

著將御製文三篇，用清漢字書寫，發交福康安、李侍堯，於臺灣府及廈門二處，建碑碣三座，照依尺丈，慎選石工，妥為鐫刻，俾巖疆海徼，咸喻朕勤政愛民、明慎用兵之意。

這道諭旨就是現存臺南赤崁樓邊那些滿漢文大石碑的由來。

同年八月間，乾隆皇帝又降諭旨說：

> 前因臺灣賊匪剿捕完竣，但該處民情剽悍，雖經此一番懲創，恐事過即忘，不足令其怵目儆心，常思安份，特令於臺灣建立福康安、海蘭察等生祠，俾民人望而生惕。……福康安、海蘭察等帶兵渡臺剿賊，固屬有功，而李侍堯在泉州、廈門一帶，辦理軍需，始終無誤；徐嗣曾前赴臺灣，幫辦善後一切，亦屬妥協，……著准一體列入。俟生祠建竣後，將御製功臣生祠紀事詩一首，繕寫清漢字發往，一併刊泐碑旁，以示朕優獎勤勞至意。

這是福康安等人生祠裡刊勒滿漢文紀事碑的由來。後來又加上平定臺灣告成熱河文廟碑文一件，兼寫滿漢文，而福康安等生祠詩碑字少，合刻一塊，因此當時臺灣的一組石刻碑共五種，計為：

一、御製平定臺灣告成熱河文廟碑

二、御製平定臺灣二十功臣像贊序碑

三、御製生擒林爽文紀事語碑
四、御製生擒莊大田紀事語碑
五、命建福康安等功臣生祠誌事詩碑

前四種各刻滿漢文的一塊，共八塊，第五種因兩種文字刻在一起，所以總共為九塊。

五種碑文的內容文字很多，不能盡錄，大體說來，生擒林、莊紀事與功臣像贊三篇主要的是表達他大皇帝的思想、戰略、方針及某些行事作風，當然對他用兵主旨、調度有功、指揮得宜，終能平臺等事語多溢美。平心而論，在平臺的軍事行動期間，皇帝確實是備極辛勞的籌劃、指揮，基本上是有功勞的；但是，他初期的嚴重錯誤判斷，用人不當、派兵過少以及事後處死柴大紀等事，都是敗筆，他在以上石碑的文字中就輕描淡寫，甚至刻意辯護了。如「林爽文始事之際，一總兵率千餘兵滅之而有餘，及其蔓延猖獗，全郡騷動，不得不發勁兵命重臣，則予遲速論所云未能速而失於遲，予之過也。然而果遲乎?則何以成功?蓋遲在任事之外臣，而速在籌劃之予心，故雖遲而終能成以速，非誇言也，蓋紀其實而已」。另外他又以命李侍堯代常青，常青代黃仕簡，藍元枚代任承恩而保住了府城，後來又命福康安等救諸羅，都是「未遲」的具體成績，這一切說法不外為他在初亂的錯誤作辯護而已。功臣像贊文強調他對臺灣用兵全是為海疆人民生命的關係，他有不得已的情由，絕不是窮兵黷武。他因為愛民薄賦，明慎用兵，才得天助而能勝利。

當然他也讚美了滿洲兵的天下無敵，而綠營兵已經是無用不堪，特別缺少能領兵的將領。至於福康安等人生祠紀事詩則有建祠理由如「三月成功速且奇，紀勳合與建生祠」以及皇帝希望「臺地恆期樂民業，海灣不復動王師」等語。

皇帝既然御製了碑文，也降諭地方官建碑造祠，福建省大吏當然只有遵旨趕辦。根據現存的史料，我們大約了解部分當日的情形。首先是選用石材的事。廈門因在大陸沿海，而福建省也有很好的山石可以造碑。可是臺灣地區平地不產巨石，而且石質不好，堅緻程度不夠，所以後來只好轉往內地求材，最後決定仿照廈門的方式，在泉州府同安縣屬的金門列嶼與漳州府屬的龍溪縣港尾等地，開鑿山石，以作建碑之用。這批石材既是採自深山邃谷，運輸出來當然很是困難。當年沒有直升機或啟重機等設備，只憑人力作業，真是費錢費力，而且困難重重。據說負責人員為了開鑿這批石碑材料，事先做了不少準備工作，因為石料是先由內山開鑿出來，運到山邊，再由山邊運到廈門港口，然後裝船再運到臺灣的加工所在，這當中動員的人力相當可觀。據官員們事後報告說：計在開山掘土時用了泥匠三百九十六工；打石匠三百六十四工；運土扒土夫四百九十八名；旱運四十里用運工匠四百八十六工；沿途搭架泥匠一千零三十工；搬運架夫幫運下山拆架等工九百八十二名。工作之艱苦，工程之浩大，由此可見一斑。從廈門採得運往臺灣的石塊原料，有長六丈二尺四寸的，重量約為一萬六百零八斤。

這批石材運到臺灣之後，當時的臺灣道萬鐘傑與臺灣知府楊廷理立即督同臺灣與嘉義兩縣官員，一面負責趕緊建造，一面又陸續從大陸購買其他木料等物，作為蓋屋之用，到乾隆五十六年才完工，前後費時三載。據有關的資料記述：臺灣府城的碑亭與生祠建在府學之南：

> 築砌臺基，前建頭門一座，中建方亭一座，豎碑四通，恭勒御製平定臺灣告成熱河文廟暨二十功臣像贊序共清漢文四道；左建六角亭一座，豎碑二通，恭勒御製生擒林爽文紀事清漢文二道；右建六角亭一座，豎碑二通，恭勒御製生擒莊大田紀事清漢文二道。碑亭之後，接建功臣生祠頭門一座，兩邊遊廊兩所，後建正祠一座，兩旁廂房二所。祠前另建六角亭一座，豎碑一通，恭勒御製命建功臣生祠誌事詩清漢文合刻一道。周圍概築花牆，外面統砌磚牆，以資衛護。

嘉義地方的生祠與府城生祠的式樣差不多，在縣城內：

> 適中處所，築砌臺基，前建功臣祠頭門一座，內兩邊遊廊二所，後建正祠一座，廂房二所，祠前另建六角亭一座，豎碑一通，恭勒御製命建功臣生祠誌事詩清漢文合刻一道，周圍俱築花牆，外面統砌磚牆衛護。

以上兩處的工程，在府城的共費工程費二萬二千四百六十六兩多白銀，嘉義部分因只建生祠，花費較少，計白銀七千五百十八兩左右。兩項工程總共用了兩萬九千九百八十四兩。

從以上的文字記述，我們可以看出：在當時這應該算是一項大工程了，花了三年的時間，動用了近三萬兩國帑，不須說碑亭與生祠都應是壯麗的建築。可惜由於日後的天災人禍，這些建築都已經不復存在，我們只能從上引文字中想像其式樣與規模了。所幸九塊石碑還大體完好的尚存人間，也算是不幸中的大幸事。

最有趣的是，這筆工程在經費報銷上還發生了一段插曲，地方官與中央主管機關爭訟了兩年多，最後還得乾隆親自裁決才算了案，殘存的史料大約的為我們鈎考出了當時報銷爭論的所在：主要的是中央主管機關工部認為兩地工程費花掉近三萬兩，「與則例未盡符合」，不准報銷。乾隆五十六年十月十七日，閩浙總督覺羅伍拉納與巡撫浦森又合奏請求准「於存剩軍需截存臺灣府庫銀內動給」，皇帝沒有同意，工部則堅持石料報價太高，而「生祠應與別項房屋無異，何得亦用石柱，致滋糜費」。其他匠伕、運腳等費，也有浮報之處，問題似乎不止一端。福建布政使伊轍布雖然一再解釋開鑿大石碑與開採一般小石塊不同，不能一律計丈論價。運送費用也因山路崎嶇，倍增開支，這是常情，也是事實。至於生祠為什麼要用石柱，而不用一般房屋的木柱，伊轍布也說明了原因。他說「臺灣不產木植，購備巨料，工價昂貴；兼生祠在碑亭之後，碑亭已用石柱，生祠自應一律辦理，庶期堅固經久，以重欽工」。這些解釋有的言之成理，有的甚為牽強。不過地方官總是希望中央能准許報銷，特別是爭取到皇帝的同情，了結此案。可是工部在再三調查審算之後，向皇帝呈上了一份決定性的建議，其中有：

一、碑身十塊用銀應減少三千一百四十八兩三錢八分。

二、生祠石柱費用浮報，三十六根亦應減銀五百七十二兩四厘。

三、其餘石料、磚瓦、匠夫等項，應共減銀九百六十六兩三錢四分七厘。

總計以上三項應共減銀四千六百八十六兩七錢三分一厘，實准報銷兩萬五千二百九十八兩一錢五分六厘。

工部的核算也許苛刻了一些；但地方官浮報卻是常見的，尤其覺羅伍拉納與浦森是大貪官，後來因其他貪案被處死的，皇帝在工部的報告上批了「依議冊併發」，核減的銀兩由地方官設法彌補了。

碑亭與生祠花了那麼多經費建造，而且承辦官員一再強調「堅固經久，以重欽工」，可是這些工程顯然造得不好，甚至是減料偷工，因為不到五十年，在道光年間，有人就見到府城裡的碑亭與生祠都已成「亭圮碑存」的殘破景象了。「外三門及圍牆已盡圮，前層滲陋剝落，雕鏤細工，修補尤難」。

乾隆以後，清朝進入中衰期，特別是鴉片戰爭給海疆帶來危機，國家多難，臺灣的碑亭與生祠當然變為不足重視的建築，更談不上動用巨款來維修了。中日甲午戰爭以後，臺灣割讓給了日本，在日據期間，為了造建馬路，日本官員把原先豎立在府城學府南邊的碑亭與生祠裡的大石碑九塊，一齊搬運到大南門內城之中，建造碑林。生祠（在現今南門路郵局一帶）也因擴建工程而剷平了。第二次世界大戰以後，臺灣光復，約在民國五十年（一九六一）左右，這些御製大石碑才被臺南市政府安置到赤崁樓邊的今址，供人觀賞憑吊。至於嘉義地方的一塊生祠紀事詩碑，現在仍放在中山公園之中。

林爽文事件後臺灣建造的一組滿漢文大石碑，雖然飽經風霜，石質也部分斑駁；但在當今世界各地，除韓國漢城近郊的三田渡大石碑以及北京、承德的一些石碑之外，恐怕像這樣的金石遺珍也不多見了。我們應該重視這批珍寶，好好的維護它們才對！

32 安南和戰略述

現在的越南在乾隆以前稱為安南，與中國廣西、雲南兩省相鄰，在秦漢時代即與中國有廣泛的交往。明朝安南國王黎氏定期向中國朝貢，到十六世紀中期，安南發生政變，黎王被權臣莫登庸推翻，從東京（河內）逃往保清華，後來黎氏後代黎維潭得舊臣支持，打敗了莫登庸而重掌政權，為了酬庸舊臣，新任黎王就以舊臣鄭檢與阮璜為左右輔政，但不久鄭檢排擠了阮璜而自兼左輔政，掌握國家大權，國王僅有虛名。阮璜逼走到順化之後，積極發展，人稱廣南王，居富貴城，與鄭檢對抗。清朝入主中國以後，順治十七年（一六六〇），安南國王黎維祺奉表貢方物，與清朝建立了封貢關係。乾隆中期，鄭森殺害了安南國世子，奪取金印，謀篡王位，並與廣南王的臣僚阮岳、阮惠勾結，合攻廣南王阮福淳及其權臣張福巒（因其人專恣暴虐，人稱為「張秦檜」），阮福淳因戰敗南奔，廣南政權一時垮臺，阮惠因勢力坐大，自稱泰德王。乾隆五十一年（一七八六），阮惠攻黎王都城，殺死竊權的鄭氏族人，自己執掌王國大權。第二年黎王維端病逝，其孫黎維祁繼立，阮惠因不得人望先以水陸兩路軍將王宮珍寶運到廣南根據地，不久後又重新攻打黎城，黎維祁乃出走，隱居在民間，當時安南可謂南北混亂，民不聊生。

乾隆五十三年六月十七日，廣西巡撫孫永清上奏皇帝，報告安南政局變亂情形，並說黎維祁出奔，其臣阮輝宿、黎炯保護王母、王子等逃難到了中國邊境，求救入隘。經官員盤問後，已將阮輝宿等男婦老幼六十二人收受入隘，撥給房屋，令其居住。皇帝接到孫永清的奏報之後，隨即下達諭旨，給予指示：一、安南去年失國印，目前又有王室人員「求救入投」，應盡速查明真相辦理。二、孫永清從未參與戰事，此事應由兩廣總督孫士毅速赴廣西調查。三、安南原係阮家天下，後為黎氏佔奪，現在阮氏如為恢復舊業，亦可從而安撫。如非此阮氏所有，現強行篡奪，則不能置之不問，否則有失宗主國之體統。軍機大臣與孫士毅等查明後，提出對策。四、對來投的王室等人，「優給廩膳，勿使失所」。五、設法尋找國王與遺臣，查明上報。

六月二十六日，孫士毅的奏報抵京，談到阮輝宿向他報稱：阮氏只據東京黎城與牧馬、諒山等少數城市，而阮惠之兄阮岳「一味獷悍，並無法令」，不得人心。黎王若能乘隙而動，「即可一舉成擒」。皇帝認為「人心又戴舊足恃，尚可徐圖恢復，辦理尚易」。傳諭孫士毅令阮輝宿回國告知黎維祁招集義兵，力圖恢復，「目前天朝已派調大兵」協助，如阮岳「負固不服」，清軍將「四路會剿」。不久之後，清政府以總督名義發布責斥阮氏的檄文，希望安南臣民支持黎氏，恢復王室。

皇帝雖一再強調「興滅繼絕」、「字小存亡」，但並未正式下令用兵。孫士毅除了利用阮輝宿的談話表示黎氏還得到大多人民的支持外，他又向皇帝報告斥阮檄文在安南各地發布後，阮岳、阮惠兄弟都「畏懼逃遁」，阮惠部下將領也有「即知外逆效順」的，言外之意，如若出兵，勝利是可以預期的。皇帝受了他的鼓動，也認為「阮岳等亦無須多兵剿辦」，派廣西提督許世亨及總兵一、二員帶兵數千即可，最多讓孫士毅再準備幾千兵丁，在邊境關隘駐紮，「聲言續發」，壯壯聲勢。

阮惠見清軍將至，乃向孫士毅請入貢，說明黎維祁生死不明，請清朝讓故王黎維褍的兒子維謹主國事，並迎其母妃回國。清廷認為阮惠是狡猾緩師，而且想立維謹為傀儡，下令要孫士毅嚴斥阮惠，不接受他的朝貢。同時決定用兵，兵分三路向安南進發：一、由廣東欽州出海，過烏雷山到安南海東府。二、由雲南蒙自縣蓮花灘陸路到安南的洮江。三、由廣西鎮南關直往安南。同年十月，孫士毅與許世亨率兩廣兵一萬人出鎮南關，直搗王京，以二千兵丁駐諒山為聲援。雲南提督烏大經則調集大軍八千取道開化廳之馬白關，入安南界。由於清軍軍威旺盛，又有土兵義勇隨行，因而阮氏的隘兵都聞風逃散。阮氏最後只好靠天然地形的三江之險，即壽昌江、市球江、富良江（紅河）抵禦清軍。

乾隆五十三年十一月十三日，孫士毅部屬兵抵壽昌江與阮惠兵交戰，阮惠軍敗，退守南岸，擠斷浮橋，清軍在大霧中不知浮橋已斷，帶頭兵丁有二十多人落水，所幸後攀援竹筏登岸。清軍後砍竹編筏，始能渡過壽昌江，繼續南下，後在三異與柱石交界處與阮軍交戰，阮軍於山坡豎紅、白、黑等色旗幟，擂鼓進攻。十四日晨阮軍敗退，清軍俘叛軍七十九名。其後清軍又分兩路進擊，抵達市球江邊。

市球江面較寬，阮惠在南岸坡嶺上屯兵，並於沿江一帶豎立竹木柵欄。十一月十五日阮惠軍列砲猛轟北岸清軍，清軍仰攻困難，多有死傷，戰爭延至第二日，孫士毅乃命分兵乘夜於二十里外地方暗渡。十七日，清軍分兩路夾擊阮惠軍，並突襲阮惠市球江大營，火光四作，阮惠不辨清軍多寡，不知暗渡兵來，全軍潰散。清廷據報，是役阮惠軍積屍江岸與漂流江面的至少千人，被生擒的有五百多名。十一月十九日晨，清軍抵達富良江北岸，阮惠在江心以大小船施放槍砲，孫士毅軍則於遠處覓小船乘夜到江心奪取大船，輪番載渡兩千餘人過江，分頭進攻。二十日清軍全數過江，阮軍向南方潰逃。原本清軍在作戰時以割取已死敵人首級與俘虜耳朵記數，以作論功行賞依據的，孫士毅以為「追殺敵人間不容髮」，「不令於剿殺吃緊時割取，致滋延誤」，令兵士繼續乘勝追擊。乾隆皇帝為此事還稱讚他說：「所見是，不料汝讀書人具此識見，以手加額慶得一好大臣，較之定安南尤為快也。」

十一月二十日，清軍收復黎城，當天深夜黎維祁也由躲藏的鄉村趕回王城，與孫士毅見面。乾隆皇帝在孫士毅出兵時就命令他克復黎城後，若黎維祁出面，即傳旨冊封他為安南國王，因此孫士毅當即宣諭這項冊封命令。黎維祁以「陵寢尚陷賊境，未獲展拜」，懇請暫緩冊封，孫士毅認為不應該以「私情瀆請」，仍決定二十二日宣讀冊文，進行加封。清廷因為安南動亂經年，元氣大傷，遣使入貢若按規定又必費時費錢，不如早日冊封，以安定民心，而且清軍在外過久，也怕遭遇不測，所以皇帝交代孫士毅速辦冊封之事。

孫士毅等此次行軍征討，不到一月即恢復黎城，也辦好冊封安南國王的封典，皇帝非常高興，乃降旨封孫士毅為一等謀勇公，賞戴紅寶石帽頂。許世亨為一等子爵，其餘文武官員也有被賞賜的。正在京城與前線都歡慶戰爭勝利之時，孫士毅從安南傳來不幸的戰敗消息。

原來黎維祁恢復王位之後，為了報復，大肆誅戮，很失人心。據史料記述：「帝（黎維祁）性褊刻，宗室女有嫁賊將有孕者，命刳之；又刖其皇叔三人，投於宮市，人情稍稍離貳。」當年除夕，安南王家母眷從廣西邊境回返黎城時，見黎維祁行動乖戾，母后都忍不住的提出警告：「我辛苦請得援兵來，國家能經幾番恩仇破壞，亡無日矣！」母后甚至號泣不肯入宮。孫士毅也阻止過黎維祁誅殺臣民，要他「務須寬大，收拾人心」。另外一個影響人心的事是「連年荒歉」，而「清兵在京者，肆行抄掠，民益厭之」。加上阮惠敗後南下，兵力並未損失太大，他只是暫避鋒頭，俟機再起。

清朝中央也以為孫士毅的任務已經達成，可以撤軍回粵，不能再窮追深入，否則有可能被阻滯在異域，轉致欲罷不能。孫士毅本係文官，對軍事了解不多，他以為用兵不到一月，阮惠被打得節節敗退，好像清軍所向無敵，因而有了輕敵之心，而且又想功上加功，徹底消滅阮惠，他就有繼續作戰之念，不照朝廷的意思班師了。甚至在同年十二月間，皇帝給他降諭多件，一再說明恢復安南黎朝的任務已達成，可以撤軍。因為安南地小又多瘴氣，易染疾病，運糧又難，加上黎維祁懦怯無能，「天心已有厭棄黎氏之象」，朝廷不應該再花費巨大人力物力，從事這種「揆之天時地利人事實有不值」之事。然而孫士毅卻遲不撤兵，以致遭到乾隆五十四年新春慘敗的結局。

孫士毅不但不撤兵回國，同時也沒有乘勝追擊阮惠，只在黎城迤南一帶派兵防守。阮惠知道清軍「懸軍黎城」後，乃「傾巢出擊」，並先派人於五十三年除夕來詐降，孫士毅信以為真。第二天是五十四年元旦，「軍中置酒張樂」，歡樂的慶祝新年，哨兵來報阮惠軍過江來犯。黎維祁向孫士毅「哀懇，只好絜母逃至內地，求大皇帝賞飯一碗，以全性命，斷斷不願再做安南王」，經孫士毅開示大義，才「含淚而去」，孫士毅隨即與許世亨倉皇備戰，然而阮惠來兵人多勢強，猛烈進攻，又用象載大砲衝陣，清軍不敵，「黑夜自相蹂躪」，傷亡極重。孫士毅向皇帝報告說：「黎維祁聞阮賊親至，心膽俱裂，即手抱幼兒，隨同伊母逃過富良江，不及攜帶其妻，百姓見此情狀，俱慌張亂竄。」安南人則記載首先棄城的是孫士毅，「帝亦匹馬與士毅偕北……命黃益曉等馳歸內殿護太后、元子濟河」。孫士毅不但「身先士卒」的棄城北逃，而在渡富良江時為怕阮惠軍隊來追，他下令砍斷浮橋，而使得在浮橋南岸的許世亨與清軍一萬多人因橋斷而無法渡江，最後被阮軍殲滅，只有少數人當了阮軍的俘虜，被俘虜的清軍中有一個名叫張會元的，他後來因和談而被放回，據他事後供稱：

此次奉派帶兵在黎城南門外十里劄營，正月初五日寅時與賊打仗，殺死賊匪多人，直至未時，賊眾愈殺愈多，將官兵衝散。會元帶兵衝殺至江邊，見浮橋已斷，不能過江，彼時尚有兵百餘名。會元聲言與其束手待斃，莫若拚命殺進黎城，多殺賊人，死亦瞑目。眾兵聞言，各各奮勇，隨回身一路衝殺，直至黎城，被賊四面圍襲，會元在馬上咽喉偏右及左脇被賊長矛戳傷，昏暈墜馬，頸下又被刀傷一處，不省人事。

這是士兵親身經歷的遭遇，而孫士毅卻向皇帝報告：「在北岸候至一日，毫無提鎮等消息……因所帶官兵只有數百名，勢難前後受敵，只得率同慶成等三員回抵市球江。」顯然孫士毅是在扯謊。

這一仗，清兵陣亡與失蹤的五、六千人，一說萬餘人，包括提督許世亨、總兵尚維昇、張朝龍等官幾十人陣亡。孫士毅一路逃命入鎮南關，「盡焚棄關外糧、械、火藥數十萬」，黎維祁攜母逃抵雲南，雲南烏大經一路人馬則幾無損失的「整旅進關」，算是大幸。

孫士毅因貪功輕敵，遷延不遵旨撤兵，理應被嚴懲才對；但是當他返回廣西後，上奏認承自己「調度乖方以致兵敗」，請旨革職治罪時，皇帝在他的奏摺上批了：「何出此言」。後來孫士毅又上奏他願賠補這次用兵所動用的幾十萬兩帑銀，乾隆也批寫了「何至如此」。皇帝認為黎氏立國已久，政令廢弛，氣數已盡，為天所厭棄，不是孫士毅調度乖方所致，所以後來僅撤回以前封他的公爵及所賞紅寶石帽頂，另外同意了孫士毅第二次請罰的四萬兩補損兩廣營房裝備費用。皇帝不但沒有重罰孫士毅，不久之後還調他回京，出任兵部尚書，真是「天威莫測」。孫士毅何以不受罰呢？我個人有兩點想法：

一、他與傅恆、福康安父子二人的關係不差。乾隆三十四年大學士傅恆征緬甸時，他以侍讀之銜隨軍，「典章奏」，幫傅恆處理文移奏報。五十二年福康安被任命赴臺平林爽文亂，他又駐守潮州，遣兵助剿，備辦糧草器械。傅恆父子前後都算是以達成任務收場，孫士毅對他們不無襄助之功。這次孫士毅自黎城慘敗回到鎮南關，福康安正好趕到該地，後來福康安向皇帝上奏說孫士毅「此次提兵出關，三戰三捷，讀書人能如此實心肩任，一往無前，此心可對皇上，可對天地」。福康安是乾隆最愛髮妻的內侄，他能讓皇帝改變主意殺掉柴大紀，當然他也是有能力幫孫士毅大忙的，況且皇帝正要重用福康安代替孫士毅來收拾安南的殘局呢！

二、孫士毅在軍機處當過章京，又在內閣任侍讀學士，歷官中外三十多年，對皇帝的脾氣作風與官場積習都很了解，他敗歸之後，立即向皇帝表示「痛哭流涕、伏地叩頭，恭謝聖主天恩，自言調度乖方，貽誤軍律，致煩聖心，實屬罪該萬死」！乾隆是個集權專制君主，大臣只要向他認錯、懇求，總是會有較好的結果。如果像張廣泗、柴大紀這些人力爭公理，死不認錯，下場都很可怕。孫士毅又是「典章奏」的能手，把自己的喪師潰逃以文字修飾、淡化，而以「調度乖方，貽誤軍律」作罪狀，當然罪行就輕了。戰後他被召回京時，曾「待漏宮門外」，為了送皇帝一個「大如雀卵」明珠雕琢成的鼻煙壺，連和珅見了都讚不絕口的稀世珍寶。他的這些作為都是合皇帝胃口的，能不得到善待嗎？

乾隆五十四年正月二十六日，皇帝下令福康安為兩廣總督，並有意停止對阮惠的用兵，說阮惠不過安南一土目，「得其地不足守，得其民不足臣」，不值得去大動干戈。皇帝指示福康安說：「若阮惠等聞風畏懼，到關服罪乞降……不可遽行允准，使其誠心畏罪輸服，籲請再三，方可相機辦理，以完此局。」

在阮惠方面，因為當時他的兄長阮岳正與南方暹羅作戰，而他自己原只是廣南王的一個臣僚，現在能打敗清軍，但舊廣南王家及臣屬對他並不支持，而黎朝上下又視他如仇敵，所以他若想成為安南新國王，就必須得到清朝冊封認可，否則存在都是問題，因此他靈活的運用了外交手段，忍辱負重的一再向清朝懇請入貢。乾隆五十四年正月擊敗清軍後即差人賫表叩關，「情願投誠納貢」，當時孫士毅還在署理總督，即遵旨將表文退回，不予理睬。乾隆後來又提出一些條件，如阮惠必先將俘虜的清軍全部送還，縛送殺害許世亨等將領的安南官兵到中國接受處分，為死難清軍立祠紀念等等。同年二月初九日，阮惠二度遣使乞降請封，又不得要領。二月二十二日，阮使三度到關呈進表文，說明已將殺害清將之兇手查出，而俘虜送歸清方的先後四次共近七百名，完全遵照清方要求辦理。三月十六日福康安馳抵鎮南關，當時阮惠第四次使節已至，十九日福康安接受阮惠親侄阮光顯的表文，願為中國藩屬。阮光顯並請求進京覲見皇帝，並聲稱殺害許世亨等人之安南兵已被正法，福康安見其誠心悔罪，乃不復深究，只命令安南須建祠春秋虔祭許世亨等，另外阮惠得罪天朝，並未肉袒求降，雙方又議定來年乾隆八旬萬壽時，阮惠應親自到清廷祝壽，輸誠納款。

清朝官書裡一直稱阮岳、阮惠等人，但是阮惠派人來乞降的表文裡則自稱為阮光平。後來清代中央從福康安的奏報中才弄清楚，據阮光顯稱：他的父親名阮光華，兄弟四人，光華居長，二弟阮光岳，即阮岳或阮文岳；三弟阮光平，即阮文惠或阮惠，四弟阮光泰，可能就是阮文呂或阮呂。因此清代官書接受安南表文後也改稱阮惠為阮光平了。

乾隆皇帝早想結束這場戰爭，阮光平又是如此恭順，當然允准冊封他為安南新國王了。在皇帝看來，安南自唐朝以後，由曲、矯、吳、丁、李、陳、黎、莫各家相繼為王，黎維祁又再棄其國，是氣數已盡，上天既厭黎氏，他也不敢再堅持了。黎維祁後來被編入漢軍旗，住中國，不准回安南，也解除了阮光平的憂慮。

乾隆五十五年，阮光平率團至京祝嘏，乾隆特別賜宴於熱河避暑山莊，坐次排在親王與郡王之間，也算給他光寵了。乾隆又賜給他御製詩章、冠帶袍馬、金玉器玩等物，阮光平後以安南締造方殷，國事不能久曠，所以在祝壽行禮後，即請旨歸國。

《清史稿》中記載此事時說：「五十五年，阮光平來朝祝釐……其實光平使其弟冒名來，光平未敢親到也。」安南的《大南實錄》也記：「初，惠既敗清兵，又稱為阮光平，求封於清，清帝許之，復要以為入覲，惠以其甥范公治貌類己，使之代。」阮光平不敢來中國也有可能，因為當時安南局勢不穩，舊阮廣南王阮福映在暹羅想恢復失土，黎維祁又有謠傳要返國執政，清朝讓他進京祝壽是一騙局，在如此情勢之下，阮光平以替身來華也並非無稽之談。

乾隆朝征安南之役，不少學者認為是一次錯誤的征伐，不過以封貢關係的宗主國來說也是應盡的責任。孫士毅兵敗之後，皇帝改剿為和的決策相當高明，而且很快實現了允貢、封王，恢復兩國的宗主與藩屬關係，同時使商業與文化得以正常交流，中國邊境得到安寧，應該可以視為是乾隆的一些成就。

33 廓爾喀之征與西藏的安定

乾隆五十三年（一七八八）六月，廓爾喀軍攻入西藏，皇帝得到駐藏大臣慶麟的急報後，隨即頒降諭旨，調兵遣將，前往迎戰。皇帝出兵的原因是廓爾喀與西藏聶拉木、濟嚨、宗喀這三處地方接壤，廓爾喀既然派兵來侵略西藏的這三個地方，理應派兵去堵截擒拿。

清朝為什麼要管這件事呢？原來從康熙末年清軍平定準噶爾侵藏勢力後，改組了西藏地方政府，由西藏貴族執政管理。雍正年間派駐藏大臣輔助達賴喇嘛，但在駐藏大臣尚未抵達時，西藏貴族間發生爭奪權力的鬥爭，擁護清朝中央的康濟鼐被殺，反清的阿爾巴布等人又進兵攻打管理後藏政務的頗羅鼐，頗羅鼐奮勇抵抗，平定了亂事，後來清軍入藏，駐藏大臣也到了拉薩，為獎賞頗羅鼐，晉封他為郡王，接替康濟鼐管理西藏。由於駐藏大臣的設立，加強了對西藏的有效管理。加上頗羅鼐的「克盡忠誠」，使西藏度過了二十多年的平安歲月。

乾隆十二年（一七四七），頗羅鼐病逝，其次子珠爾墨特那木札勒承襲郡王爵位，但這位新王想獨攬治藏大權，又與達賴喇嘛發生衝突。對駐藏大臣經常冒犯，甚至進行武裝攻擊。珠爾墨特那木札勒不但派人殺害他在後藏管事的兄長，並暗中勾結準噶爾部為外援。清廷忍無可忍，乃密令新任駐藏大臣傅清將他「相機擒戮」，以除後患。傅清等後來於乾隆十五年十一月召請珠爾墨特來議事為名，及時砍殺了珠爾墨特及其隨從。不料他的黨羽隨即來圍攻駐藏大臣衙門，槍砲齊發，烈焰焚樓，兩位駐藏大臣傅清與拉布敦就在這場亂事中殉職。七世達賴喇嘛聞訊，召集僧侶與藏人攻擊叛眾，四川方面也派兵入藏，叛民聞訊乃潰散，因此清軍尚未抵拉薩，亂事即已平定。

從這次事件中，清廷深感西藏貴族權力過大是亂源，於是對西藏政府進行了一項大改革。廢除了西藏郡王的封授，政府由噶隆（亦稱噶倫）四人管事，但「噶隆事務，不可一人專辦」。噶隆也不能「於私宅辦事」，不能私自補放第巴的官員，各寺院的喇嘛缺出也不能私自選派等等，都需要與達賴喇嘛、駐藏大臣請示遵行，這就是所謂的《西藏善後章程》。清政府為了有效實行以上改革，決定在西藏長期駐軍一千五百人，「令提督大員彈壓，三年一換」。如此一來，雖以西藏貴族為噶隆治理藏地，但噶隆權力大受限制，而駐藏大臣的權力大為提升，也可以說加強了清廷對西藏的管轄，西藏政局也因此穩定了近四十年，直到廓爾喀入侵時才再起動亂。

廓爾喀原是尼泊爾的一個部落，位於首都加德滿都西北。乾隆三十四年（一七六九），部長博赤納喇乘尼泊爾內訌，舉兵征服各部，遷都加德滿都，建立新王朝。廓爾喀地當印度與西藏之間的往來通道，因在西藏西南，疆土犬牙相錯，故與西藏的宗教、商務關係都很密切。據當時人的敘述：博赤納喇死後，傳位其子西噶布爾達爾巴克，約在乾隆四十年左右，西噶布爾達爾巴克又傳位年僅四歲的王子喇特納巴都爾，由於年幼，由叔父巴都爾薩野攝政。幼主所住的房子俱係「西洋式房屋」，廓爾喀兵丁所有的武器多有鳥鎗、藤牌、刀矛，但也有用「自來火槍」，正如緬甸的情形一樣，這些「自來火槍」都是來自歐洲英法兩國的新式武器。

廓爾喀進兵西藏的原因，不少清朝史書都說是起於六世班禪死後其兄弟爭產所致，六世班禪於乾隆四十五年七月到熱河覲見乾隆，但不幸於十一月初二日患天花死於中國，百日誦經之後，皇帝命班禪之兄仲巴呼圖克圖護送靈櫬回藏，據說當時皇帝對六世班禪極為尊敬，不但在他生前造了承德的「須彌福壽之廟」作為班禪的行宮，他死後又賞賜了「金銀不下幾十萬金，此外寶冠、念珠、晶玉之鉢、鏤金之袈裟、磁器、彩帛、珍珠等，不可勝計」。這筆巨額財產都被班禪之兄仲巴呼圖克圖所佔有，而班禪的另一位兄弟沙瑪爾巴是紅教活佛，受長兄黃教首領排斥，「未能分潤」。沙瑪爾巴極為不滿，乃投奔廓爾喀，唆使廓爾喀人入侵西藏。這一兄弟不和爭產確是一項原因，但是更重要的卻是雙方商務交往上發生了問題。

馮明珠教授從故宮檔案中發現，一個當時西藏本地人說：「聞係前藏人不用巴勒布新錢，又因彼地乏鹽，常有人來藏買食，被藏民將不堪之鹽售給，故此不和興兵。」又有人說：「向來藏裡與廓爾喀相好，交通貿易，一切買賣，俱用廓爾喀銀錢，後來廓爾喀因新鑄銀錢，比舊錢成色較好，要把新錢一個當兩個使用，藏內人不肯依他。又因藏內向來將食鹽易換廓爾喀粳米，廓爾喀人以藏內的鹽有攙雜土的，說藏人買賣不公道，所以兩下不和的。」另外藏人向廓爾喀商人增收高額貨物入口稅，因而引起廓爾喀不滿。這些商務上的糾紛，廓爾喀小王曾寫信給西藏的噶隆與駐藏大臣，駐藏大臣「因不認得廓爾喀的字，就沒有給他回字」。廓爾喀就因為這些原因出兵佔領了後藏的聶拉木、濟嚨、絨轄、宗喀等地。

乾隆皇帝接到駐藏大臣慶麟的奏報後，立即派出成都將軍鄂輝、四川提督成德等率兵進藏，征剿廓爾喀來軍，另遣熟悉西藏事情並會說藏語的御前侍衛、理藩院的侍郎巴忠也速往西藏，主持用兵諸事。乾隆五十四年正月中旬，鄂輝、成德二人帶兵到了廓爾喀與西藏的邊界，發現被廓爾喀攻佔的宗喀已無敵軍，碉寨也經破壞，幾乎成了一座荒山。絨轄一地也不見廓爾喀軍蹤跡。清軍抵藏後可以說未經戰鬥即長驅直入，收復了失地，後來才發現西藏與廓爾喀方面早已私下議和，許銀贖地，廓爾喀因而自動的撤了軍。

巴忠於乾隆五十四年二月底到達濟嚨軍營與鄂輝、成德會合，當他們了解西藏方面與廓爾喀已私下議和之後，大家意見略有不同。「成德原說帶兵前來，自然該與廓爾喀打仗，使他害怕，方不敢再至邊界滋事，如何即與說合。後來成德因見事已說定，不能與巴忠執拗，只得隨同辦理」和議了。這也是不少人以為「巴忠自恃近臣，不復為鄂、成所統屬，自遣番人與廓爾喀議和」的。事實上，西藏因為兵丁懦怯成性，不能作戰，無法抵禦廓爾喀的來侵，包括達賴喇嘛在內的政教領袖們都贊成與廓爾喀談和，花錢消災。據達賴喇嘛屬下親信、也是負責與廓爾喀談和的丹津班珠爾事後供稱：

……我於四月內也就前往濟嚨，住在邦杏地方，同巴勒丹敦珠布見了沙瑪爾巴（按即死去的六世班禪之弟），他說如今要廓爾喀退還地方，每年須給廓爾喀一千個元寶。……我當時沒有依允，後來沙瑪爾巴再三說合，達賴喇嘛叔叔阿古拉前曾寄信叫我酌量辦理，我因廓爾喀不肯退還地方，唐古特人又怯懦，巴大人在脅噶爾又連次寫信催我完結，我與巴勒丹敦珠布商量，想要速完此事，就講定了三百個元寶，沙瑪爾巴就寫了合同，用了圖書。……那時慶大人、雅大人都已革職，我就一面稟知達賴喇嘛，一面就向穆大人、張大人稟過，兩位大人說你們與廓爾喀照舊相好，這合同上的事，你們怎麼辦，我們也不能管了。我因沒有帶得銀子，若得藏內去取，又路遠趕不上，當下就向札布倫布在宗喀做買賣的人湊了三百個元寶給付完事。

可見西藏人向廓爾喀許銀贖地是「眾人商量」的事；不過巴忠的催促，穆、張兩位駐藏大臣的默許也是促成和議的原因，清廷這些大臣對此次事件的辦理不善是顯然的事實。

乾隆皇帝知道西藏喇嘛與廓爾喀私自議和之後，降旨痛斥慶麟、鄂輝等人，表示反對許錢贖地之事。因為一般喇嘛與執政的噶隆能擅自操縱如此重大之事，則達賴喇嘛與駐藏大臣的地位與權力必然會降低。紅教的沙瑪爾巴既能在議和中扮演如此重要角色，則黃教勢力必受侵壓，紅教也可能由此興起。皇帝的這些考慮並非無因，所以降旨給在藏的清朝官員，警告他們「使知遠大之圖，勿狃目前小利」。可是巴忠等人則以為一年付三百個元寶，是西藏政府的事，不要朝廷負擔。西藏地形氣候不適清軍作戰，而廓爾喀又表示要向清朝進貢，這樣解決問題似乎也是很好，所以他隱瞞了真相，甚至編造了謊言，強調廓爾喀進貢的事，並請皇帝封授廓爾喀國王王爵，王叔公爵，巴忠遷就議和後就趕回北京，清朝初征廓爾喀之役也宣告結束。

乾隆五十六年（一七九一）六月底，廓爾喀兵又越過邊界，與藏兵發生衝突，再度佔領了聶拉木，並誘捕了當年談判人丹津班珠爾等人作人質，廓藏問題因而再起。

廓爾喀第二次進兵西藏的主要原因有二，一是西藏答應每年支付的三百個元寶約銀千兩爽約未能付清；二是紅教沙瑪爾巴想奪得後藏寺廟珍寶而唆使所致。廓爾喀軍佔領聶拉木、濟嚨等地後，又進攻班禪所住的札什倫布，燒殺擄掠，後藏大亂。廓兵還揚言要攻打前藏，駐藏大臣保泰與雅滿泰「心慌膽落」，準備把達賴與班禪「移至泰寧」，更加造成人心不安，乾隆責罵他們簡直是「開門揖盜」，下令將他們撤職。另外，皇帝在八月二十三日看到西藏來的報告，知道廓爾喀二度興兵來犯，他披閱之後，將報告交與巴忠閱看，第二天巴忠就在軍機大臣面前表示此事他有責任，希望給他或革或降職務的處罰，「趕赴藏地效力贖罪」。皇帝沒有處罰巴忠，也沒有派他去西藏，只命鄂輝帶兵前往，巴忠可能見前事已敗露，當晚就投河自殺了。乾隆知道巴忠等人作了喪權辱國之事，而廓爾喀又再度起兵侵藏，不但侵犯了宗教聖地，又威脅到中國的領土主權，為了「安邊境而攝遠夷」，皇帝決定以大軍來永杜後患了。

同年九月的上旬，皇帝諭示兩廣總督、協辦大學士福康安入京，面授方略，領大兵征剿廓爾喀。除了又派猛將海蘭察、奎林等名帥協助福康安辦理軍務外，皇帝還為他制定了作戰方針說：為搗穴擒渠，福康安可率五六千勁旅進剿。攻陷其首都後，廓爾喀自必瓦解。如國王「心懷攝伏」，悔罪乞降，也可以允其所請，訂立條約之後再班師回朝，不必消滅其國。

福康安自九月二十九日自京城啟程，十二月二十四日經過星宿海，一路相當艱苦。「冬令處處凝冰，遠近高下，竟無路徑」，「亂石縱橫，與冰塊相間層積，馬足傾滑，行走維艱」。二十八日過巴顏哈拉，地勢更高，「人行寸步，氣喘頭目眩暈，肌膚浮腫」，連福康安正值年富力強之時，也不免「冒寒患病」，「略形困頓」，高山反應，又值嚴冬，延誤了福康安一行的行程，直到乾隆五十七年正月二十日，他們才馳抵前藏，稍事安頓後即馳往後藏，準備向廓爾喀進剿。

廓爾喀在福康安未入藏前就先寫了書信呈寄清朝文武大臣，說明純因西藏不履行約定付銀才進兵的，絕非有意與清廷為敵，願意遵奉清廷訓諭，罷兵息爭。福康安抵藏後，因為皇帝態度強硬，決心堅定，所以他三月間檄諭廓爾喀，義正詞嚴的告知廓爾喀：西藏為中國版圖，廓爾喀為天朝屬邦，屬邦竟進犯天朝邊界，攸關體統，必須聲罪討征。

福康安、海蘭察等統兵奮戰，到乾隆五十七年五月已盡復西藏失地，廓爾喀兵全部撤回本境。福康安領兵六千進入廓爾喀，企圖直取其首都陽布（加德滿都），然而沿途山高路險，「無平地可搭營」，有的地方「路逼仄，不能駐足」，福康安等「皆露宿崖下，實甚勞苦」，「士卒皆穿履，跣足行石子上，多刺傷，又為螞蟥咁嚙，兩足腫爛」，清軍可謂狼狽不堪。到七月初旬，據稱已深入七百多里，離首都陽布只有幾十里之遙。不過清軍在集木集一帶大山重疊之中，與廓爾喀軍發生過激戰，福康安等最後雖克復兩重大山木城四座，但傷亡損失也很慘重，尤其熱鎖橋一戰，福康安「甚驕滿」，「賊乘間入，遂敗」。儘管清軍因輕敵小挫，但廓爾喀在大軍壓境下深恐國都不保，而鄰國錫金、不丹又俟機協助清軍，國王喇特納巴都爾就遣使印度，請求孟加拉英國東印度公司以武力支援，當時英國正為發展與中國的商務關係，以西藏為中國主權所在，不願加以援助。廓爾喀見外援不應，強鄰窺伺，乃決定轉向中國請罪求和。國王先把俘虜的丹津班珠爾與漢軍、喇嘛共四人釋放回藏，並向福康安呈送稟帖。福康安開出議和條件如國王或王叔應親自來營叩頭認罪、紅教活佛沙瑪爾巴若已死亡亦應將其屍體送來呈驗，廓爾喀所搶去札什倫布寺金銀寶物必須全數交還等等。七月十七日，廓方呈送札什倫布財物、沙瑪爾巴骨骸及其眷屬，另當初許銀贖地合同也一併交出，重申願意遣使納貢，呈表乞降。皇帝本來就想適可而止，乘勝收兵，八月二十二日看到福康安的奏摺與廓爾喀的降表，立即降諭允許降順，「赦其前罪」，令福康安班師回朝，並封賞有功文武大臣，從此結束了十全武功中的最後一役——廓爾喀之役。

清朝乘戰勝餘威，在大軍未撤時，在西藏進行了一次積極改革藏政的計劃，從當年十月起，福康安與八世達賴、七世班禪等共同籌議西藏善後章程，經前後會商共提出一百多條款項，第二年經中央修訂為二十九條，正式頒行，這就是著名的《欽定西藏善後章程》，這個《章程》乃成為日後清朝對西藏管理的最高法律。其中最重要的部分約有：

一、規定「駐藏大臣督辦藏內事務，應與達賴喇嘛、班禪額爾德尼平等」，自噶隆以下，所有西藏政教官員，均為駐藏大臣之屬員，「事無大小，均稟駐藏大臣辦理」。

二、規定前後藏的噶隆（行政官）、代本（又稱戴琫，是率領五百人的軍官）、商卓巴特（掌管大活佛倉庫的僧官）以下大小官員，凡有缺出，「統歸駐藏大臣會同達賴喇嘛揀選」。

三、規定達賴、班禪和各地黃教活佛呼圖克圖轉世，必須在駐藏大臣的監視下，採取金瓶抽簽（金奔巴瓶制）來決定，不再由巫師作法決定。

四、規定建立西藏地方常備兵三千名，以保衛西藏，鞏固國防。

五、一切外交交涉方面事務，「俱由駐藏大臣主持」。

六、西藏地方政府的財政收支，也「統歸駐藏大臣稽查總核」，並准鑄造銀幣。

單從以上幾項就可以了解：《欽定西藏善後章程》明確的規定了清朝中央擁有管轄西藏的政治、軍事、經濟、外交等各種最高權力，達賴與班禪只是當地的宗教領袖，駐藏大臣的權力進一步的大為提高，這對清朝西南與西北邊區的安定，對多元民族國家的統一與發展，都有重大的作用。

34 乾隆的文治

清朝自入關以後，歷代皇帝都了解：要統治眾多的漢人，不能單靠武力。從清太宗皇太極開始到順治、康熙以迄雍正，都推行崇儒尊孔的國策，都舉辦科舉考試來籠絡漢族讀書人。乾隆當然知道這一國策的重要，因此他在即位之後，先排斥道佛與祥瑞迷信的思想；這些都是他父親雍正生前提倡並用以加強對人民統治的。乾隆則轉向推崇儒家學說，「以儒學為宗主，接堯舜為心傳」。初期他也強調他祖父康熙認為最完美的程朱理學，他自己誦讀理學的書，也叫大臣們「研精宋儒之書，以上溯六經之閫奧。……明體達用，以為啟沃之資；治心修身，以端教化之本」。不過理學在康熙後期已經產生流弊了，不少學者「託於道德性命之說，欺世盜名，漸啟標榜門戶之害」。加上後來乾隆自己要提升皇權，強化專制統治，於是理學的地位逐漸下滑，而漢學慢慢的成了顯學。這種轉變也可以在科舉考試上看得出來，乾隆十年（一七四五）以後，原先以朱子的《四書集注》為規定內容的政策改變，而迎合漢學研究的方向，專門出些經史考據的題目，如此一來，一大批在經史學問上研究有成的人就進入了政壇，聽命皇帝，藉以整飭吏治政風，並建立另一類為皇帝服務的隊伍。

乾隆真是一位幸運的皇帝，他接管的江山是他祖先多年辛苦經營的基業。他的時代正是中國經濟繁榮、政治穩定、四方無警、物阜民安的一個盛世。他自己又是奮發有為，因此在確定文化國策之後，他就從事很多相關的工作了。

首先他著重培養人才，培養一批「順民」式的人才。所謂「帝王敷治，文教是先」，興辦學校是首務。康熙也說：「興學校以端士習。」讓大家從小就知道「尊君親上」，絕對服從政令家規。乾隆時期隨著學術風氣的轉變以及他自己統治的要求，他非常重視士風、學風。他常說：

士人以品行為先，學問以經義為重。故士之自立也，先道德而後文章；國家之取士也，黜浮華而崇實學。……為士者當思國家待士之重，務為端人正士，以樹齊民之坊表。至於學問必有根柢，方為實學，治一經必深一經之蘊，以此發為文辭，自然醇正典雅。若因陋就簡，只記誦陳腐時文百餘篇，以為弋取科名之具，則士之學已荒！而士之品已卑矣。

乾隆又教大家要知書，有書氣。他認為一個書生如果做了官，一定會「行寬和惠愛之政，任一邑則一邑受其福，蒞一郡則一郡蒙其休」。「至於書氣二字，尤為寶貴，果能讀書，沉浸醞釀而有書氣，更集義而充之，便是浩然之氣。人無書氣，即為粗俗氣、市井氣，而不可列於士大夫之林矣」。直到乾隆晚年，皇帝還是以士風、文風為念，堅定認為「士子讀書講學，原應湛深經術，坐言起行，方為敦本崇實之道」。總之，乾隆是以學校來振刷士氣與文風，造就一批「順民」，將來為大清朝工作。要年輕的讀書人品學兼優，成為「書生」，當然對各級學校的教師給予優渥待遇，以示隆重師儒。像免除雜差、增加俸銀、供應經史資料等等，這些措施確實收到不少維繫知識界和社會凝聚力的效果，對政權鞏固有良好助益。

除了正常的考試錄取從學校訓練出來的以及私人家族培養出來的人才之外，乾隆又仿照他祖父的辦法，親自下詔求賢，要大家舉薦人才，考試錄用，以博學鴻儒科、孝廉方正、經學科以及皇帝出巡時當面召試等等不同名目與方式收羅人才。乾隆元年詔開博學鴻儒科，初取劉綸等十五人，第二年又收錄萬松齡等四人，各授以翰林院職官。十四年，下詔舉經學大儒，得吳鼎等四人，授以國子監司業。乾隆在各地巡幸時召試而被錄取的人則更多，在浙江得王昶等八十五人，在山東得黃道熙等十七人，在天津得姚文田等十六人，在五臺山得龍汝言等九人，還有在其他地方收得的人才，當時選拔人才之盛，方式之多，堪稱歷朝罕見。

乾隆不但著重人才，收搜人才，更難得的是他也相當憐惜人才。錢維城是乾隆十年（一七四五）中榜的進士，因為他被認為是可造之材，因而被選上到翰林院攻讀滿洲文，以備未來升大官為國家服務；可是錢維城在三年期滿結業考試時，他竟交了一份白卷。乾隆聽到此事後，大怒說：「錢維城以國語不足學耶？乃敢抗違定制，將置於法。」後來大學士傅恆為他說情：「錢某漢文優者，尚可寬貸，……上異其才，命南書房供奉。」皇帝也違法寬恕了錢維城，並命他到南書房工作，乾隆也因此找到了一個好祕書，培養了一個好畫家。另外傳說江陰繆炳泰為乾隆畫像，因畫出「耳竅毫毛」，皇帝認為他做事實在，賞了他郎中官職。梁詩正的親戚楊瑞蓮，在內廷充繕寫人員，因為「工篆隸書」，而且人「甚誠實」，乾隆賜他為舉人。類似的故事還有不少，在在可以說明乾隆對人才的重視與憐惜。

搜求資料與編輯圖書也是可以表現倡導文治的，同時還是一種有效的網羅人才與控制思想的手段。乾隆當然不放棄這方面的努力，而且做得比他祖先還更好。

搜求圖書資料在康熙朝就舉辦過了，皇帝當時以「稽古崇文」為名，說古帝要致治隆文必具備典籍，用來「廣見聞而資掌故」，所以他命令地方官或付錢購買，或「借本抄寫」，把一些善本好書搜訪後送到京城中來，「用充祕府」的不足。乾隆即位之後，也效法他祖父，先後在六年與十五年，兩次下令採訪遺書，「以廣石渠、天祿之儲」，讓內廷有更豐富的圖書收藏。後來到乾隆三十七年（一七七二），皇帝再下徵書的命令，這次徵書不但規模最大，成效最好，也是最具政治目的的一次徵書。

乾隆三十七年正月開始大規模徵訪全國遺書，直到四十三年才結束，之所以費這麼長時間的原因，一是最初地方官員不把這件命令當急事辦理，總認為這不是什麼國計民生的大事，後來皇帝再下令催行，大家才認真搜集。二是因為當時文字獄大行，人人自危，駭怕家藏書中會有違礙的文字，拿出來說不定會弄得家破人亡，民眾不願意合作。三是好書善本多存收藏家手中，珍本不易求得，送進京中是有風險的，能不拿出來當然盡量推延。乾隆逐漸了解這些情形之後，便想出一些配合的措施，使藏書的人合作。第一，皇帝一再說明，書中若有忌諱文字，表示寬大處理，他說：「文人著書立說，各抒所長，或傳聞異辭，或記載失實，固所難免，果其略而可觀，原不妨兼收並蓄；即或字義觸礙……此乃前人偏見，與近時無涉，又何必過於畏首畏尾耶？朕辦事光明正大，可以共信於天下，豈有下詔訪求遺籍，顧於書中尋摘瑕疵，罪及收藏之人乎？」他甚至還保證的說：「至書中既有忌諱字面，並無干涉，必不以此加罪。」第二，定出獎勵辦法。對於進呈書籍的人，凡在五百種以上的賞《古今圖書集成》一部；一百種以上的賞《佩文韻府》一部，這就是「獎書」的辦法。進書人若送來的確是精醇的善本，皇帝親自為這些書詠評並題識在書的卷首，並將這些書盡快抄錄後發還給原收藏人。還有一種獎勵辦法是「記名」，就是把原藏書人的姓名附記在各書的提要後面，以便留名。第三，嚴令地方大吏努力搜求，皇帝甚至指出江南某些大藏書家的人名，派人去逐一查訪，務必讓天下收藏都盡收內廷。經過將近七年的收集，各地珍本祕籍不斷的被進呈入京。據史料記載，這次大規模收集，一共徵集了一萬三千零一種宮中沒有的圖書，其中進書最多的是江蘇省，先後奏進書目清單三十次，呈進的好書有四千八百多種。其次是浙江，共送達的圖書四千六百種，其他各省也送呈遺書，不過數量都不多。

乾隆收集到如此多的各種圖書，倒也不是他一個人「獨樂樂」，他是有兩層願望的，一是編輯成大叢書，讓全國讀書人參考閱讀。另一願望則是仔細檢查書中文字，若有反滿反清或是對政府不利的言論文字，借著這次機會給予銷毀。乾隆朝所編輯的世界紀錄的大書就是靠這次收集而後編成，它就是《四庫全書》。關於這部書的編纂等有關情形，將在下一節裡敘述，現在先來談談乾隆朝官府修書的大概。

乾隆年間，由於財政富裕，人才輩出，加上皇帝的熱心，數十年中，政府所修的書籍多達一百二十餘種，而且都不是粗製濫造的成品，有的一部書是花了十多年才編成出版的。若給予分類，至少可以有經注經疏類、樂律類、文字音韻類、史著類、史評類、經略方略類、傳記類、地理類、職官類、典制類、政書類、考工類、目錄類、金石類、儒家類、農家類、醫家類、天文曆法類、陰陽五行類、藝術、詩賦文集類、叢書類等。就以上面最後一類叢書類來說，其中《四庫全書》一種，前後花了十年的時間才完成，而動員了一時之選的大學者及其他抄錄人員總共三百六十人。後來又鈔成複本六套，再費了十年的光陰。幸虧乾隆高壽，否則他生前是不能完成這項巨大工程的。不僅如此，在編輯這部將近八萬卷的大叢書過程中，乾隆皇帝還親自主持，不斷詢問修書的情形。他從體例的制定、內容的增刪、人員的組織到史實的考證、文字的訂正等等，無不參與。有時他斷然行事，絕不馬虎，使得所有工作人員都認真的工作，不敢稍懈。這部叢書的輝煌成就，皇帝也是有功勞的。

乾隆對文化活動的提倡確是不遺餘力的，而他個人的躬親參與則更能造成風氣。他強調實學，教大臣們「以實心行實政」，他自己也是整日辛苦，處理軍國大事。他也雅愛文學，一輩子寫成四萬多首詩，沒有一個詩家能與他匹比。他幾乎每天寫詩，有時還寫作好幾首。趙翼說過：

> 上每晨起即進膳，膳後閱部院所奏事及各省督撫摺子畢，以次召見大臣，……見畢日加巳，皆燕閒時矣，或作書或作畫，而詩尤為常課，日必數首。……

也有人說乾隆皇帝喜歡作詩，「每一詩出，令儒臣注釋，不得原委者，許歸家涉獵。然多有翻撿萬卷莫能解者。嘗於塞中雨獵詩內用製字！眾臣莫曉，高宗（乾隆）笑曰：卿等一代巨儒，尚未盡讀《左傳》耶？蓋用陳成子杖製以行也。」這些也許是皇帝在作「秀」，表示他有學問，但是他這樣做必然刺激大臣專心深入的讀書。

乾隆年間，由於有既定的文化國策，有雄厚的財力，有安定的學術環境，有高深學術成就的人才，加上皇帝自己親身的提倡與參與，營造出了一種博大宏偉的文治氣象。全國資料得到妥善的收集，專書叢書不斷的問世，給予讀書人極大的便利，學術思想在不違國家政策下得到空前的發展，吳派、皖派、揚州學派鼎立江南，為經世致用之學重新奠定了再現的基礎。乾隆以文治統治了國家，國家也因文治而顯現了盛世的絢麗。乾隆時代的文化建設可以說到達了傳統中國歷史上發展的高峰，皇帝的貢獻是不能置疑的。不過，乾隆大倡文治也確有其政治目的的，他培養人才，是想培養「順民」為他効忠服務。他收集資料，多少有著過濾反動思想的用意在。他編印專書也是防止異端言論「煽惑」士人的，他主持的「御製」、「欽定」出版品根本就是不准有不同聲音與看法的出現，這一點尤其值得我們注意。

35 纂修《四庫全書》

中國是個文化悠久的國家，自古以來，從事著書立說的，代不乏人。經過兩千年的積累，到了清代，圖書文獻的成就數量非常可觀。可是由於歷經變亂以及其他天災人禍的損失，也使很多著作亡佚不存，而有些則是訛脫或是衍誤不實，進行一次大規模的整理是很多學者的期望。可是這是一項巨大而又艱難的工程，少數私人是絕對不能做到的，正好到了乾隆時代，國家統一，社會安定，財政盈餘，人才輩出，加上皇帝好大喜功，做各種事都希望比別人又強又好，因此在以上多種機緣聚集下，中國有史以來的大叢書《四庫全書》乃纂修問世了。

在乾隆三十七年（一七七二）皇帝下令向全國搜求遺書，充實內廷圖書文獻的同時，有人向皇帝提出校錄圖書的建議。朝廷王公大臣有不贊成此舉的，因為「非為政之要」；但是皇帝最後還是批准了此案，並且下令擴大加倍的「詳加剔擇校勘」《永樂大典》中的收錄書與清代官刻本書以及各省徵集來的各類書，「統按經史子集，編定目錄，命名為《四庫全書》，俾古今圖書薈萃無遺，永昭藝林盛軌」。《四庫全書》就這樣的開始纂修起來了。

乾隆三十八年二月，清代中央正式成立四庫全書館，負責纂修的工作，由親王、大學士領銜為總裁官，總理館內一切事務。另外根據工作性質需要，分設纂修、繕書與監造三大處，邀約了全國知名學者多人參加工作，其中名望較高的有紀昀、陸錫熊、任大椿、戴震、邵晉涵、周永年、程晉芳、朱筠、姚鼐、翁方綱、王念孫、王引之、彭元瑞、朱珪、莊存與、劉墉、謝墉、門應兆等等，真是「賢俊蔚興，人文郁茂，鴻才碩學，肩比踵接」，成為學界空前的盛事。

隨著《四庫全書》的纂修工作的開始，好大喜功的乾隆皇帝不但經常關心工作，而且對修書的計劃愈改愈大。例如在開館之初，決定纂修的只全書本身，最多加一份總目。後來皇帝認為全書卷數太多，一時難以編成，而且將來修好後也是內容過多不易翻閱，所以下令「擷其英華」先編成一套《四庫全書薈要》。乾隆三十九年又命編《四庫全書簡明目錄》一種。四十一年再決定增修《四庫全書考證》一書。增加這幾種副產品，皇帝是為「嘉與海內之士，考鏡源流，用昭我朝文治之盛」的。另外，《四庫全書》修成究竟要繕寫幾份？早期皇帝只想到皇家的圖書館，所以命令繕寫四份，分別存在北京紫禁城、圓明園、承德避暑山莊與瀋陽故宮四地。後來為了滿足社會需要，也滿足他的喜功心，下令再抄錄三份，分別收藏在揚州、鎮江與杭州三地，讓這些「人文淵藪」之地的讀書人能「就地觀摩謄錄」，全書份數的增多與副產品的增修，都是費錢又費力的事，也只有在乾隆統治下的當時，才能順利完成這項中國文化史上的壯舉。

《四庫全書》是中國古代重要典籍整理與重新抄錄的大工程，書中分經、史、子、集四大部，四十四類，共收錄圖書三千四百六十一種，七萬九千三百零九卷。存目則有書籍六千七百九十三種，九萬三千五百五十一卷。總計一萬零二百五十四種，十七萬二千八百六十卷。可見存目的書比收錄在全書中的要多出一倍略多，共三千多種，被清廷這次「消失」的圖書數量實在也是多得可觀的。儘管如此，《四庫全書》仍是中國古代思想文化遺產的總滙，內容包羅宏大，豐富浩瀚是毋庸置疑的。全書修纂的時間從乾隆三十八年開始到五十二年全部竣工，前後歷時十五年，而動員的專家學者等共計三百六十多人，其中紀昀（曉嵐）是出力最多的一位，他從頭到尾參與了工作，全書的體例與文字多是他主持制定，加以潤色與統一的。尤其是《四庫全書總目提要》二百卷，他的貢獻更多，他把著錄在全書裡的三千多種書籍以及未著錄而存其書目的六千多種書籍都作了介紹和評論，簡要的敘述每部書的內容，評述其優劣得失，探討其學說源流與版本同異，實在是有益於讀書與治學人的實用書，難怪大學者阮元說：

高宗（乾隆）純皇帝命輯《四庫全書》，公（紀昀）總其成。凡六經傳注之得失，諸史記載之異同，子集之支分派別，罔不抉奧提綱，溯源徹委。所撰定總目提要，多至萬餘種，考古必衷諸是，持論務得其平。

《四庫全書》以及《四庫全書總目提要》的內容與價值在這寥寥數語中，似乎可以窺知梗概了。《四庫全書》修成之後，分別珍藏在「內廷四閣」（紫禁城文淵閣、圓明園文源閣、避暑山莊文津閣、瀋陽故宮文溯閣）與「江浙三閣」（揚州文匯閣、鎮江文宗閣、杭州文瀾閣），由於外省各地讀書人可以到江浙查閱參考，對學術研究的推動與發展貢獻良多。就收集資料與修書而言，也是自西漢以來政府組織的歷次整理圖書文獻事業中，最有意義、最具影響的一次活動。

不過這七處收藏的《四庫全書》，不到一百年間就有三處燬於兵火了。圓明園的燬於英法聯軍之役，揚州與鎮江的則在太平天國期間被燒燬。連藏在翰林院裡一份底稿也在八國聯軍入北京時被化為灰燼，實在是不幸的事。不過在二十世紀後期，帶到臺灣收藏在臺北故宮博物院的文淵閣藏本由臺灣商務印書館複印成書，使這套空前絕後的大叢書能呈現在各大圖書館中。後來中國大陸又出版了紙印本與光碟，四庫資料更便利於學界及一般人利用，真是大功德之事。

《四庫全書》的出版以及這一大叢書的在江浙地方公開使用，確實是意義重大，而且影響深遠的。先從該書的內容來說，它除包含了《永樂大典》、清宮原先收藏圖書與武英殿刻本等資料外，又從江南徵求到大量的遺書，而且不少是收藏家們幾代珍藏的善本，甚至是失傳數百年的海內孤本，現在都因《四庫全書》的問世，得以重現人間，委實難得。其次，在修纂全書的過程中，由於主事者都是飽學之士，他們把收集來的資料作了有系統的分門別類，並反覆的校勘、考證，把原書中的錯誤改正了，缺文增補了，這些整理工作若不是政府出面主持推動，根本無法做到。還有一點更重要的是自從全書的在南方公開之後，民間學者便利用該書作學術研究，不久之後他們就有了具體的成就，如在經學方面，把歷代學者對漢代以來經學家的誤解與歪曲解釋清楚了，並在鉤考漢儒經學真義時作出了新的看法，尤其把清代人對經學研究的成果彙集在一起，供後人參考，這些貢獻都是對後人有大助益的。在史學方面，由於資料的增多，作家們擴大了研究的範圍，提高了史學的地位。尤其是對古代歷史拾遺補缺，考證發明，作了很多有用的工作，為後世治史者搭起了津梁，開闢了新路。其他在文字、音韻、校勘、目錄等等學問方面，學者們也因利用了《四庫全書》而有了豐收的成果，不但製作出了很多的專書與工具書，同時也讓各該學科有了顯著的地位，終於成為獨立的專門學問。總之，清代學者能在箋釋群經、蒐補史料、辨證偽書、搜輯佚冊，同時又能在文學、訓詁、音韻、算學、地理、金石、方志等學科中做出創見發明，實在多少是與《四庫全書》的公開流傳有關的。

然而，乾隆皇帝也不是「為學問而學問」纂修《四庫全書》，他讓一批御用學者為他做這套大叢書的工作是有其政治目的的。以下幾點，也許可作說明：

第一、儒家唯一正統：乾隆知道要統治漢人，不能不崇儒，因此《四庫全書》的編纂也以崇儒為基調。儒家的開山老祖是孔子，所以全書「以孔子之是非為是非」。儒家的經書也被編纂人高度重視，因而全書極力排斥各種異端思想，紀昀等人更不隱諱的說：

今所採錄，惟離經叛道者、顛倒是非者，掊擊必嚴；懷詐挾私、熒惑視聽者，屏斥必力。

儘管全書中也包容的收錄一些別家「闡明學術」的文章，但儒家經典的書「甄錄最寬」，總數高達六百多部，佔全部著錄書的五分之一，可見儒經被抬高到了顯赫地位。其他科技、手工業、道佛與西洋宗教之書，被收入全書的寥寥無幾。從比例上看不但有著重經輕藝的失調缺陷，同時也明確的透現了全書是配合國策崇儒而修纂的。如果我們再深入一點觀察，皇帝當時所崇的儒是漢儒不是宋儒，是漢學不是宋學，程朱之學在《四庫全書》裡顯得失去光彩而式微了。在全書裡我們可以看到不少地方批判理學，例如理學是以一個「理」為核心的哲學邏輯結構，全書則認為「執一理而該天下之變」是不當的。紀昀等人以「氣外無理」、「理外無氣」來責難宋儒的「理先氣後」、「理為氣本」的理氣一元論。理學家又以「窮理」為主，竭力關注「修身養性」與「

性盡至命」。程頤說：「凡學之道，正其心養其性而已。」朱熹則說：「曾子之學專用心於內，故傳之無弊。」把他們的學問推演下去會發展成正心誠意為「國治安民之本」，這也是理學被不少君主尊崇的原因。《四庫全書》則認為性理空談悖背於儒家的入世實用傳統。至於理學強調的「存天理，遏人欲」泛道德主義的理想，全書也予以批判，認為不近人情，而應該恢復古代儒家具有人情味的「禮」傳統才對。朱熹是宋朝理學的大領袖，全書當然不能放過他，認為「晦庵」（朱熹的號）一集律天下萬世……非千古之通論也」，反對以朱熹一家之言，籠蓋天下學術文化。總之，皇帝厭惡程朱理學，全書也反對宋儒理學，而獨尊漢學。

第二、滿清皇權至上：《四庫全書》修纂期間，乾隆不但親定收錄圖書的標準，而且有時還干預編纂的工作。例如他幾次下令要館臣們對所收錄書的內容仔細清理與審查。唐宋以下，特別是明末清初的史料與史書，其中如有「違礙悖逆」的文字章節，具有民族思想以及反清意識的敘述，全部予以銷毀，不能收錄。即使是名著如顧炎武的《日知錄》，纂修館臣認為是「學有本原，博瞻而能貫通」的佳作，但是書中原有以「素夷狄行乎夷狄」，「胡服」、「左衽」等等用字用詞，又有其他一些尊稱明朝或行文中有「夷」、「賊」、「胡」等稱呼的，乾隆也諭令將它們改易，無法改易的則乾脆刪除銷毀。當然清朝皇帝們「欽定」、「御製」、「敕撰」的書全部收入，皇帝們的聖訓、庭訓、詔令等文字，充塞在「聖義」、「聖謨」等部分了，藉以宣揚大清得國之正與帝王們的聖德、聖學偉大。

第三、傳統天朝觀念：《四庫全書》中有一項明顯的事實，就是以天朝觀念去審視西學。儘管編纂們承認西洋科技是一種「精密有據之術」，甚至說「其製器之巧，實為甲於古今……皆裨益民生之具」。但是對西學傳來的目的卻以為「欲借測之有驗以證天主堂之不誣」，用心是可議的，而且沿用明末徐光啟與康熙等人的說法，強調「西學中源」。根據《明史・曆志》「謂堯時宅西居昧谷，疇人子弟散入遐方，因而傳為西學者，固有由矣」。這種固步自封、至尊至大的文化觀念，其根本就是來自天朝心態。對於西洋科技尚且如此，對西洋宗教則更是嚴加指責了，像是說「其議論誇詐迂怪，亦為異端之尤」。更有趣的是全書的編纂人與審查人乾隆皇帝都認為天主教是從佛教變幻而來，所謂「天堂地獄之說與輪迴之說相去無幾，特小變釋氏之說，而本原則一耳」，或是「蓋西方之教，惟有佛書。歐羅巴人取其意而變幻之，猶未能甚離其本」等等。這些說法是對西洋無知的表現；不過，當時擔任全書編輯的威權學者們總相信無論是佛教或是天主教，它們都不是中國意識形態的正統，都不是皇帝喜歡的，因此說天主教「欲人捨其父母，而以天主為至親；後其君長，而以傳天主之教者執國命。悖亂綱常，莫斯為甚，豈可行於中國哉！」當然有關西洋很多書，特別是宗教有關的書，都被排除不錄了，最多有些於民生有益的天算方面的書，准予抄入四庫，這就是「節取其技能，而禁傳其學術」。這種說法，充分反映了中國傳統的天朝心態。

以上幾項重點也許可以說明《四庫全書》修纂的政治用心了;但是更大更可怕的是在修書前後銷毀了為數可觀的中國古代圖書文獻,據說「初下詔時,切齒於明季野史。其後,四庫館議,惟宋人言遼金元,明人言元,其議論偏謬尤甚者,一切擬燬。……」按照專家估算,當時銷毀的各種圖書總數在三千種左右,六、七萬卷以上,幾乎和收錄在《四庫全書》中的數量相等。這次燬書與秦始皇的焚書一樣,同是中國文化史的大浩劫,也為乾隆朝文治消減了不少的光彩。

36 慘烈的文字獄

乾隆皇帝除了銷毀「違礙」的圖書，竄改古人作品中不利於他統治的文字之外，又大興文字之獄，以達到消滅異己人士與鉗制思想的目的。文字獄就是在作家的出版品或論著中找文字上的麻煩而定罪，甚至是些望文生義的，或任意羅織的文字罪狀。文字獄不是清朝首創的，在中國專制政體下早就有文字獄案了。史家學司馬遷與魏收等人都是文字獄案的受害者，專制皇帝常用這種方法來震懾官員與知識分子的。不過文字獄發展到清朝，變得更為殘酷激烈了，受害者不僅是當事人，家族與關係人有很多都被牽連上的。而且又形成一種告訐之風，很多人為了報私仇或謀私利而告發別人造成文字大獄。更不幸的，文字獄多了，被殺的人多了，因而令讀書人不敢寫時論相關的文章，特別是民族的有關文字，這樣使得民族思想受抑制，乾隆朝的情形正是如此。

乾隆即位後，一度因為標榜中道，造就自己寬仁的印象，曾經對思想文化界採取過比較寬鬆的政策；但是後來為了打擊朋黨，特別是鄂爾泰與張廷玉兩黨人士的鬥爭，開始借孫嘉淦奏稿案與胡中藻的《堅磨生詩鈔》案，皇帝以文字的緣由整肅思想，震懾官員了。到乾隆三十年代之後，更因強化專制，伸張皇權，大興文字獄案，無論是擇詞不精，引用不當，或是無意發出牢騷抑鬱，甚至連文墨都不通的人，一經告發，都被定罪，有些還弄得家破人亡，慘烈的情形超過前代。知識分子生活在濃重的恐怖氣氛中，而君主的專制淫威高漲到了極致。乾隆朝的文字獄有很多起，為數在百件之上，不能一一列舉，現在分幾類略述如下：

第一，因打擊反清反滿思想而興的文字獄：乾隆時代不少人因寫詩作文而被指為思想反動，有反清復明的意圖。像胡中藻《堅磨生詩鈔》裡有「一世無日月」一句，被斷章取義的解釋為懷念明（日與月合而為明）朝。「一把心腸論濁清」被看作是在大清國號上加上「濁」字，心存侮辱。徐夔述的《一柱樓詩》裡有「明朝期振翮，一舉去清都」句以及詠正德杯詩寫出「大明天子重相見，且把壺兒擱半邊」二句，都是不敬大清，甚至在詛咒大清，想要一舉「去」掉清朝政權。而且「壺（胡）兒」更是影射滿族。徐夔述的「狂誕悖逆，實為覆載所不容」。錢謙益著作很多，經人告發在他的《初學集》與《有學集》中有「不辨科斗文，神官為我讀」、「青衣苦效侏儷語，紅粉欣看回鶻人」，被認定是對滿洲語文的諷刺文字。又有「先祖豈知王氏臘，邊人不解漢時春」以及「歌舞夢華前代恨，英雄復漢後人思」等等，都有詆毀清朝之意。錢謙益已死後百年還被清算，可見當時文字獄之可怕。其他杭州卓長齡著《憶鳴詩集》，因「鳴」與「明」同音，被指為憶念明朝，圖謀不軌。戴移孝《碧落後人詩集》中有「長明寧易得」、李驎《虬峰集》中有「翹首待重明」、安徽武生李超海在《武生立品集》裡寫了「大明進士」犯了忌諱。王沅《愛竹軒詩稿》內有「暗影日月二字，合成明字，藏於篇終，言其所思在明」，也被當作逆案查辦。清初祝廷諍教兒子的《續三字經》課本裡有「髮被左，衣冠更！難華夏，遍地僧」，也是「繫懷勝國」，「指斥本朝制度」，而他書中「未將本朝國號敬謹抬寫」，意味著祝廷諍有反清意識。還有記載說：山東劉遴等人刻印族譜，其中有以「卓爾源本，衍漢維新，希是如此，嘉毓統真」十六字為劉家子孫輩分排行的用字，這本是很多族譜書中常見的事；但是劉家族人不和，有人就告到官府，說什麼「語句不經」、「匿祖別宗」，因而興了一次文字之獄。山東的地方官也覺得他們「遠引漢裔，殊屬狂悖」，這個「漢」字不但代表劉家是漢朝劉邦的後代，還意味著他們是「漢」人的後裔，有反滿之意。又有「髮短何堪簪，厭此頭上幘」以及有人以「守髮」為名，都是反對剃髮。「布袍寬袖浩然巾」則是對清朝服飾反對的文字。類似捕風捉影的文字獄案還有很多，相信不少作家只是用詞不妥，擇字不精，結果幾乎都得到一個處死的收場，而家人也被充軍，甚至淪為奴隸了。

第二，因懲罰詆毀污衊皇權而興的文字獄：乾隆二十年浙江布政使彭家屏家纂修的族譜中把明神宗萬曆年號照舊書寫成「曆」字，沒有敬避皇帝的御名「曆」字，犯了大不敬罪。四十二年江西王錫侯編《字貫》的書，在序文中直呼康雍乾三位皇帝的名字，又刪改了康熙皇帝御製的字典，「毫無尊君親上之心」，當然判處死罪。四十三年河南一位裱褙店老闆劉峨，為牟利裱褙了一批《聖諱實錄》出賣，其實這是一份對考生有用的出版品，它告訴考生在考試作卷時那些字不能寫必須迴避，如康熙的名「玄曄」這兩個字就不能寫在試卷，或是雍正的御名叫「胤禛」就得改寫成「亂」、「允」及「禎」、「正」字等等，當然乾隆的「弘曆」名字更不能在文章裡任何的地方出現。由於《聖諱實錄》裡是刻著原名與改字對照參考的，原名刻上了當然就犯忌。劉峨根本是個不太通文墨的人，怎麼向官方解釋也沒有用，最後被處斬而且家產也被充公了。四十五年，廣西一位老生員吳英上書布政使希望改革一些地方政策，但他在書中寫了「其德非不弘也」、「萬斛之弘恩」二語，結果也以「疊犯御名」被判「凌遲處死」。胡中藻詩裡有「老佛如今無病病，朝門聞說不開開」，乾隆降諭說：「朕每日聽政，召見臣工，何乃有朝門不開之語？」至於胡中藻出過的試題「乾三爻不象龍說」，情勢更嚴重了，被指為是惡意的人身攻擊，因為乾隆認為：「乾隆乃朕年號，龍與隆同音，其詆毀之意可見。」另外，大理寺卿尹嘉銓年過七十，自稱「古稀老人」，沒有想到乾隆皇帝也稱「古稀老人」，這也算觸犯御名，構成「僭妄不法」

的大罪。其他如山西王爾揚為父親刻墓志銘上用了「皇考」二字被指為擅用「皇」字，「實屬悖逆」。江蘇韋玉振為父刊刻行述時，文字中有「於佃戶之貧者，赦不加息」，也被斥責「身為稟生，乃敢用『赦』字，殊屬狂妄」。湖北秀才程明諲為人作祝壽文，內有「紹芳聲於湖北，創大業於河南」兩句，「創大業」被曲解為「做皇帝」，程明諲也就因「語言悖逆」被砍了頭。乾隆後期，皇帝對一些小案子比較寬鬆處理，像墓志銘、行述裡用字不當的也有只命令毀掉或重寫就算了，但也要看他當日的情緒而定，反正生死大權是操在他手裡的。

第三，因嚴禁臣民干政而興的文字獄：乾隆為乾綱獨攬，皇權不容別人侵犯，曾經貶殺過不少大臣，民間作亂向皇權挑戰的更是罪無可赦。同樣的他也以文字興獄來嚴辦那些想干預國家軍政事務的人。乾隆十六年前後，社會上廣泛流傳一份以孫家淦名義寫成的奏疏，並附有皇帝的硃批字樣，內容是參劾當時朝廷中滿漢大臣，連皇帝南巡也受到批評。這件事鬧了一年多沒有查出名目，後來殺了幾個武官處分查辦不力的大臣了事，干政的文字獄由此開始。

湖南人劉翱寫了一本名為《供狀》的建議書，談到雍正年間「地方時事」，論及他對當時查繳違礙圖書的一些看法。劉翱本來是一番好意，希望政府能採用的。但是結果被斥為「以一介小民，輒敢妄談國政」，實為「狂誕不法」，「不知安分守己」，被處以死刑。廣西的吳英也是因寫了一份三千字的策書，建議政府在賑卹飢民、革除鹽商、保甲防盜、禁種煙葉、裁減僧寺等方面做些改革，結果被指為「不知安分」、「語涉狂悖」等等罪名，惹禍上身，落得個死刑的結局。湖南又有一位叫劉震宇的人，他花了不少時間，寫成一份《佐理萬世治平新策》，其中談到關羽封號祀典應該貶抑、衣服制度需要變更等等問題，代理巡撫范時綬認為他「跡類瘋狂」，沒有從重處分。乾隆知道此事之後，甚為不滿，以為「僅將該犯輕擬搋杖，甚屬不知大義」。結果經過刑部調查，劉震宇被判了死刑，范時綬也受議處。

干政的文字獄可能以干涉到皇帝之皇后的事最為嚴重。乾隆三十一年，皇后那拉氏被幽禁死亡之後，顯然引起社會大眾的同情，十年之後有一位曾經在都察院當過書吏的人，名叫嚴譄他突然向大學士舒赫德呈送了一份〈請立正宮〉的報告。當時是乾隆四十一年七月十七日，皇帝正在避暑山莊住夏，知道這件事隨即下令叫大學士阿桂、刑部尚書英廉等人「各秉天良，將此事實心查辦」，結果嚴譄被處以立斬。兩年後乾隆皇帝又東巡東北老家，經過錦縣地方時，有一位秀才金從善也向皇帝上了一件呈詞，要皇帝為那拉后一事下詔罪己。皇帝說：皇后犯了「自行剪髮，則國俗所最忌」的大罪，「乃欲朕下罪己詔，朕有何罪而當下詔自責乎？」金從善當然處死。上面這些都還有憑有證的干涉政府行政案，胡中藻在詩集子裡有「那是偏災今降雨，況如平日佛燃燈」二句，從字面上看似乎是頌揚乾隆皇帝蠲免錢糧、賑濟災民善政的；但是大皇帝不那麼想，他硬說：「朕一聞災歉，立加賑恤，何乃謂如佛燈之難覯耶？」真是欲加之罪，何患無辭？

從以上乾隆朝部分文字獄案中，我們可以看出：一、不少案子是望文生義、斷章取義而起的。二、乾隆不但以文字興案辦活著的人，連死去的人也不饒過。三、掀起家人、友人、仇家等的告訐之風。四、除當事人外，親友、師生，甚至地方官都有受到牽連處分的。難怪多年之後，龔自珍還說：「避席畏聞文字獄，著書都為稻粱謀。」

這樣慘烈、無理的文字獄，除了表示專制君主有生殺予奪的淫威以外，也使得一般人民安分守己，做個順民，而知識分子則更是生活在恐怖緊張的氣氛中，只好寫些徜徉山水的詩文，做些不關時事的純古典學問研究了。言論被鉗制、思想被禁錮，文化的活力與創造性當然也受到扼殺的影響，這是乾隆朝文治的一大缺陷。

37 乾隆對滿洲圖書文獻的貢獻

不少人對乾隆皇帝有負面的看法，認為他好大喜功、窮兵黷武、銷毀古書、興文字獄，像似做了不少壞事。這些評論不是沒有道理的，而且也是有相當根據的。不過，乾隆也做了很多有益於國家與文化界的事，不說開疆拓土那些大問題，就以前面談到的文治方面的事來說，他為後人收集了可觀的珍貴資料，編成叢書，供大家參閱，如果不是他用政府力量從事這樣的大工程，相信原先收藏在民間的圖書一定有些在日後的兵災人禍中毀掉的。他大興文字獄，雖然鉗制了民族思想；但是考據學的大興也未免不是一件學術上的大成就。如果沒有乾嘉時代的樸學家的辛苦耕耘，可能很多中國古典學問後人無從研究了；至少要從乾嘉為起點作研究，而且不見得能有當時學者那樣的好成績。乾隆在保存、整理與弘揚中華文化方面應該是有罪也有功的。至於他對自己滿族，在圖書文獻上所做的工作，更是值得一提。

我們知道，滿洲人原本只是阿爾泰民族南支的一系，明朝人稱他們是「蕞爾小夷」，文化程度本來不高。他們雖有自己的語言，但文字到明神宗萬曆二十七年（一五九九）才因努爾哈齊的興起而創造出來，當時初創的文字很不完備，甚至還夾了一些蒙古文在裡面，反正滿洲文是由蒙古文脫胎而來，外形很相似，而且有些詞句也是沿用蒙古文的。後來到清太祖努爾哈齊的兒子清太宗皇太極當了大汗，建立了清朝，才把老滿文作了一些改進，如增加字母，附上圈點，使字形容易辨識，發音更為完全，再加上吸收了不少漢文作外來語，詞彙大大的增多了，乃成較為進步的新滿文。

在老滿文創製後不久，努爾哈齊就命令官員們用他們自創的文字記錄檔案了，從萬曆三十五年到皇太極建立大清那一年（一六〇七至一六三六），三十年間，總共寫記了新舊滿文的「檔子」四十大本。大清朝建立後，內三院等衙門裡仍舊不斷記錄檔案。這些《舊滿洲檔》與《內三院檔》在滿清入關入主中國時都帶進了北京。

清朝初年，戎馬倥傯，當然不會想到這批祖先的舊檔案，即使在康熙統一中國之後，有心標榜文治之時，也沒有為祖先的這份珍貴文化遺產做一點工作，直到乾隆即位不久，才有大臣在內閣庫房的舊檔冊堆裡發現了一批「盛京（瀋陽故宮）舊本」，據當時的官員向皇帝報告說：這些舊檔因為「年久糟舊」，已經有殘缺的現象了。而且其中有「不僅無圈點，復有假借者，若不融會上下文字之意義，誠屬不易辨」。這是說舊檔是一些用沒有圈點的老滿文寫的，其中還有假借蒙古文的。發現這些舊檔的人也要「融會上下文義」後才能看得懂內容。皇帝立刻指示鄂爾泰、徐元夢兩位大臣，叫他們先編一個簡明的新舊滿文對照字典，整理並貯藏好這批資料，因為「無圈點字原係滿文之本，今若不編製成書貯藏，日後失傳，人將不知滿文肇端於無圈點字」。大臣們後來編好了一部對照字典《無圈點字書》，並「托裱裝訂」了舊檔，然後開始整理的工作。這些工作是從乾隆六年（一七四一）開始的，直到乾隆四十年，「舊檔」中的三十七本，三千多頁，已經被專家官員重抄成了一份老滿文的副本及一份加了圈點的新滿文的新產品。乾隆四十三年，皇帝又命大學士阿桂、于敏中等人，派內閣中書滿洲人興寧等八人，加緊趕辦，再抄兩份，送到盛京收藏。乾隆四十五年，舊檔無圈點及有圈點重抄本各一套也送到了瀋陽盛京，恭敬的存藏在崇謨閣中了。瀋陽的這一套舊檔，在光緒末年被日本人發現，後來複印了一份回日本，從此世界學壇才知道滿族早年還有這麼一種珍貴的檔案存在。經過中外學者的研究，發現這批舊檔裡有很多關於滿族興起時的清朝皇家的人事記述，八旗的淵源，明清戰爭的實況以及滿族原始的文化風俗等等，都是後來清代官書不詳的，或是根本不記的，真是「三百年來的祕史」。試想如果不是乾隆皇帝如此熱心重視，花了三十多年時間整理並重寫了這些舊檔，即使完好的保存到今天，相信能讀那些老滿文的人也沒有了，遑論利用內容來探討清初歷史呢！

乾隆朝另一件整理與保存他們滿族祖先古老文化產業的工作是繪製《滿洲實錄》。《實錄》本來是專記皇帝大事的專書，這本書以「滿洲」代替皇帝的名號，實在特別，同時書中文字兼寫滿、蒙、漢三種，又配上了幾十幅插圖，真是少見的體式。乾隆四十三年，皇帝在乾清宮裡看到從盛京老家帶來的舊本《太祖實錄圖》八冊，怕皇家子孫「不能盡見」，所以下令大臣「依式重繪二本，以一本貯上書房，一本恭送盛京尊藏，傳之奕世，以示我大清億萬子孫毋忘開創之艱難也」。可見這《滿洲實錄》就是早年製成的《太祖實錄圖》，是記清太祖努爾哈齊建造汗國時的記事專書，自從帶到北京之後，便放在皇帝處理日常政務的乾清宮裡，當然能看到此書的人不多。乾隆為了廣為流傳，並讓皇家子孫知道祖先創業的艱難，所以命令照式繪寫兩份，分別放在皇子念書的上書房與瀋陽老家的故宮中。乾隆四十六年又下令再畫一份，放在熱河的避暑山莊行宮，「以便披覽」。二十世紀裡這部書又被幾次翻印，現在很多大圖書館中都可以輕易的看到這本書了。

有關清太祖努爾哈齊的《實錄》，皇太極在關外改建大清朝的時候，就按漢人的傳統為他父親纂修了《武皇帝實錄》。在《武皇帝實錄》成書前，曾經就《舊滿洲檔》的資料先編了一套《太祖實錄圖》，這部不合正統規格的實錄圖就是乾隆重繪製的《滿洲實錄》底稿本，由此可見：

乾隆把他們祖先兩大古老文化遺產都加以整理並再版了，貢獻是應該被肯定的。

更值得一提的是乾隆在這次重繪《滿洲實錄》時，竟未更動書中的內容，並不像修《四庫全書》那樣的強調滿清正統，可以說是原文照抄的繪製了幾份。現在舉幾個例子來作說明：

一、仍稱明朝為「大明國」，如「大明國的萬曆汗」、「大明國的太子太保李成梁」等等。

二、對於努爾哈齊本人也不稱「清太祖武皇帝、高皇帝」或「上」，還是用早年稱呼為「太祖聰睿貝勒」、「太祖謙恭汗」、「太祖英明汗」等，跟漢文努爾哈齊實錄中的書法不同。

三、記年份不用干支，月份還是以「在春天當中的月」表示二月，「秋天最後的月」表示九月，完全是阿爾泰語的本色。

四、早年《太祖實錄圖》中所記的殘忍殺人事件與家族中的淫亂事件完全照錄，不加掩飾或刪除。

乾隆四十年代，正是文字獄大興，強調滿清正統、強化皇權的時刻，皇帝竟以如此坦然的態度整理並保存祖先文獻，真可以稱得上是一位忠誠無私的學者帝王了。

由於《滿洲實錄》裡也照樣描下了《太祖實錄圖》中七十幾幅插圖，有人戲稱簡直像是一部「連環圖畫」的書。不過這些插圖，史料價值還是很高的，因為我們從中可以看出當年明清交戰的情形、滿蒙漢各族人所穿的衣服、所使用的武器、居屋與蒙古包的模樣、努爾哈齊當大汗典禮與大宴等等的實狀。再說最早版本《太祖實錄圖》在此次重繪製《滿洲實錄》後不到二十年在一場宮中大火中燒毀了，乾隆的重抄重繪的工作也因而顯得更有意義了。

除了這些先人的文化遺產以外，乾隆在位期間還為滿族文化編製了專書，或便於人們研究，或廣為流傳至永遠。以下就是當時出版品名稱：

辭書方面有《清文鑑》、《滿洲蒙古漢字三合切音清文鑑》、《滿漢對音字典》以及《五體清文鑑》等。其中《五體清文鑑》是一部滿、蒙、藏、維、漢五種文字對照的分類大辭典。全書共分二百九十二類，收詞條一萬八千多個，修成於乾隆中期，是研究民族語言的一部重要工具書。

史學傳記方面有《開國方略》（記清人入關前歷史）、《宗室王公功績表傳》（專記滿族貴胄的事蹟功勳）、《八旗滿洲氏族通譜》（專錄滿洲八旗姓氏源流與始居地）、《滿漢名臣傳》等。

政書典制方面有《八旗通志》（記各種有關八旗制度與人物的專書）、《滿洲祭神祭天典禮》等。

另外還有《滿洲源流考》，全書分部族、疆域、山川、國俗四門，以清朝為綱，詳述自周肅慎以來滿族祖先的歷史等事。

乾隆又為了強調他們本族自創的語文，除了以滿文翻譯部分儒家經籍與政府的典制史地書外，特別命令在臣工與僧侶中邀請專家，以滿文翻譯《大藏經》。《大藏經》是佛教一切經典的總集。乾隆三十七年（一七七二），正是向全國收集遺書的時候，皇帝突然想到：

> 蓋梵經一譯而為番，再譯而為漢，三譯而為蒙古，我皇清主中國百餘年，彼三方久屬臣僕，而獨缺國語之大藏可乎？

他認為《大藏經》已由印度梵文先後譯成西藏文、漢文、蒙古文了，怎麼能獨缺滿洲文本呢？乾隆同時舉辦《四庫全書》的纂修與《清文全藏經》的翻譯，實在是大手筆，也是學術宗教界兩大如「萬里長城般的大工程」。皇帝翻譯《大藏經》的目的，他說並不是為了「以禍福趨避教人」，而是在讓大家學習滿文，並從佛教經書裡知道「尊君親上，去惡從善」的道理。可見他坦白的承認是有功利動機的，也是為推廣滿族語文教育的。

《清文全藏經》到乾隆五十五年（一七九〇）翻譯完成，前後歷時十九年。據莊吉發教授稱：「臺北故宮博物院現存滿文《大藏經》計三十函，北京故宮博物院存有七十六函，合計一百零八函，都是清代內務府滿文原刻朱色初印本，其形式規格及朱色濃淡，俱彼此相同，應屬於同一來源的滿文《大藏經》。」而且認為乾隆當時「為了適應譯經的需要，在譯經過程中，增加了許多滿文新辭彙，對滿文的研究，提供了很豐富的語文資料，對滿洲語文的發展產生了很大的影響」。

確實是的，很多人根本不知道世界上還有一種滿洲文字存在，即使知道有這種文字的人，也大都覺得它是已經沒落的，甚至死去的文字。尤其辛亥革命後民國初期，大家反清反滿，連同滿族的語文也被視為不值得一學的東西，真是到了棄之如敝屣的地步。可是今天滿洲文的圖書文獻大公開了，包括乾隆年間整理的與新製作的在內，大家才發現真是一座大寶藏，不但對滿族特有文化以及清朝歷史的研究有極大極多的裨益外，對探討中國很多領域的學問也有幫助。就以《清文全藏經》來說，它是由漢文的《大藏經》翻譯而成的，一般讀者看漢文本時，不一定能通曉文義，尤其是一些佛學方面的專有名詞，可是你若懂得滿文，它的譯文就像我們中國古經的白話翻譯一樣，淺顯易懂，因此《清文全藏經》的譯成，對印度佛教思想來說，既多了一種文字的譯本，又增加了普及性。

乾隆與他的祖先曾經將中文的儒家經典幾十種譯成了滿文本，對滿族人士通曉漢學無異是一種津梁。又因為滿文是拼音文字，西洋人學起來比學中文容易，盛清時來華的傳教士都會滿文，他們把滿文本的四書五經帶回了歐洲，引起了西歐的中國熱。直到二十世紀前期，德國學者還說：「滿文為我們研究漢學開闢了一條大路。」乾隆朝整理、保存、弘揚滿洲文獻的貢獻，顯然又加上將中華文化傳播到西歐一項了。

38 行旅天子

乾隆皇帝在位六十年，據統計：從他登基開始到去世前，他一生之中的各種巡幸活動多達一百五十多次，其中拜謁祖先東西陵寢及東巡六十六次，到承德避暑山莊住夏與木蘭秋獮五十二次，巡幸畿輔地區包括明陵、盤山、天津等地共十四次，東巡山東曲阜八次，南巡江浙六次，西登五臺山六次，巡訪中州一次。他每年都會出外巡走，至少兩三次，真可謂是位行旅天子了。

乾隆如此頻繁的出巡，很被後人非議；不過，他巡幸也是有各方面成效的，不能抹殺不談。先來看看他幾乎定期的避暑山莊與秋獮之行。

皇帝去避暑山莊除了他生母仙逝等特別原因外，幾乎是每年都去的，甚至還有時候一年去兩次的。通常夏初由京城出發，秋後再返回京師，偶爾也有住上四、五個月的。專家們說：乾隆統治六十年，約有十年的光陰是在山莊度過，山莊是清朝的第二政治中心。

在一般的情形下，皇帝是先到山莊，後行秋獮。在山莊的時候除處理北京進呈來的文件公事外，重要的是與蒙、藏、回各族高層領導人聯絡感情，建立良好關係。乾隆常在山莊萬樹園、大政殿、澹泊敬誠殿等處大宴蒙古等族王公、高層領袖，並舉行演戲與武術活動以娛嘉賓，或藉以切磋技藝，加強尚武精神。有一位隨從皇帝去山莊的軍機處官員描寫過競武的情形：

> 未至木蘭之前，途次每到行宮，上輒坐宮門外較射。射畢，有跳駝、布庫諸戲，皆以習武事也。……

跳駝據說是選出一些身手好的人從八尺高的駱駝背上躍過，落地時需直立不倒。布庫係蒙古語，相撲、摔跤的意思，兩人比賽角力，倒地的人為失敗，「勝者跪飲一巵而去」。除了這些遊藝活動之外，皇帝也接見各族王公貴族，封賜爵號，賞給緞匹、銀兩等。乾隆二十年以後，由於準噶爾與回疆的動亂逐漸平息，中央直接控制西北邊疆，民族事務也增多了起來，因此避暑山莊周圍也進行了大規模的營建工程，以肆應需要。由此可見：皇帝每年去熱河山莊，不全為避暑，更不是為了「荒游」，「上每歲秋獮，非特使旗兵肆武習勞，實以駕馭諸蒙古，使之畏威懷德，弭首帖伏而不敢生心也」。

秋獮常在中秋前後舉行，就是皇帝帶領著各族軍人武士一齊去打獵，打獵的隊伍有時會多到幾千上萬人。打獵的場所稱「木蘭圍場」，「木蘭」是滿洲語「哨鹿」的意思，這塊總面積達一萬多平方公里的圍場離避暑山莊一百多公里遠，是康熙皇帝選定的，秋獮與山莊住夏都是康熙設計的聯繫蒙古等人的手段，乾隆是仿照實行的，只是成果比他祖父更要好些。

秋獮行圍的方式有少數人入山，邊走邊打獵，或是在平地行獵。圍獵是規模最大的，由皇帝率領著皇子、皇孫與王公大臣，以及蒙古等族人馬，浩浩蕩蕩的入山，向行軍一樣有秩序的前進，違反命令的要受罰，大家先作成一個包圍圈，然後逐漸縮小，最後捕殺野獸，皇帝也親自參加，很多時候讓皇帝、皇子射殺那些被困的獸類，以顯示皇帝的權威。兵士們在捕獵野獸時殺聲震天，一如在戰場交鋒，皇帝也藉以訓練戰士作戰能力。哨鹿則是皇帝帶著一批精銳勁旅，在深山裡吹著木製的長哨，模仿雄鹿求偶的聲音，騙引母鹿，當母鹿出現後即以槍箭射殺。皇帝和參加哨鹿的人立即生飲鹿血，據說能使人延年益壽。

行圍時間前後需要二十天左右，每天黎明前入山，日落後回營，滿蒙各組軍士陳列「戰果」，皇帝論功行賞，鼓勵大家。晚間則常以獵得的野獸，舉行野餐會。木蘭行圍結束時，又舉行一次大型的慶功兼惜別會，大家狂歡，氣氛極為融洽，因此每年秋獮不但是一場軍事技能的測驗運動，也是清廷與西北各族的聯誼大會。

四次東巡分別是在乾隆八年、十九年、四十三年、四十八年舉行的。最後一次皇帝已年逾古稀，他也感慨的說：「此別回瞻增有愴，再來度已恐無能。」那麼他又為什麼到落後的東北地區奔波呢？乾隆在詩句裡也說得很明白：「四度陪京謁祖陵，敬思前烈益兢兢。」可見他東巡的目的是拜謁祖陵，思念祖先創業的艱難，鼓勵自己與滿洲人要守住祖宗江山而努力才是。因而每次東巡，皇帝一定要特別舉行隆重的謁陵大典，對太祖努爾哈齊與太宗皇太極表示崇敬與懷念之情，在瀋陽還親臨一些開國功臣墳地去賜祭，感謝他們在開國事業上的貢獻。留居盛京的宗室貴族與守土官員，乾隆也藉機籠絡他們，除分別賞賜銀兩、緞匹等物之外，又邀請所有親戚一齊參加大宴，宴後或賜詩篇，或講武比射，家人團聚的歡樂氣氛達到最高潮。另外對於當地的官員普遍的加官一級，有過要被處分的也概予免罰。一般人民則受到免除積欠的錢糧與次一年的全部正額地丁賦稅的優待，真是皆大喜歡。乾隆也利用東巡時視察邊區，檢查戰備，看看新訓練的年輕一代滿洲兵的情形，因為關內每次大型戰爭都會從滿洲老家調一批兵員來作戰，確實這些滿族新兵比關內各地老態的兵士要能作戰，因此清朝帝王對老家子弟兵一直很重視。清朝皇帝東巡還有一項任務，那就是懷柔科爾沁等漠南蒙古。這些蒙古部族有些與清朝皇家世代聯姻，有些也是從早就與清朝結盟的，皇帝既然東巡，順道與他們聚會，賞賜給他們大批物品金銀，以聯絡感情。尤其是科爾沁蒙古，從太祖、太宗時代就聯姻了，乾隆皇帝自己的豫妃也是蒙古人，他自己的皇三女也嫁給了科爾沁的輔國公布騰巴爾珠爾，難怪皇帝在與科爾沁蒙古貴族們聚會之後，會留下「塞牧雖稱遠，姻盟向最親」以及「中外君臣自一家」等詩句了。

乾隆東巡有優卹蒙古、鞏固盛京、教訓宗室、視察邊疆等等的作用，所以他在第三次東巡後降諭中外，要他的子孫將來必須舉行東巡，親訪老家，如果有「無識之臣工，妄以人主當端處法宮，綜理庶政，不宜輕出關外。此即我朝之亂臣賊子，當律以悖命之罪，誅之勿赦」。他如此的說重話，可見他對東巡的重視。

在所有行旅活動中，乾隆最重視的是到南方江蘇、浙江等地的「南巡」。皇帝晚年曾寫過一篇〈南巡記〉的文章，其中說：

……予臨御五十年，凡舉二大事，一曰西師，一曰南巡。……

「西師」是指乾隆二十年至二十四年間對準噶爾與回部的用兵。這場歷時五年的戰爭，平定了準部，統一了回疆，開拓疆土兩萬多里，奠定了天山南北路與青藏等地的安定基礎，實在是大事件。「南巡」怎麼也被說成是頭等大事呢？皇帝的解釋是：「江左地廣人稠，素所惦念，其官方，戎政、河務、海防，與凡閭閻疾苦，無非事者，第程途稍遠，十餘年來未遑舉行。」到了乾隆十四年冬天他又說，十五年他將有五臺山等地之行，而十六年正是他生母皇太后的六十大壽之期，所以他決定陪母親去南方巡幸，作為祝壽獻禮。

乾隆對他生母是極盡孝道的，為「聖母六旬萬壽」到南方遊覽名勝也許是一個原因；但自乾隆即位以來，中央與南方的關係逐漸的產生了一些問題，例如皇帝一直提拔八旗人士進入官場，擴大族人政壇勢力，這對素稱「人文淵藪」的江南鄉紳與知識界而言，權益受到很大的損害。同時皇帝下令清厘欠稅，江南大戶積欠的也最多，急令補交，當然也使江南富戶不滿。因此有些鄉紳與官員出面表示意見了，甚至有人對皇帝指名抨擊了。而江浙一帶，當清朝入關時就有人從事反清反滿的運動，思想有問題的人很多，如「千古悖逆之人」呂留良、「名教罪人」錢名世、《明史》案的主角莊廷鑨等等，乾隆也說過浙江「民情狡詐」。但是江浙是全國賦稅的重地，皇帝不能坐視不問，而且需要起而行的去安撫籠絡才是。

皇帝在乾隆十六年（一七五一）、二十二年、二十七年、三十年、四十五年以及四十九年（一七八四）先後六次南巡，儘管有「豔羨江南，乘興南遊」之嫌；但乾隆的南巡顯然還是對當時政治、經濟與文化思想上有正面作用的。例如：

一、覽視黃淮河工：黃河因夾帶大量泥沙，到下游不斷造成決口，形成大水災。康熙時代就非常重視河工。乾隆效法乃祖，除最後一次南巡因年過七十，前五次都實地認真的視察了河工，因為他說過「南巡之事莫大於河工」。乾隆督察河工不是做表演，他真是參與研究這項水利工程的。例如他命令增建儲水壩，編為仁義禮智信五座。他主張在徐州一帶改築石堤，以保工程經久耐用。他也決定用以工代賑，動員災民築堤，因為這樣「於窮黎有益，而於工程亦易集其事」，何樂不為。凡此都足以說明他在南巡途中真為黃河工程做了一些事，河患也因而減輕了許多。

二、興工修築海塘：錢塘江連接東海，江水順流而下，海潮逆江而上，相互衝擊，所以杭州與海寧一帶的海塘，容易被衝潰，造成水災。康熙、雍正時都非常重視海塘工程，因為水災波及到江南很多地區，而且也都是富庶的魚米之鄉。乾隆即位後就命令過：「海塘工程，著動正項錢糧辦理其事。」可見他的關心與決心。六次南巡中，第一次因聽大臣說「江海安瀾」，認為「毋庸親臨閱視」。第二次南巡時聽說潮勢漸趨北岸，所以其後南巡都去督看海塘工程。在他不斷關懷與指導下，先後修建了二百多里的魚鱗石塘，代替了原有的土塘，防堵了吳越平原遭受水災的襲擊。清史名家孟森先生也稱讚乾隆在海塘工程上，「謀國之勤，此皆清代帝王可光史冊之事」。

三、爭取廣大民心：乾隆是最了解也最強調「民為邦本」的皇帝，他在歷次南巡途中必定對所經之地的人民蠲免錢糧，舉辦平糶，赦免人犯，以博取人民對他的擁戴與對中央政府的支持。乾隆又為了標榜「重農務本」，每次到江南時，都告誡臣工與隨行人員「春苗遍野，毋得踐踏」。在他到達某一地區時，官吏都來迎駕，他也會下令要官員們不得藉口辦差而稽延日常政務，尤其是民間的訟案，處處表現在關心人民。據日後統計，他六次南巡，單是免除經過的各州縣積欠錢糧就高達兩千萬兩之多，人民怎麼不同聲感激？

四、籠絡官吏士商：每次南巡乾隆都在籠絡官吏、鄉紳、士商方面做了不少工作。對沿途退休在鄉而有影響力的鄉紳予以接見，賞飯、賜人參、貂皮。有時還晉封官爵、賜他們子孫功名。對任職的大官則賞金賜銀，題詩給匾，以示倚重。有過的官員則特准讓他們重新做官，恢復原有官品。官員們每每感激戴德，願為皇帝効忠。地方上讀書人傑出的，皇帝召他們來面試，成績好的賞他們功名，也有帶回京城做官的，充分表現了皇帝獎勵文學的用心。南巡中，皇帝也聯絡商人，凡「承辦差務，踴躍急公」的賞給「按察使」、「奉宸苑卿」銜，與大家建立良好關係。

皇帝又在沿途向至聖先師孔子、大禹王、明太祖、山神、河神、江神以及御道三十里內的歷代賢良忠義名臣燒香行禮，以示尊敬，這也是籠絡各省民心的一種手段。

乾隆一生的行旅活動，確實有助於鞏固統治權，消弭種族敵意，好處是很多的，不過行旅的花費驚人，影響中央與地方財政，而且在地方上引導了奢華的風氣，在官場裡產生了鑽營、貪婪的不良風氣，這些後遺症也是可怕的。

39 大興土木建離宮

乾隆真是一個會花錢的皇帝，一生打過十次大型戰爭及很多次地方性的平亂軍事行動，軍費開支實在無法估算。他又經常到處行走，巡幸四方，消費也是可觀的。其他如為了表現文治鼎盛而在收集、整理、修纂各種圖書資料方面，更不惜工本的投資。他自己講究吃喝，宮眷又那麼多，花錢必然不少，而他又愛大興土木，在位期間，除黃淮、海塘工程之外，離宮的興建，更教人嘆為觀止。

這裏所說的離宮以圓明園與避暑山莊為主。其他如北京城的拓置、紫禁城內宮殿的增修，中南海與北海一帶宮苑的經營，香山靜宜園、萬壽山清漪園、玉泉山靜明園、京郊暢春園等的維修與加添景點等等，因為篇幅所限，不能贅述。

圓明園本來是康熙時代賜給雍正的一所郊區大別墅，在北京城的西北郊外，與康熙的行宮暢春園為鄰。康熙為什麼把這座園林稱為「圓明園」呢？據說有「圓而入神，君子之時中；明而普照，達人之睿智也」的涵義，祝福園主是位智慧通達的人，會實行符合人民需要的中庸政策的。乾隆為皇子時，雍正讓他在圓明園的「長春仙館」住過，並賜他號為「長春居士」。乾隆當了皇帝之後，即在圓明園原址的東邊，大加拓建，命名為「長春園」，與原有圓林、萬春，構成一個大園林區。乾隆本想在他歸政退休後在此安度晚年的，因此對擴建的工程很費了一番思量，最後他決定長春園區以西洋式建築為主。

乾隆十二年（一七四七），皇帝從一幅西洋銅版畫上看到西洋園林裏有噴泉，因而引發了他的興趣，於是找來當時在宮中服務的義大利人郎世寧（Giuseppe Casligliore），命他設計建造西洋樓，郎世寧後來又推薦了懂得機械物理學的法國傳教士蔣友仁（Michel Beniot）參與，工程進行中，皇帝也「每日均來觀察，且時常發問」，並且指示洋樓遊廊等處要畫西洋油畫。西洋樓及樓前噴泉竣工時，皇帝以「天諧奇趣」之意，命名這幢樓為「諧奇趣」。據說乾隆喜歡在這裏欣賞音樂與觀看噴泉。音樂是由樂隊演奏的西域音樂或是西洋音樂，不是中國傳統的國樂。

第一幢「諧奇趣」西洋樓完工後不久，皇帝又命蔣友仁等建造第二幢名為「海宴堂」的西式樓房。這一幢樓模規大多了，噴泉也設計的別出心裁，建成後有教士說可以媲美巴黎的凡爾賽宮，尤其是噴泉的奇特，可謂匠心獨具。因為在海宴堂前大空地上分布了很多噴泉，其中十二生肖的大噴泉最為醒目，十二個人體獸頭的青銅雕像，分別是鼠、牛、虎、兔、龍、蛇、馬、羊、猴、雞、狗、豬，代表子、丑、寅、卯、辰、巳、午、未、申、酉、戌、亥十二個時辰，每隔一時辰即由代表那個時辰的獸頭噴水，正午時則十二個青銅獸像同時噴水，集中落水在噴泉中心一個精巧銅製的中國古代水計時的漏壺中，可謂竭盡了巧思。

乾隆對西洋建築工程的興趣更大了，接著又興建第三幢名為「遠瀛觀」的洋樓。這幢樓裏後來陳列很多珍寶名畫，金碧輝煌，建材用了不少漢白玉，堪稱費錢費工。遠瀛觀的噴泉稱為「十狗逐鹿」，噴水時由十隻狗口中一齊噴出，射向中間的銅鹿，而鹿角上也同時噴水，頗為壯觀。

除了諧奇趣、海宴堂、遠瀛觀這三幢主體大樓之外，長春園北部還有一排洋樓群，如養雀籠、方外觀、蓄水樓、方河等等。這一系列洋樓從乾隆十二年動工，到二十四年告竣，前後歷時十二年多，為清朝皇家園林增添了異國風情與色彩。可惜整個圓明園區的豪華建築，在清末英法聯軍一役中，被洋人洗劫寶物，破壞部分建築。光緒二十六年（一九〇〇）再遭八國聯軍劫掠破壞，遂成一片廢墟，現在只剩下遠瀛觀的斷垣殘雕供人憑弔了。年前香港著名藝術商拍賣會所競標的幾件青銅獸頭，就是當年洋人搶劫的贓物。

乾隆最敬愛他的祖父康熙，一生事事都要效法皇祖。他是因圓明園牡丹臺前的見面而被康熙帶回宮中教養的，也是因為避暑山莊獅子園聚會而進一步走上繼承大位之途的，這兩處皇家園林對乾隆而言，確實具有特殊意義。而且他祖父康熙營建避暑山莊還有政治與軍事上的目的，山莊的大興土木是意料中了。

康熙晚年幾乎花了二十年的時間經營位於承德北郊的皇家最大園林避暑山莊，一方面來避暑，但更重要的是在此聯絡蒙藏回部貴族，增強邊胞對清廷的向心力。另外又舉行木蘭行圍，訓練官軍作戰力，加強保衛國家的實力。康熙時代的避暑山莊雖然已經有了三十六景的名目，也仿照南北園林的特點，建成了不少宮殿與景區；不過康熙時代的建築大多簡樸，花費不算太多。乾隆即位之後，對山莊不斷的大規模改造和擴建，直到乾隆五十五年（一七九〇）才滿意的暫停了興建事宜。他除了在山莊內部的宮殿區與苑景區進行了很多工程，如把三十六景增加到七十二景外，他又在山莊的東面與北面山區，增建了不少寺廟，成為著名「外八廟」系列群。

山莊內的處理政務與皇家生活的宮殿區以及由湖、山、平原構成的苑景區，建築與景點實在太多；不能一一敘述。現在僅就有意義的寺廟群作一簡介，相信就可以看出乾隆時代山莊建築輝煌一斑了。

康熙五十二年（一七一三），各部蒙古王公貴族來承德，為慶祝康熙六十大壽，建造寺廟，康熙同意在武烈河東岸山腳下造了溥仁寺與溥善寺（已不存），規模不很大，寺內供三世佛與二侍者，兩邊有十八羅漢，這是外八廟中年代最古的了。

乾隆二十年（一七五五）平定了準噶爾蒙古，皇帝在避暑山莊大宴衛拉特（厄魯特）四部蒙古的汗、王等高層，由於蒙古王公們篤信喇嘛教，皇帝便下令依西藏三摩耶廟的式樣，建造普寧寺以為紀念。寺內又豎立石碑，記述平定達瓦齊、阿睦爾撒納叛亂的經過，並以滿、漢、蒙、藏四種文字書寫。廟的建築很特別，內供大佛，並有日殿、月殿、白塔，象徵「四大部洲」、「八小部洲」，富有佛教的宇宙觀。

乾隆二十九年（一七六四），又在武烈河東岸的高地上，建造了安遠寺，又稱伊犁廟。原來在新疆伊犁有「固爾札廟」，是準噶爾部眾夏季進行宗教活動的所在。後來在阿睦爾撒納叛亂中被燬了。乾隆二十四年準部首領達什瓦投清來承德居住時，乾隆為籠絡準部，命照「固爾札廟之制，營建斯廟」。從此以後，蒙藏高層貴族來承德朝見乾隆時，安遠廟便成了他們集會、誦經踏步、進行宗教活動的場所。

乾隆三十一年（一七六六），皇帝又下令造普樂寺，也是為蒙古杜爾伯特部等少數邊胞來朝見時作觀瞻用的。廟的主體建築「闍城」上的旭光閣，很像北京的天壇祈年殿，很有科學與藝術的價值。

乾隆三十二年至三十六年（一七六七至一七七一），又在山莊北面建成外八廟中最大的普陀宗乘之廟。普陀宗乘就是藏語布達拉的漢意，可見這座廟是與喇嘛教神王達賴喇嘛所居布達拉宮有關的。乾隆三十五年是他自己六十歲生日，第二年又是他母親八十大壽。皇帝又仿康熙六十壽誕建溥仁寺故事，「以構斯廟」。普陀宗乘之廟由將近四十座佛殿與僧房組成，佔地二十二萬平方米，配上藏式白塔，漢式排樓亭閣，很是美觀。加上在一群白色建築之中又以大紅臺為主體，更給人莊嚴宏大、色彩鮮明的感覺。廟內還有很多石碑，刻記著建廟的緣由，堪稱重要歷史文獻。

普陀宗乘之廟是清朝「神道設教」留下的史證之一。特別值得一提的是這座廟完工之日，正是土爾扈特蒙古從俄國統治下重歸中國之時，他們的領袖渥巴錫汗到承德山莊來晉見乾隆，並到普陀宗乘之廟行禮，乾隆把流浪國外多年的蒙古來歸說作是「佛法無邊」，「誠有不可思議者」，是他「神道設教」政策的「善因福果」。皇帝興建這座大廟，既滿足自己好大喜功的心願，又達到了控制蒙藏的目的，可謂一舉兩得。

乾隆三十九年（一七七四）山莊北面最西側的殊像寺開始興建，次年完工。這座寺廟完全是漢族廟宇的建築，從修建的文獻中可以看出，因為在乾隆二十六年皇帝陪生母去了五臺山，山上有殊像寺，內供文殊菩薩像，皇太后很敬重，於是回京後便在香山造了一座寶相寺，全仿五臺山殊像寺而建。這次在山莊外建的殊像寺也是仿寶相寺建的，廟裏原有高十二米的文殊菩薩騎獅像一尊，兩旁有侍者，甚為壯觀。乾隆自命是文殊化身，也把早年西藏獻丹書說滿洲就是文殊的轉音。所謂「法爾現童子，巍然具丈夫。丹書過情頌，堂堂如是乎？」用以在蒙藏喇嘛教世界中發揮他的崇高地位，修這座廟仍有政治目的。

乾隆四十五年（一七八〇），在普陀宗乘之廟東面又造了須彌福壽之廟。這一年班禪喇嘛特地從後藏來為乾隆慶祝古稀萬壽，皇帝因而下令仿照班禪所居的札布倫寺，造了這座廟供班禪在承德講經與居住之用。這座廟與普陀宗乘之廟一樣，都是覆蓋鎏金銅瓦，金碧輝煌。

避暑山莊的外八廟現在已有些倒塌或剝落的；但是它們確是清朝對蒙藏與西疆其他民族加強聯繫與統治的歷史證物。

總而言之，乾隆皇帝在位期間，大興土木建離宮是事實，不論是為了他個人的享樂，或是為了政治軍事的需求，這筆工程費用一定是可觀的、可怕的！

40 不光彩的生財之道

乾隆一朝用於戰爭軍需、河工海塘、水旱賑濟，土木建築、官員俸祿、四出巡幸、行圍打獵、賞賜臣僕、祭祀慶典、宮中衣食等等的費用，實在無法計算。可是到他晚年，國庫裏還有盈餘，而且盈餘的數字，不比乃祖乃父為差。他究竟如何平衡他這一朝開支的呢？

我們先來了解一下，清朝國家的收入是些什麼？按照正常的情形，國家的正項錢糧有地丁、鹽課、關稅三大項，由於中國以農立國，所以地丁正項是國家的主要財政收入。雍正以後，丁銀的人頭稅改在土地內徵收，但不影響當時的財政。至於國家正項錢糧的一年總收入，大約三千多萬兩白銀左右。

現在且以「十全武功」中第二次金川之役來說，據統計就耗費了七千多萬兩白銀，比兩年的國家總收入還多。清廷到底是如何應付這些龐大支出呢？原來遇到發生大事件時，經費除中央撥發庫銀外，各省也有協濟軍餉的，還有官員富商捐輸的，因此中央負擔的軍需只是一部分。二次金川戰爭時，兩淮鹽商江廣達、程儉德等人就捐獻銀四百萬兩，還有其他各省，特別是廣東洋行商人也都「志切同仇」的捐出數十萬兩不等軍費。又如臺灣林爽文之役，在福康安被任命來臺之後，皇帝為了堅定他必勝的信念，就曾頒布諭旨叫鄰近各省協濟，盡快的撥白銀三百萬兩到福建備用。另在皇帝的倡導下，廣東的洋商潘文嚴、鹽商李念德等捐銀五十五萬兩。山東、長蘆鹽商捐銀五十萬兩。兩浙鹽商何永和等捐銀七十萬兩。兩淮鹽商江廣達等捐銀二百萬兩，用以供作軍需。同時皇帝又發動浙江、江西、四川、湖廣、江蘇、安徽等省派辦米糧一百多萬石，送往福建作軍糧與救濟臺灣災民貧民之用。由此可見，乾隆朝戰役雖多，不少軍需是出自地方與商界，中央並沒有全部負擔。

更重要的乾隆還有一套生財之道，說起來很不光彩，但確能為他平衡支出，解決財政上的大問題。

乾隆生財之道的第一種方法是將犯罪官員，特別是貪官的家產充公，以充實國庫。例如貴州巡撫良卿、按察使高積等人運鉛貪污案、雲南布政使錢度等人運銅貪污案、雲貴總督李侍堯及其家人張永受貪污案、甘肅布政使及全省大小官逾百人的捐監案、閩浙總督陳輝祖的侵吞充公物品貪案以及總督富勒渾、覺羅伍拉納的貪污案等等，還有官小到如知縣的，只要是貪污，大概都會遭到「查辦」的下場，而「查辦」就是先「抄家」，犯官的財產先予充公。乾隆朝貪案特多，因而這方面的收入也特多了。與貪案相關的上級官員，有時也受到處分，像甘肅捐監貪案，鄰省的陝西巡撫畢沅也以「瞻徇畏避」降三級留用，並罰銀共五萬兩，也為國庫增加一些收入。閩浙總督陳輝祖與江蘇巡撫閔鶚元因為有弟弟在甘肅任官，也是捐監大案的涉案人，這兩位兄長都被「永遠停支養廉銀」。養廉銀是官員的津貼，數額比正俸多上幾十倍的，這一「永遠停支」，當然又為國庫省下一筆開支。另外還有一個例子，乾隆一直稱好的大學士于敏中，他死後家人爭產，訟案鬧到皇帝面前，經調查之後，于家產業竟高達兩百萬兩，皇帝認為必是于敏中在生前貪污所得，所以只給了三萬兩作嫡孫于裕德生活費用，其餘的全都「入官」了。這類的例子很多，不能贅舉；不過這項財政來源是相當可觀的。

乾隆的第二個生財手段是鼓動富商捐輸。凡是有大事發生時，如戰爭、天災、河海工程等等，富商在地方官員暗示下，都會踴躍捐獻。《清史稿．食貨志》裏說：

> ……乾隆中，金川兩次用兵，西域蕩平，伊犁屯田，平定臺匪，後藏用兵……淮、浙、蘆、東各省所捐，自數十百萬，以至八百萬，通計不下三千萬。

僅以兩淮的鹽商來說，《清鹽法志》裏就記下以下數筆：

乾隆三十八年八月，商人江廣達等，「公捐銀四百萬兩，以備金川軍需之用」。

乾隆四十七年六月，商人江廣達等，「公捐銀二百萬兩，以充東省工賑」。

乾隆五十三年正月，商人洪箴遠等，「以後藏奏凱在即，公捐銀四百萬兩，以備賞需」。

乾隆五十三年九月，商人江廣達等，「以荊州隄塍被水衝浸，公捐銀一百萬兩，助工賑之需」。

另外，兩淮鹽商江春，在乾隆時代，「每遇災賑、河工、軍需，百萬之費，指顧立辦」。其他山西、河東各地商人也有捐輸的，數量也不算少，由此可見：皇帝也有從富商身上尋找國家財政源頭的。

還有一種公私難分的籌錢方法，那就是利用皇家慶典與皇帝巡幸讓官員與富商們報効。舉例說，乾隆二十六年及三十六年，皇帝為母后分別慶賀七十與八十大壽。兩淮、長蘆、浙江的鹽商遵命來京，裝飾西華門至西直門地段的景點，「以遂其衢歌巷舞之忱」。每次花費銀在幾十萬。乾隆五十五年，皇帝自己八十聖壽，早期就頒布上諭，這是歷史上罕見的「升平盛瑞」，當然要大辦慶典，原定經費一百多萬兩，由官員、商人和各省民人敬致，各省高官在養廉銀裏扣繳四分之一。中央王公大臣也「在俸廉內分別坐扣」，結果宗人府的親王、貝勒、貝子們共得銀三十七萬四千八百五十五兩，各部院衙門的文官共得七萬四千六百七十五兩，武職大臣共為一萬七千七百五十五兩。各省大小衙門報効銀九十九萬六千二百零五兩；大家共襄盛舉的為皇上祝壽，中央與皇室並沒有花費什麼錢。巡幸也是盛典，官員們（主要是外省的）也要奉獻慶賀，如乾隆四十一年春天東巡山東，據清宮內務府《奏底檔》所記，沿途有蒙古王公，不少巡撫、鹽政、織造，都陸續「恭進」金銀寶物，蒙古親王阿爾善就送了黃金六十錠，「重五百九十二兩」。河南巡撫徐績恭進貂皮二百張、烏雲豹一千張、銀鼠一千張，還有其他的緞紬衣料。湖北巡撫陳輝祖敬呈「洋磁小刀三十六把，象牙火鐮包三十六個」。兩淮鹽政伊齡阿的出手最大，送了皇帝黃緞馬掛料、各色八絲緞袍料、天青八絲寧紬掛料、各色八絲寧紬掛料等各五百件以及大荷包二千對、銀獎武牌三千面。其他還有江蘇巡撫薩載、杭州織造福海、河東總督姚立德、四川總督文綬、江西九江關監督、廣東總督李侍堯、巡撫熊學鵬等也都紛紛「進呈」各式各樣的禮物。皇帝只是到山東祭孔，馬屁官員竟從江蘇、江西，甚至四川與廣東等地來進獻大批財物，實在過分。乾隆南巡所過地方更多，一切行宮園林的整治，沿途景點的裝飾，宴飲迎送的開銷、珍異寶物的進獻，耗資之巨顯然就更大了。皇帝出巡所收到的禮物，大都統歸內務府，由皇家享用。

乾隆最壞的生財方法是「自行議罪銀」的倡設。「自行議罪銀」又簡稱「議罪銀」，是和珅為皇帝發明的。這項辦法是朝廷中央和各省官員凡犯有過失，或皇帝認為有過錯，甚至官員根本沒有犯錯而他本人覺得應當「自贖」時，都可以自行「議罪」，上繳若干銀兩以了事，免去處罰。這種議罪罰銀和抄家充公的不同，銀兩不必繳中央的戶部，而由軍機處催交，得到之後逕交為皇家服務的機關內務府，內務府的收入當然就是皇帝的收入。由於這種經濟來源不很光彩，所以清宮裏把這筆爛污收入記在《密記檔》，顯然是見不了人的。當時人知道這件事，說和珅「專尚損下益上，從而獲乾隆之固寵」。

《密記檔》現在公開了，在北京一史館與臺北故宮博物院裏都可以看到這類檔案，現在略舉數則，以為說明：

乾隆四十七年三月，巴延三因「民人譚老貴自縊身亡一案」，奏交自行議罪銀八萬兩。

乾隆四十八年，鹽政使西寧因鹽課事「辦理不善，商人拖欠甚多」，奏交自行議罪銀八萬兩。

乾隆四十九年，和珅代奏李天培「因遣犯脫逃，重囚監斃」之事，交自行議罪銀四萬兩。

乾隆四十九年，伊齡阿「因參竇光鼐實屬錯謬」事，交自行議罪銀三萬兩。

乾隆五十年十二月二十六日，富勒渾代奏運司張萬選因「船隻缺少不能籌劃添補」事，交自行議罪銀三萬兩。

乾隆五十一年八月，和珅等代奏雅德因「浙江稅務缺少」事，交自行議罪銀六萬兩。同年和珅代奏福崧名下交銀二十萬兩。

乾隆五十一年，明興代奏原任巡撫吳垣之子吳承代父因「湖北活埋民人一案」事，交贖罪銀三萬兩，當年交銀一萬兩，餘銀兩年內交清。

以上只是部分記事，但是已經足夠我們了解這項罰銀免罪的大致內容了。皇帝用這種方法來籌錢花用，也真是少見的。

事實上，皇帝還有其他法子牟利的，如發放官帑借給商人來收取高利等等，這裏不能詳述了。不過，無論如何，乾隆的很多生財之道是不可取的，也是不光彩的，而且後遺症很可怕。皇帝向官員、富商要索以增加收入，官員與商人能不倍本加利的收回嗎！所以地方大小官員只有從變相的加稅或是貪污來補回。鹽商們也取得很多鹽引，甚至加價來專利售鹽撈回成本。吏治政風當然有變壞的影響，而人民負擔的加重更是不能避免的了。

41 大貪官和珅

對清朝歷史有一些了解的人，一定知道乾隆後期有一個惡名昭彰的大奸臣和珅，他是佞臣，也是貪官，清朝中葉的吏治政風被他弄得更亂更壞，清朝的中衰他也應該負一些責任的。

不過，以往大家對和珅的認識可能不夠完全，甚至於有些成見，我覺得應該對此探討一番才對。

首先，他是不是如大家說的「少貪無籍」，出生貧寒之家的人呢？現在專家們已經否認這件事了。因為他家原是滿洲八大姓之一的鈕祜祿氏，他的遠祖額亦都是努爾哈齊時代共創龍興大業的功臣。五世祖尼牙哈納也是清朝入關前後歷次戰役中的勇將，以軍功獲得三等輕車都尉世職。他的父親常保承襲了世職，後來還當武官做到福建都統的職位，所以和珅不是出身於微寒家庭，而是一個中等武官之家。

他的父親顯然很重視他的教育，送他到咸安宮官學裏讀書，而他在這所官學中學會了多種語文，包括滿、漢、蒙、藏文，並且通曉四書，能詩能文，也能繪畫，而這些學藝方面的能力與成就，對他日後的升官得寵，都有極大的幫助。這裏且錄一些他死前所作的詩給大家看看：

月色明如許，嗟余困不伸。
百年原是夢，卅載枉勞神。
……
對景傷前事，懷才誤此身。

還有絕命詩中說：

五十年來夢幻真，今朝撒手謝紅塵。
他時水泛含龍日，識取香煙是後身。

這些似讖似偈的語言似乎有些不尋常處。

其次，他是如何躋身政壇而且變成大紅大紫的人物的？有關這方面的傳聞很多，有人說當他在鑾儀衛當差時，有一次，皇帝御轎上的黃蓋不見了，乾隆很不高興，便責問誰應負責；和珅應聲說：「典守者不得辭其責。」說得那麼從容文雅，因而引起愛才皇帝的注意。也有說皇帝在出巡的旅途上看到邊報，談到有要犯逃脫的事。乾隆震怒，引用了《論語》裏「虎兕出於柙」之語，隨從的侍衛們都不知道皇帝在說什麼，和珅卻說：「謂典守者不得辭其責耳。」乾隆看他儀表俊雅，聲音清亮，於是問起他的出身。他向皇帝回答是「生員」。後來又向皇帝報告他當年名落孫山的經過，還背誦了他當年所寫試卷文章的內容，皇帝聽完後不加思索的說：「汝文亦可中得也！」不久和珅就升官內調了。還有一種說法是皇帝與和珅發生了同性戀，因而「愛」上了和珅，這說法的可能性不大，因為和珅得寵時，皇帝已年近古稀，宮中又有年輕貌美的貴人、常在，乾隆如果有如此的性怪癖，應該在青壯年時就會發生的。不過，和珅的得寵是事實，他從乾隆三十四年承襲三等輕車都尉後，不久就當了儀仗總督、宮廷貼身侍衛，進而升任副都統。乾隆四十一年出任戶部右侍郎、軍機大臣、內務府總管，當時和珅才二十八歲。兩年後和珅又兼步兵統領，充崇文門稅務監督。乾隆四十五年更升任戶部尚書兼議政大臣，再授御前大臣，充四庫全書館總裁官。這一年，皇帝又把最愛的皇十公主嫁給了和珅的兒子豐紳殷德，和珅真是位極人臣了。他又外結封疆大吏、領兵大臣，內掌官員任免、刑法訴訟、諫議策劃、政令公文。尤其是戶部與崇文門關稅監督這些職位，讓他操作了清朝中央的財政大權，一時「內而公卿，外而藩閫，皆出而門」。

和珅升官何以如此之速？官位如此之高？他究竟憑藉了什麼呢？以下幾點也許值得參考：

一、和珅雖無大才，但是鬼聰明是有的。他很能猜測乾隆的想法，迎合皇帝的旨意做事。這件事在當時或稍後就有人提到了，例如說有一年順天鄉試《四書》，題目由皇帝欽定的，皇帝出了題目之後，太監捧出《四書》，和珅問太監皇帝出題時看了那本書，太監說《論語》第一本，和珅便知道大概是「乞醯」一章，因為這兩字當中嵌著「乙酉」，而當年正是乙酉年，和珅的善體皇帝心意，由此可見一斑。不過這件事只是傳聞，不是事實，因為乙酉年是乾隆三十年，和珅才十六歲，還沒有當侍衛呢，這只是時人對他會揣摩上意的一種表示。另外在《春冰室野乘》裏又有一說，談到乾隆禪位後當太上皇時，因為朝政仍歸乾隆主持，嘉慶只是「實習生」而已。有一次他與乾隆同坐乾清宮大殿中，和珅被召單獨入見，可是太上皇「閉目若熟寤，然口中喃喃有所語，上（嘉慶）極力諦聽，終不能解一字。久之，忽啟目，曰其人何姓名？珅應聲對曰：高天德、苟文明。上皇復閉目，誦不輟。」過了幾天，嘉慶就問和珅究竟是怎麼一回事，和珅說：「上皇所誦者，西域祕密咒也，誦此咒則所惡之人雖在數千里外，亦當無疾而死，或有奇禍。奴才聞上皇持此咒，知欲所咒者必為教匪（白蓮教）悍酋，故竟以此二名對也。」這也是說明和珅懂得乾隆心意的。還有一個真實事件，足以說明和珅是迎合帝旨，擅長揣摩的，那是乾隆四十六年皇帝要增補兵額的事。朝臣們不贊成的多，尤其是阿桂反對，他說：「此項經費（指增兵）歲增三百萬，統計二十餘年即須用七千萬兩。」等於把國家當時盈庫存款全用光了，所以他請求「不添補腹裏省分之兵」。和珅了解皇帝必行此法，因而排眾議，極力贊成，皇帝後來也堅持增補兵員。這就是乾隆寵幸和珅的原因之一，因為他能迎合皇帝志得意滿、好大喜功、愛聽諛言等的心理。

二、乾隆晚年，精神體力都逐漸衰退，而他又要獨攬大權，常有力不從心之感。同時他一生極盡享樂，供需奢侈，要龐大經費來支付。因此他需要一個寄託心腹而又能為他籌措大量錢財的人，而和珅正是當時的頭號人選。事實上，和珅對於理財與斂財是有一套本領的。他擔任崇文門稅務監督時，使崇文門稅關的收入一直居於全國三十多個稅關中的前幾位，而這個稅關實際上由內務府控制。和珅又兼為內務府總管大臣，他也把這個皇家「進項不敷用」的衙門變得「歲為盈積，反充外府之用」的生財單位。尤其他發明的「自行議罪銀」辦法更為皇家增加了大筆財源，不但滿足了皇帝的驕奢私欲，也讓講求排場的乾隆好做很多外廷的大事。同時和珅的能力也表現在政事與軍事方面，至少讓皇帝認為他「承訓書翰，兼通清漢；旁午軍書，唯明且斷；平拉薩爾，亦曾督戰」。甚至還稱讚他：「勤勞書旨，允稱能事。」「臣工中通曉西番（西藏）字者，殊難其人，唯和珅承旨書諭，俱能辦理秩如。」這樣能辦事又會生財的官員怎能不令皇帝寵幸？

三、乾隆晚年習慣驕奢淫誇，特別喜歡陶醉、自滿在他一生成就的事功中，他常常與歷代帝王相比，比開拓的疆土、比擁有的人口、比賑蠲銀兩的多、比文治武功的盛。七十歲以後更庸俗的跟歷史上帝王比年齡的高，在位的長，甚至比家庭子孫的繁旺，他藉此獲得滿足。和珅「為人狡黠，善於逢迎」，當然容易受到乾隆賞識了。他雖然位居大學士，也當上了軍機大臣；但是在乾隆面前，仍像當年的侍衛一樣，必恭必敬，以奴才身分出現。據說「皇帝若有咳唾之時，和珅以溺器進之」。朝鮮人也說：和珅對乾隆「言不稱臣，必曰奴才，隨旨使令，殆同皂隸」。乾隆的兒子都沒有像和珅這樣孝順的，這樣忠順的大臣當然被皇帝寵幸了。

由於以上的一些原因，和珅很快變成皇帝面前的大紅人。尤其他控制著戶部、稅關與內務府這些衙門，他更能做到一些「能使鬼推磨」的工作，「一時貴位無不仰其鼻息，視之如泰山之安」，也有人說：「時和公相，聲威赫奕，欲令天下督撫皆奔走其門下以為快。」事實上，他真有權能幫助高官的任免，因為他能通天，在皇帝面前說情。

和珅把一些職位看作是肥缺，如河道總督、戶部銀庫郎中、兩淮及各地鹽政等等。這些官位如果不打通他這一關是不可能得到的。而要得到這類官職，當然非花錢不可。「任河帥（河道總督）者，皆出其私門，先以巨萬納之帑庫，然後許之任視事」。還有一些官員犯罪罷官之後，也可以花錢從和珅那裏得到復職，像陝西寧羌守備就以二十萬兩官復原職。最醜惡的一筆交易是兩淮鹽政徵瑞在和珅喪妻時送了二十萬兩奠儀，和珅竟討價要他增加為四十萬兩，這種斂財的方法也真是少見的。

還有和珅能不能算是一個專權跋扈的大魔頭呢？這一點也值得商榷。他是一個佞臣，一個大貪官，是毋庸置疑的；但是他專權到什麼程度，還是問題。比方說在軍機處裏，一直到乾隆禪位，他始終不是首席軍機大臣，阿桂一直在他前面。軍機處的其他大臣也不是個個怕他。阿桂雖與他在一起同事，但「除召見議政外，毫不與通接交」，和珅對他講話，阿桂都是「漫答之」。和珅也恨阿桂，「終身與之齟齬」。王杰也是軍機大臣，這位「忠貞亮直」的清官常與和珅頂撞，有一次和珅握著王杰的手說：「何其柔荑若爾？」嘲笑王杰手柔細像女人。王杰毫不示弱的說：「王杰手雖好，但不會要錢耳！」指出了和珅的隱私，令和珅「赧然退」。另外一位軍機大臣劉墉（戲劇裏的劉羅鍋），戲弄和珅的趣事更多了。其他董誥、嵇璜等軍機大臣也都與和珅相抗，可見和珅根本不足稱為權臣，他只是會弄權營私得皇帝寵幸而已。

實際上，皇帝也不見得事事都庇袒他，例如御史曹錫寶告發和珅時，皇帝雖沒有治他罪；但不久免去了和珅崇文門稅務監督的職務。乾隆五十六年，護軍海望竊取庫銀，和珅是管庫大臣，被皇帝降一級任用。五十九年又因吉林大庫人參虧缺，和珅遷延不辦，又被皇帝降了兩級留任。尤其在用人方面，事實上也不如野史傳聞中說的那麼誇張，乾隆還是緊握著人事任命權的，所謂「不可太阿倒持」，這是皇帝一生執政的原則，皇權怎麼能讓和珅侵犯？

和珅的官愈大，膽也愈大。乾隆末年的不少貪污大案都是與他有關的，沒有他這座「靠山」，官員是不敢為非作歹的。他的劣跡連他兒媳婦皇十公主都對夫婿豐紳殷德提出警告說：你父親在外名聲不好，皇父在，尚可擔待，但總有一天恐怕身家難保！果然在太上皇死後三天，新君嘉慶就以二十條大罪狀把和珅逮捕入獄，又十天後，下令賜死了。如果不是乾隆皇十公主向哥哥新皇帝求情，可能和珅不會得到全屍入土的。

和珅死後，家產充公，共列房屋、店鋪、器物、金銀、衣飾、田產等一百零九號。在嘉慶四年（一七九九），皇帝說一百零九號中只清算出二十六號，當時就合銀二萬二千三百八十九萬多兩了。清末梁啟超說：和珅的總家產應在八萬萬兩左右，比全盛時期清朝十年總收入還要多，數字真是大得驚人。難怪當時有人說：「和珅跌倒，嘉慶吃飽！」

和珅死前有詩說：「百年原是夢，卅載枉勞神。」他三十年辛苦向中外大臣搜括來的財產，最後都被入官了，他真「枉勞神」了一場。更壞的是他累積的贓錢家產都是從大小官員處取得的，官員們「羊毛出在羊身上」，又從人民身上如數甚或加倍的取回，政治風氣那能不壞？國家那能再藏富於民？清朝中衰的現象真的透現了！

42

「一歲主、百歲奴」

《清朝野史大觀》裏有一則〈內監改姓〉的短文，內容是：

高宗（乾隆）待太監最嚴，命內務府大臣監攝之，凡預奏事之差，必改易其姓為王，以其姓多難分辨，宵小無由勾結也。

乾隆確實對待太監很嚴，而且極不重視太監的人權，甚至強調：「一歲主、百歲奴」的古諺，用以重申太監萬劫不復的卑微地位。

太監是一群被閹割後在皇家服務的男性奴僕，他們存在的歷史悠久，古書裏稱他們為寺人、閹人、宦官、宦者、中官、內官、內侍等等，明清時代多稱太監。清朝在關外與明廷對抗的早期，努爾哈齊的家裏就有「太監」了。入關後，明朝的太監仍多服務宮中，不過，清朝鑒於明末太監攬權過甚，改太監衙門為內務府。順治親政後，因漢化又恢復明朝十三衙門的太監制度，但給太監的權力大為限制，如規定太監官位不得高於四品、不許結交外官、不許干預政事、不許擅出皇城、不許假弟侄等人色置買田產等等。康熙以後，內務府重新恢復，並特設敬事房來管理太監，從此太監的命運更慘，一經入宮，便注定了他們終身為皇家的奴隸了。康熙常斥責太監，說他們是「最為下賤」的「蟲蟻一般之人」。乾隆即位後，對太監的管理更嚴，在他父親雍正死後不到百日，他就對前朝的寵監發難，說他倚老賣老，不遵宮廷禮儀，強調「太監等各宜凜遵制度，恪守名分」，接見王公大臣時「禮貌必恭，言語必謹，不可稍涉驕縱」。如若太監有妄自狂縱，不遵守制度的，一經查出，「首犯之人，立行正法」。

乾隆七年（一七四二），皇帝統治地位鞏固了，乃下令依清初以來的「祖宗家法」或「慣例」，編纂宮廷的「法典」——《欽定宮中現行則例》與《國朝宮史》。

這兩部「法典」中雖然記載了很多宮廷事務，但也規定了不少有關太監的法條，明確的記下了管理及處分太監的文字。例如大到不許太監干政、結交外官等等的「家法」，小到不許口角鬥毆、飲酒酗醉、相聚賭博、看守失誤、喧嘩無禮、妄行宣傳等等。另外如私藏器械、持刀入殿、容留外人等更是罪大惡極。凡是犯了這些條款的，輕則罰銀、責板，重則砍頭處死。

乾隆朝雖然明定了法典；但太監犯法的仍然很多，現在分類略舉數例如後：

一、太監違失禮儀被罰的：

乾隆三年（一七三八），直隸總督李衛覲見皇帝，在宮中等候召見時，奏事處與內殿太監多人與李衛攀談。皇帝後來知道此事，甚為生氣，並說：「伊等身係內監，如何可與總督聚語！」下令將小太監失禮的重責四十大板，首領太監也因失於管教，分別處以降級與罰俸的處分。

乾隆九年，養心殿太監劉玉因為坐在欄杆上休息，被認為不懂規矩，被重責四十大板。

乾隆十三年，養心殿太監曹進孝、楊義等搬運宮殿陳設品時因出汗而將脫下的衣帽放在窗臺上，也認為是失儀，下令治罪。乾隆皇帝是以專制淫威，嚴苛的要求太監做循規蹈矩的奴隸，不能有半點越軌的行為。

二、太監因失職被罰的：

乾隆十六年夏天，皇帝有一天換穿夏裝時，由於太監未仔細檢查衣服，致使在袖口裏留下的一根針刺劃了乾隆的手臂，這事被視為嚴重的大事，太監張玉、蔡勛被枷號一個月、鞭一百，罰滿之日還要罰當苦差。

乾隆四十三年，有一夜皇帝半夜醒來詢問時刻、寢宮內的坐更小太監常寧等睏極入睡，這就犯了失職之罪，被重打四十大板，這類案件還有很多，不盡舉了。

三、太監因種種惡習而被罰的：

乾隆九年二月，皇帝居住的養心殿內庫遭竊，存銀一百多兩被偷，經徹查在太監張玉床下發現被竊的銀兩，張玉供稱因吃酒賭錢需要花用才偷錢的。乾隆下令將張玉帶到瓮山（現在的景山）用竹杖當眾活活打死，並令很多太監觀看行刑，以收殺一儆百之效。

乾隆二十九年，北海的永安寺又發生陳設物品被竊案，經過調查，證實是寺內太監王玉柱等人所為，因為他們「久賭無錢，必致偷竊」。皇帝特別告誡太監不可偷竊，否則一定會受罰，甚至到「苦處當差」。

乾隆二十八年，又有圈禁太監趙進祿在內果房值房放火，又竊取衣物逃走。後來趙進祿被捕，押赴德勝門外正法。總管、首領太監也因此案而被分別治罪。

乾隆三十一年，首領太監張鳳盜毀金冊被正法，失察總管等分別議處。

乾隆四十八年，有一群太監因為在圓明園西洋樓爭捕螃蟹而發生鬥毆，結果有一名叫張忠的太監被打死，鬧出了人命大案。皇帝聞訊後命內務府嚴查辦理，審得實情後，做出了判決：主犯太監鄭進忠擬斬立決。從犯田進忠重責四十大板，發黑龍江賞索倫兵為奴。孫玉等往吳甸永遠鍘草當苦差。

四、太監干政而被罰的：

太監干預政治事務當然比一般的行動失儀、偷盜失職更嚴重。清初順治時就已明令宣布並鑄鐵牌於交泰殿說明：「有犯法干政，竊權納賄，囑託內外衙門，交結滿漢官員，越分擅奏外事，上言官吏賢否者，即行凌遲處死。」可見開列了項目，又清楚的說出「凌遲」的慘刑。乾隆皇帝編纂《欽定宮中現行則例》與《國朝宮史》時，並沒有在處分條例中寫下干政的這些內容與處分，只在書中卷首的〈訓諭〉中載記鐵牌等事，顯然太監干政是罪大惡極的事，是根本原則的問題，不需要像一般管理問題處理，所以不必贅述的。乾隆初年，御前太監鄭愛桂曾在皇帝面前品評大臣，說「張照之長，以形梁詩正之短」，因而被定為「上言官員賢否」之罪。三十九年又發生高雲從結交外官案，處分了官員多人，這件案子是因為大學士于敏中向高雲從打聽有關皇帝對觀亮的看法評價，高雲從提供了皇帝在觀亮奏摺上的硃批文字消息。同時于敏中也為高雲從買地受騙的事，請地方府尹蔣賜棨解決問題。後來案情暴露了，高雲從被立即斬首，大學士于敏中、軍機大臣舒赫德、總管內務府大臣英廉等人都受到嚴厲申斥，蔣賜棨等人則受到革職的處分。

太監都來自貧窮家庭，絕大多數又是文盲，淨身之後，由於身體的殘缺，形成心理上的問題。有些人因忍受不了皇帝主子的打罵、斥責，感到生活絕望而走上自殺之途。也有人因森嚴宮規、枯燥生活而酗酒賭博的。更有人因不堪奴隸生活或犯了偷盜、失職等罪後逃亡的。乾隆時代又大造離宮，需要太監的人數大增，因而宮中常有太監不足的現象。皇帝為補足缺額，曾不止一次下令從王公家中徵召太監來宮中服役，或是規定各王公宗室定期或不定期的向宮中進獻太監。乾隆這種皇權至上的作風，使得王公家的「旗下太監」漸為宮中所專用，這也是稍後有人感慨的說「近日文武大臣未嘗聞有用太監者」的原因。

乾隆皇帝正像他的祖先一樣，對待太監是非常嚴苛的，這對皇權伸張、政局安定等確實都有好處。不過，身為太監的一群人，他們真是悲慘極了，只能在宮規家法下，毫無人權可言的生活，在長期精神壓抑桎梏下，麻木、空虛，甚至精神異常、行為變態的度過一生。

43 乾隆朝與英俄的關係

乾隆時代是清朝的鼎盛之日；但也是世界，特別是歐美的社會經濟迅速發展的時代，因此乾隆朝的中外關係值得作一觀察。

從人類發展史上可以看出：中國與西方各是兩個獨立發展的地區，而這個地區在早期的交流往來又很少。中國有悠久的歷史，是東亞唯一的大國，也是東亞文化的中心，因而形成各邦來朝的局面，中國以「天朝」自居，其他國家都被視為「外夷」，中國有「民無二王」的獨大觀念。清朝原來也是遼東的一個「看邊小夷」；但是他們成為中國主人之後，也接受了君主睥睨一切、唯我獨尊的觀念，並襲用了「天朝」對外體制，對東亞與歐美各國的交往仍存留在「普天之下，莫非王土」的歷史沉澱中，以封貢制度作為國家對外的主要政策。在封貢理念之下，平等外交的概念根本是沒有的，中國永遠是宗主國，外國是屬邦，屬邦絕對不能不遵天朝制度的。

然而在世界的另一個角落歐洲，自羅馬帝國滅亡後，他們逐漸形成以民族與語言為主的大小割據國家，這些國家之間的生存與發展以及他們彼此間的往來方式，與東亞各國的制度迴然不同。就外交說，他們以使臣來交涉並解決有關國家重要利益的事宜，他們以締約與結盟來作為保護或發展自身利益的手段，這些概念在當時的清朝是沒有的。

從十五世紀之後，由於新航路的發現，西歐國家又興起了殖民主義浪潮，大家以軍事征服與武力奪掠的方式向歐陸與海外進軍。西班牙、葡萄牙曾經風光過一時，後來英國戰力大增，擊敗了西班牙的「無敵艦隊」，取得了海上霸權，乃進一步向海外擴張，先後在北美、西非、南亞建立了不少殖民地，印度便是其中之一，而勢力又伸展到緬甸、尼泊爾。中國與印度等國近鄰，又是多年來西方人熟知的「黃金、絲綢遍地之國」，因而英國人想打進並佔有中國市場是勢所必然的。乾隆後期，英國除了有強大的軍事力量之外，政黨政治使國家增添活力，工業革命又使國家經濟力量更上層樓，龐大的生產力急需尋求原料與開拓市場，而封閉的中國正是他們夢寐以求的對象，貿易商業等問題就成為乾隆時中英之間的主要交涉所在了。在西歐國家都認為通商是互通有無、互相受惠的事，「天朝」的想法則以為中國地大物博，無所不有，根本不需要「外夷」的產物，所謂「不寶遠物」，與外國通商只是給別人「施以小惠」而已，所以不以牟利為目的，常常多設限制，給外人多感不便。

清朝既以「天朝」自居，以封貢作外交準則，歐美國家來中國談互派使節等的平等外交關係是不可能的，只有在遷就的情形下，進行商業的關係。

盛清時期中外商業貿易可分為海陸兩路，海路以英法荷蘭等國為主，陸路則僅以俄國一個國家最重要。海路貿易在康熙年間開設了閩、粵、江、浙四個海關，乾隆二十二年（一七五七），為有效管制「外夷」，防止「外夷」與漢族結合而形成反側力量，通商口岸由四處減縮為廣州一地。兩年之後，英國派大班兼通事洪任輝（James Flint）到天津交涉，希望重新開港，經清廷派出大臣會同兩廣總督處理之後，不但沒有多開商港，反而又訂了「防範外夷五項規條」，對外商在廣州的活動生活、行商的職權與商欠、黃埔外船的稽查防範等問題，作了具體規定。英國方面對此甚為不滿，乃有乾隆五十八年（一七九三）英國馬戛爾尼（Lord G. Macartney）特使團的來華。

馬戛爾尼一行於一七九三年七月（陽曆）到達天津大沽，然後前往熱河避暑山莊，覲見乾隆皇帝，呈遞國書，並參加慶祝萬壽。九月二十一日離開山莊，從陸路經北京、杭州、南昌、廣州等地返回英國。

馬戛爾尼的請求，例如允許英國到寧波、舟山、天津等地貿易，在舟山附近一小海島作為英商居住與貯存物品的場所等事，乾隆一概以與天朝制度不符，全部「不便准行」。乾隆的決定完全體現了清廷限制對外貿易的政策，也表現了維護國家主權的決心。中英外交與商貿的問題一時不能解決，只有待日後訴諸武力了。

乾隆朝陸路的對外關係，由俄國獨家包辦。康熙與雍正年間雖已訂立了《尼布楚條約》與《恰克圖條約》，兩國商貿的地點本有北京、尼布楚、恰克圖、祖魯海魯四個地方，乾隆五十八年皇帝說：

從前俄羅斯人在京城設館貿易，因未立恰克圖之前，不過暫行給屋居住。嗣因設立恰克圖以後，俄羅斯在彼處交易買賣，即不准在京城居住，亦已數十年，現行俄羅斯在恰克圖邊界貿易。……

由此可見：陸路商貿逐漸集中到恰克圖，與海路貿易集中於廣州一地，是有相同防範目的的。清廷為什麼也要防範俄國人呢？他們難道也像英國人一樣的「夷性犬羊」嗎？確實，俄國人比英國人還要可怕。

自從康熙時代與俄國人簽訂《尼布楚條約》之後，俄國可以派大型商貿團每三年來北京交易一次，另外也准許他們的傳教士與留學生來華傳教與研習中國學問，並長期居留北京，十年改派一次。商隊的買賣除了攜帶犯禁之物有時產生麻煩外，問題還不算大。傳教士與留學生在乾隆統治的六十年間，至少改派過五次。在西方各國未取得派駐使館之前，這個教士團實際上成了沙俄派駐北京的耳目，經常向俄國政府提供清朝政治與經濟方面的情報。傳教士的情報來源約有兩個途徑，一是他們自己從當時住京的法國天主教耶穌會士處獲得，因為耶穌會有不少人在宮中服務的。另一是傳教士責成留學生到處收集。在乾隆三年（一七三八）就有俄國留學生羅索與在理藩院裏利用當翻譯的機會，竊取了一份詳細的中國全圖，轉呈給了俄國政府。乾隆十一年（一七四六）又有一個叫伏拉迪金的俄國留學生回國時，帶走了很多中國機密情報，其中包括從宮廷收藏的地圖上摹繪的《中華分省圖》與《北京地圖》。留學生中也有在漢學研究上具有好成績的，甚至還有翻譯滿漢文字的書成俄文的，如《八旗通志》、《異域錄》、《理藩院則例》等等，他們算得上是學者，歸國後都造就了一批通滿漢語文的中國通，為日後侵華作準備。清朝政府逐漸了解俄國人的這些不良動機與行為後，當然要設法讓他們遠離北京，乾隆年間恰克圖成為一口通商的地點，是有其原因的。

海路來的通商國家，其事務多半交給沿海地方官員處理，最優待的由禮部出面接待。陸路的俄國因與蒙古接壤，所以將中俄關係與蒙古事務看成一樣，劃歸理藩院管轄，因此負責一口通商的恰克圖貿易事務也由理藩院過問。由於清政府不重視國際貿易，而把對外通商視為對外國「施惠」，所以清廷對北京或恰克圖的貿易基本上不徵稅，只希望外國人得到這些恩惠而不在邊境上鬧事即好。由於這種「施惠」的想法，所以遇到俄國有違反行為時，清廷就停止貿易以示懲罰，就像對海路來的外國一樣，以「封艙絕市」作為制「夷」的手段，以懲治不恭順的「外夷」。乾隆年間，在恰克圖也多次停止過貿易，如二十七年（一七六二）因俄方增收稅款；四十三年（一七七八）俄人妄自尊大；五十年（一七八五）俄兵入境搶劫等事；都停止了交易，尤其五十年的這次，停止通商竟長達七年之久，最後還是因俄國政府「卑辭懇請」才恢復的，而乾隆當時的態度很強硬，在與俄國重訂的《恰克圖市約》中毫不客氣的說：

恰克圖互市於中國初無利益，大皇帝普愛眾生，不忍爾國小民困窘，又因爾薩那特衙門（俄國樞密院）籲請，是以允行。若復失和，罔再希冀開市。

俄國的外交手段比英國圓滑，絕不與清廷正面起衝突，只在暗中俟機而行。

中國貿易的物品，大體上從俄國的進口貨為毛皮，而中國的出口貨物則以絲綢、棉布和大黃為主。乾隆十五年以後，茶葉的地位日見重要。當時與俄國貿易的是山西商人，這些「西幫茶商」的茶葉多採購自福建武夷等地，經江西、河南、張家口等處運往恰克圖。乾隆中期以後，形成了「彼以皮來，我以茶往」的興盛局面。

海上國家的運來貨物則以歐洲的毛織品、鉛、鐘錶、北美的毛皮、南洋的胡椒、檀香、印度的棉花、鴉片等為主。從廣州出洋的物品，以福建、安徽的茶、浙江的生絲、江蘇的土布、江西的瓷器等為大宗。

俄國來華貿易一般說是賺錢的，英國與中國的貿易則是入超。英國公司在一七一〇至一七五九年間的盛清時代，向東方出口金銀達兩千六百八十三萬多鎊，而收入遠較這個數字為低，所以平衡與中國的逆差是英國長期以來謀求解決的大問題，這也是日後英政府與商界大力向中國推行鴉片貿易的原因，因為鴉片銷售能給英國帶來極大極多的財富。

英俄兩國是當時對中國最有侵略企圖的國家，他們從海陸兩方面就像鐵鉗似的從南北兩方夾來。乾隆年間又是英俄兩國經濟繁榮、科技發展的時代，清朝則逐漸步上中衰之途，乾隆的十全武功雖然使英俄等列強不敢貿然對中國進行殖民侵略；但馬戛爾尼與俄國傳教士、留學生所蒐得的情報，實已透現出清朝國內動亂不穩、社會不安、武力廢弛、科技落後種種事實了。而乾隆仍陶醉在自滿的心態中，昧於國際情勢，不能順應世界潮流，大做「天朝」美夢，導致不久後中外武力衝突的不幸事件。

44 馬戛爾尼有沒有磕頭？

乾隆五十八年（一七九三），英國為了要中國取消貿易的種種限制，給予英國商人便利與保護，並希望取得一處住人與存貨的地方以及兩國互派使節等事，特地組成了一個龐大的特使團，由貴族馬戛爾尼（Lord G. Macartney）為特命全權大使，司當東（Sir G. Staunton）為副使，用了為乾隆祝壽名義，帶領了很多天文數學家、藝術家、醫生以及衛兵總數近兩百人，浩浩蕩蕩的來到天津，轉往承德避暑山莊覲見乾隆，結果雙方為了覲見時行不行磕頭禮發生了爭執，弄得大家都不愉快。究竟馬戛爾尼等人有沒有行三跪九叩首的中國大禮呢？當事人有不同的說法，後人也有不同的看法，直到今天似乎還未能得到真相。現在就先來看看當事人的說法。

英國副使司當東記八月初十日在萬樹園大御幄中接見英使的情形說：

……皇帝進大幄以後，立即走至只許他一個人用的御座前面的階梯，拾級而上，升至寶座，和中堂（和珅）與另外兩位皇族緊緊靠在皇帝旁邊，跪著答話。

特使馬戛爾尼……通過禮部尚書的引導，雙手恭捧裝在鑲著珠寶的金屬盒子裏面的英王書信於頭頂，至寶座之旁拾級而上，單腿下跪，簡單致詞，呈書信於皇帝手中，皇帝親手接過，並不啟閱，隨手放在旁邊。……

根據以上文字第一次英使見皇帝是行的「單腿下跪」禮。第二次馬戛爾尼覲見乾隆是在八月十三日皇帝的八十三歲生日當天，馬戛爾尼自己的《日記》寫道：這天他們步入萬樹園，到了皇帝的御幄前為皇帝祝壽，沒有詳述行禮等事。司當東則說他們是去了一個廟宇形狀的大殿為皇帝祝壽，「特使及隨從行深鞠躬禮，大家同朝一個方向叩拜，而皇帝本人，則如天神一樣，自始至終沒有露面」。

司當東的兒子當年十三歲，也隨團來到避暑山莊，後來他也追記當年的情形說：

（九月十七日，皇帝壽誕日）我們早早就到了大殿，在過廳裏等了一陣，然後進入內院，在那裏看到了二三百名排成行的大員。接著，我們聽到莊嚴的音樂，隨著一聲令下，我們單膝跪地，俯首向地。我們與其他大員和王公大臣連續九次行這樣的禮，所不同的是他們雙膝跪地而且俯首觸地。……

從以上三種記述，我們不難看出他們都說沒有行三跪九叩首禮，只是「單膝跪地」，只有小司當東說他們連續九次行單膝跪地禮。另外馬戛爾尼說兩次覲見都在萬樹園，司當東父子則都說第二次覲見是在一個殿子內院中，不是萬樹園。

馬戛爾尼還在他的《乾隆英使覲見記》中，談到他在承德最後與中國官員爭論覲見乾隆皇帝禮儀的問題。如書中記說：九月十日早晨（陰曆八月初六），徵瑞、喬人杰、王文雄三人與馬戛爾尼就禮儀問題繼續前議，馬戛爾尼認為一國使臣如果向他國皇帝行禮高過於向本國國王行禮的禮節，那是絕對不行的。如清皇帝堅持其行中國三跪九叩頭禮，那麼清廷同樣要派官職相等之大臣，向英國國王及王后像行此禮。馬戛爾尼還向三人解釋，英國禮是屈一膝持陛下之手而親吻。以後又經過中午與晚間的幾次磋商，雙方達成的協議是：英使在覲見時行單腿下跪禮，免去拉手親吻一項。馬戛爾尼在他的書中還說：「待附庸國之禮，與待獨立國之禮不同，貴國必欲以中國禮節相強，敝使死也不奉教。」

同書又記：九月十一日（陰曆八月初七日）上午，徵瑞、喬人杰、王文雄三人偕同馬戛爾尼等前往拜見和珅，和珅頗為高興的說：「使自遠國奉命而來，所送禮物，復備極珍貴。凡中國風俗，貴使以為不適者，不能相強。將來覲見時，貴使可即用英禮，不必改用華禮。貴國皇帝之手書，亦可由貴使面呈。」

馬戛爾尼的這番說法好像是他爭取到最後勝利了，和珅為皇帝作了主，讓他以英國禮節覲見。不過所述的還是呈遞國書的那一次覲見，不是慶祝「萬壽聖典」的覲見，這一點值得注意。

若憑馬戛爾尼與司當東父子的記事，可知他們口徑一致的都說沒有行三跪九叩首禮。不過在這次特使團中，有一位名叫安迭生的團員，他事後說：「其時所行之禮，凡目睹盛者，皆嚴守祕密，疑其中必有不可告人之事也。」究竟是什麼不可告人的事呢？馬戛爾尼的親戚，也是使節團的祕書溫德（又作文帶）曾有如下的記載：「當皇帝陛下經過時，有人通知我們走出帳篷，讓我們在中國官員與韃靼王公對面排好隊伍，我們按當地方式施了禮，也就是說跪地、叩頭、九下。」溫德的這份手稿現在存藏在都柏林，已經被人發現並利用寫成專書了。

英國當事人的記載已經有不同的說法了，馬戛爾尼的行禮事還應該再找史證進一步研究才對。現在就讓我們來看看中國方面是如何記載這件事的。

乾隆從兩廣總督郭世勛的奏摺中知道英國要派使臣來「表其順慕之心，願大皇帝施恩遠夷，准其永遠通好」。事實上英國是要求改善外交與通商關係來的，兩廣總督不正確也不負責任的翻譯「夷稟」，所以從一開始大臣就沒有向皇帝說真話。

乾隆五十八年八月中旬，英國特使團坐艦還沒有到達天津大沽口時，皇帝就給負責接待英使的欽差大臣徵瑞降了諭旨說：「交往禮儀，關係甚重。」因此徵瑞在見到馬戛爾尼後便向他說：「以各處進貢者，不特陪臣俱行三跪九叩首之禮，即國王親自來朝，亦同此禮。」經過多次開導，據說英使連日學習，漸能跪拜。

當英國使團從天津到北京時，皇帝發現大臣報告中有「遣欽差來朝」等語，乾隆立即下令：「該使臣為欽差，此大不可。」可見皇帝心中想的仍是「人無二王」。

馬戛爾尼到北京後，態度突然有了改變，他請徵瑞給他送一封信到承德，與和珅商量禮節的問題，他提出若要他向乾隆行中國式的三跪九叩首禮，他希望「貴國皇帝欽派一位同本使地位身分相同的大員，穿著朝服，在英王陛下御像前，行本使在貴國皇帝面前所行的同樣禮節」。徵瑞沒有先期把信送到承德，直到隨同英使到達熱河時才交給和珅。和珅看過該信之後，勸英使放棄這一主張，但馬戛爾尼堅持己見，他要在乾隆面前行與對英王一樣的單腿下跪的禮節。因為「一國使臣如果向他國皇帝行禮的規格高於向本國國王行禮的規格，那是不對的」。

當乾隆知道英使對行禮有意見時，非常憤怒，隨之取消八月初六日的覲見活動，並連續降諭，斥責英使「驕矜」，批評各地大臣對英使的優禮供應，並命令採取「稍加裁抑」的措施，減少對該團的賞賜與日常供給，「所有格外賞賜，此間不復頒給。京中伎劇，亦不預備。俟照例筵宴萬壽節過後，即令該使臣等回京」。

馬戛爾尼等發現皇帝生氣後，惟恐一事無成的回國，乃與和珅等進行磋商，連續幾天，終於有了共識，即在皇帝生日前的八月初六日招待會上，英使在萬樹園可以向皇帝行英國禮。但在八月十三日山莊行宮澹泊敬誠殿上祝壽禮，英使應向乾隆行中國式的三跪九叩首禮，呈遞國書。乾隆後來因念「伊等航海遠來」，「誠心效順」，「自應仍加恩視，以遂其遠道瞻覲之誠」。行禮事是在互相讓步下達成的。

以上的共識不是隨意說說的，而是有史料可以證明的。我們知道：朝廷凡舉行重大典禮，負責的官員必須先擬定典禮的朝儀禮節與具體程序，奏請皇帝批准後遵行。馬戛爾尼這次覲見是大事，而且事先又已經產生了在禮節上的「驕矜」表現，大臣們更要小心的妥善安排，否則若有不符制度或令皇帝不悅之事，負責官員們的責任可大了。因此軍機處就為馬戛爾尼呈遞表章的典禮，擬寫了一份儀式清單，呈皇帝御覽批准，總接待官和珅又就軍機處的清單略加更動，呈奏皇帝。這兩份報告目前仍存在北京一史館的軍機處《上諭檔》中。由於內容大致相仿，現在錄出比較詳細的和珅報告如下：

臣和珅謹奏：竊照英吉利國貢使到時，是日寅刻（四時），麗正門內陳設鹵簿大駕。王公、大臣、九卿俱穿蟒袍補褂齊集。其應行入座之王公大臣等，各帶本人座褥至澹泊敬誠殿鋪設畢，仍退出。卯初（五時），請皇帝御龍袍褂升寶座。御前大臣、蒙古額駙、侍衛仍照例在殿內兩翼侍立。乾清門行走、蒙古王公、侍衛亦照例在殿外分兩翼。侍衛內大臣帶領豹尾槍長靶刀侍衛亦分兩班站立。其隨從之王大臣、九卿、講官照例於院內站班。臣和珅同禮部堂官率欽天監監副索德超（葡萄牙耶穌會士，一七九三—一八一〇在欽天監任職）帶領英吉利國正副使臣等恭奉表文，由避暑山莊宮門右邊門進呈殿前階下，向上跪捧恭遞。御前大臣福長安恭接，轉呈御覽。臣等即令該貢使等向上行三跪九叩頭禮，畢。其應入座之王公大臣以次入座，帶領該貢使於西邊二排之末，令其隨同叩頭入座。俟皇上進茶時，均於座次行一叩禮。隨令侍衛照例賜茶，畢。各於本座站立，恭候皇上出殿，升輿。臣等將該貢使領出，於清音閣外邊伺候。所有初次應行例賞該國王及貢使各物，預先設立於清音閣前院內。候皇上傳旨畢，臣等帶領貢使，再行瞻覲。頒賞後，令其向上行謝恩禮畢，再令隨班入座。謹奏。奉旨：知道了。欽此。

這是當時官方存檔的資料，不能造假的，所以當年八月十三日在避暑山莊澹泊敬誠殿的覲見，英使應該是行了三跪九叩首禮。

不過現代史家中有人認為和珅奏摺不過是清朝方面在覲見之前一廂情願的安排，對英使並無約束力，不能證明英使確已照和珅的安排行事。況且《清實錄》等官書中也沒有文字說英使行了磕頭禮，只說：

萬壽節，上御澹泊敬誠殿，扈從王公官員及蒙古王、貝勒、貝子、公、額駙、臺吉，並緬甸國、英吉利使臣等行慶賀禮，御卷阿勝境賜食。

還有朝鮮人黃仁點也向他的國王報告：

咭利國俗稱紅毛國，在廣東南，水路屢千里之外，數十年來不通中國，昨年始入貢，而其人狀貌黃毛鬖髮，醜惡獰悍，朝見之時，不知禮數。

既然「不知禮數」，顯然是沒有三跪九叩首的行禮了。贊成行中國禮的現代學者則認為大臣對皇帝慶賀萬壽，必然行三跪九叩首禮，官書裏不須詳記；而朝鮮人黃仁點是乾隆五十九年春天到北京來的冬至兼謝恩使，他到京城時已是英使覲見乾隆事後半年多了，他自己不是親身目睹的，而是得自傳聞的，是否可靠，大有問題。

另外，還有一些事也許是可以幫助我們了解這件禮節爭議真相的，如當時在軍機處衙門當章京的管世銘，他隨從皇帝到了避暑山莊，為馬戛爾尼行禮事他還特別寫了一首〈癸丑（乾隆五十八年）仲夏扈蹕避暑山莊恭記〉的詩：

獻琛海外有遐邦，生硬朝儀野鹿腔。

一到殿廷齊膝地，天威能使萬心降。

在這首詩後，管世銘又特別寫了註文：「西洋英吉利國貢使不習跪拜，強之，止屈一膝，及至引對，不覺雙跽俯伏。」我自己以為管世銘的詩比黃仁點的報告應更可信，也就是說不論是「強之」，或是「天威」，總之馬戛爾尼等人是雙膝跪地了。

乾隆皇帝一生最敬愛他的祖父康熙，事事都以康熙作榜樣。康熙時代俄國六次派使臣來華，不行三跪九叩首禮的都被驅逐出境。乾隆十八年，葡萄牙使臣入京，行的也是三跪九叩的中國古禮。由此也許可以推想，乾隆是不會特准馬戛爾尼等人行單膝跪地禮。

至於軍機處與和珅所奏呈的程序與禮節清單，既經皇帝御覽批准，即使是一廂情願的安排，專制而又皇權至上的乾隆皇帝能臨時不令英使照規定行事？而英使若真的行「單腿下跪」禮，皇帝不驅逐他們出境，反請他們在卷阿勝境飽餐享受美食？這似乎都是違反「天朝」常規的。馬戛爾尼等可能搞些小動作，裝得「不習跪拜」，最後才「雙跽俯伏」，給人「不知禮數」的感覺。

45 乾隆與西洋傳教士

從明朝末年開始，西洋傳教士就以科學技術敲開了中國大門，敲開了宮廷大門，走到了皇帝身邊。特別是康熙年間，一度得到皇帝任用，並與皇帝建立過相當的情誼。不過專制皇帝永遠是強調皇權高於一切的，凡威脅到帝王統治地位的都必被消滅。西洋宗教在康熙末年就為禮儀之爭而受到排斥了，甚至被禁絕了。雍正在位期間，對西洋宗教更懷有疑心與畏心，當然更為嚴加禁止。乾隆即位後，雖宣諭聲稱他要亦步亦趨的以祖父康熙為楷模，所謂「朕惟體皇祖之心為心，法皇祖之事為事」。不過他對西洋宗教顯然不感興趣，更沒有好感。對於西洋科學也只重視物質享樂一面，而毫無興趣去從事研究。乾隆一生篤信佛教，自信是文殊菩薩轉世。他曾經對西洋傳教士巴多明（Parremin）說過：

汝等欲中國人為天主教徒，此為汝教之宗旨。……一旦有事，彼等唯汝是聽。朕知今日無所懼，然洋船千百沓至，必將生事。

朕不需要傳教士，倘若朕派和尚到爾等歐洲各國去，爾等國王也是不會允許的。……

可見乾隆對天主教懼怕萬分，怕天主教煽惑人民，發生社會動亂，影響到他的統治權，因此他對天主教的嚴禁政策，絕不會比他父親雍正遜色。除了剛上臺的期間，為了表示中道的寬仁，放鬆過幾年。據說當時郎世寧曾向皇帝請求緩和禁教，皇帝乃有開放的諭旨，後人讚譽郎世寧「片言之功，有勝於千百之奏疏」。事實上，乾隆禁教的原則是不變的，當他聽到福建巡撫周學健因閩北有私行傳教而說「中國民人，一入其教，信奉終身不改，且有身為監生而堅心背道者」等話時，立即下令大興教案，從乾隆十一年以後，血腥的教案就時有所聞了，西洋宗教在乾隆朝是無法傳布的。

不過，乾隆對有些傳教士的態度是很不同的，為了要利用他們，他施展了巧妙的手段，表面上對傳教士，特別在宮廷服務的，表示關心，給他們生活上照顧，有些還賜予官銜；但骨子裏頭沒有寬容讓步之意。乾隆平日絕不與傳教士討論西方教義，也不許中國人皈依天主。現在先來談談皇帝對傳教士中若干人的照顧。最有名的大畫家郎世寧被皇帝授予奉宸苑使銜，賞賜飾有藍寶石的三品頂戴。另外一位畫師王致誠則賞予內務府郎中職銜。又據內務府的零星檔案，記載了當時在如意館裏工作的西洋畫師「德天賜每日份例盤肉三斤，每月菜雞七隻半。」「巴茂正每日份例盤肉三斤，每月菜雞七隻半。」「又每人每日成例：紅棗、桃仁、圓眼、荔枝、西葡萄各二兩，隨時鮮果八個。」可見對教士們的飲食是供應豐富的。

乾隆雖說他處處要效法他祖父，但是在對西洋文化愛好方面卻有不同。康熙之所以重視科學技術，其主要目的是為了實用，此事我已在《康熙寫真》的小書裏作了說明。乾隆則對自然科學的興趣不大，也無心學習，只是為了消費性的享樂需求。前面我已談過乾隆利用郎世寧等人建造圓明園西洋樓的事了，下面再舉一些實例來敘述西洋教士們為他服務的其他情形。

乾隆對中國戲曲很愛好也有研究，他對西洋音樂似乎也有很大興趣。即位後不久他命令張照重修《律呂正義》時，叫張照去請教傳教士德里格（義大利人）、魏繼晉（德國人）與魯仲賢（波希米亞人）。皇帝也曾在宮中組織過西洋樂隊，他命內務府官員將宮中所存藏的西洋樂器如長拉琴、小拉琴、西洋簫、象牙笛、鐵絲琴等先清理出來，讓西洋傳教士熟諳西樂的魏繼晉、魯仲賢、那永福等人「認看」，因為他們都「能知律呂」，然後命西洋教士「打出琴譜」，在瀛臺、陸花樓等地教宮中小太監或是交給皇家劇團裏的「弦鎖（索）上人學」。皇帝還命令內務府為這批小太監、弦索人、傳教士做了「靴子」、「扎巾」、「盔頭」、「衣裳」等制服，顯然組成了一支以演奏室內樂為主的小型管弦樂隊。這些資料都是記載在《內務府各作成做活計清檔》中的，當然是可靠的史料證據。

乾隆自己懂得中國繪畫，而且也能畫些花鳥山水畫，因此他對西洋教士中擅長畫畫的特別賞識。例如郎世寧就是乾隆最喜愛與欣賞的西洋畫家，不但授予他奉宸苑卿官銜，他七十大壽時乾隆還為他祝壽，並賞賜豐厚的賀禮。乾隆三十一年郎世寧七十八歲時病逝北京，皇帝特賜予侍郎官銜，又賞銀三百兩為他治喪，使其身後備極哀榮。郎世寧的作畫題材很廣，人物、花鳥、山水，兼而有之。有一些如《萬樹園賜宴圖》、《阿玉錫持矛蕩寇圖》等，堪稱歷史畫作，除藝術外，有歷史內涵。另外在養心殿西暖閣內有一幅巨畫，以「焦點透視法」作成的乾隆畫像，一如《馬術圖》一樣，其中主要人物出自郎世寧的手筆，其餘部分多由中國畫家補繪，形成中西合璧的畫風。郎世寧還與艾啟蒙（Ingatins Sichebareh）、王致誠（J. Denig Attiret）等繪製了一套十六幅的《乾隆平定準部回部戰圖》，更是當時的歷史記實名畫。這些在宮中服務的西洋傳教士畫家，對中西文化所作的交流貢獻是巨大而深遠的。

乾隆皇帝對西洋機械工業產品的興趣極濃，尤其是鐘錶等物品。他實在可以說是一位鐘錶狂熱愛好者，有一次他竟然對兩廣總督李侍堯與粵海關監督李永標說：「此次所進鍍金洋景錶亭甚好，嗣後似此樣好看者多覓幾件。再有大而好看，亦覓幾件，不必惜價。如覓得時，於端陽進貢幾件來！」他的喜愛與急於搜求的心意真是溢於言表了。由於乾隆一生搜集西洋鐘錶，因而在紫禁城宮中及離宮的殿子裏，到處都有西洋鐘，有時他也將次等的鐘錶賞賜給阿哥、公主、或是親近的王公大臣，圓明園中特設「鐘房」，作貯藏與修理鐘錶之所。西洋教士中通曉機械學理的不但為皇帝照顧鐘錶，也有時為乾隆製作一些裝有發條的玩器，如「自行獅子」，能行百步之遙，甚至「自行人」學人行動，供皇帝消遣。最令皇帝激賞的這類玩具中有一個叫「萬年歡」的，是一件機械人表演戲劇的超大型玩具，當時為了慶賀皇太后六十壽辰特製的，皇帝也參與了設計的工作，製成後，據說皇太后至為喜歡。

乾隆皇帝確實是獵奇大家，凡是新奇的事他都願意一探究竟或試作品嚐。在內務府的檔案中，我們還可以發現他對西洋餐飲也發生過興趣。在乾隆十八年殘存的部分資料中，看到皇帝命令做「西洋布膳單」、「西洋布氈襯墊單」、「西洋叉子」及「金星玻璃靶（把）西洋刀子」等物，顯然是製作一批西洋餐具，乾隆一度品嚐西洋大餐應該是可信的。

以上是從史料裏發現出來的一鱗半爪，相信已能反映乾隆利用西洋傳教士的一些事實了。乾隆時代正值清朝極盛時期，康熙、雍正這兩位祖先為乾隆提供了揮霍享樂的政經條件。因此乾隆從他個人的喜好與興趣出發，廣泛的使用了西洋教士為他服務，盡量享受西方已有的文明。皇帝對音樂、繪畫、鐘錶、噴泉、建築等有獵奇的興趣；但對天主教始終存有戒心，不僅不讓在中國傳布，反而設法給予無情打擊，徹底鎮壓，如乾隆十一年（一七四六）福建教案處死了在當地傳教的白多祿（Petrus Sanz）主教；十三年（一七四八）在江南蘇州府也因西洋教士黃安多（Antoius J. Henriaues）與談方濟（Trisfan de Attimis）傳布禁教而遭殺戮，並牽連許多中國教徒，這些嚴厲的措施使得西洋宗教在當時只得歛跡不能出現。

然而乾隆對若干傳教士的態度還是很好的，經常賜宴、賜金、賜官銜，致使不少教士也看不清他的禁教真面目，因而對他仍抱有各種幻想，總希望靠努力工作，博取皇帝的歡心，允許他們傳教。事實上皇帝也有故作姿態表示要放寬政策的，但始終沒有行動。乾隆對西方教士的駕馭手段是高明的，他能迷惑、矇蔽一些傳教士，得取他們的理解，甚至讚許，就像一位名叫汪達洪（Ventavon）的教士說的：

> 乾隆皇帝是一位堂堂正正、風姿英發的君主，具有英俊的面貌，而又有高尚的胸懷。如果這個皇帝對於他的國民很嚴厲，我相信，這並非他的性格使然，毋寧說這是由於為了把包括中國、韃靼這樣廣大地區的國家，維持在從屬與忠誠的範圍內，就不得不採取嚴厲的政策了。

不過，也有西洋傳教士比較冷靜理性，他們早就了解乾隆的兩面手腕了。像錢德明（Amiot）就有這樣的看法：

自傳教士到中國以來，從沒有一個皇帝像乾隆這樣利用過他們服務。然而，也從來沒有一個皇帝像這個皇帝這樣虐待他們，並對他們所傳播的天主教頒布過最可怖的禁令。

錢德明是乾隆年間來華並為宮廷服務過的人，他的說法是中肯的，乾隆就是這樣一位對待西洋傳教士的人！

46 乾隆的妻與妾

清朝宮廷的后妃制度，到康熙以後，大體上已定型了。以皇后一人居中宮，地位最高，以下皇貴妃一人、貴妃二人、妃四人、嬪六人，以及不限人數的貴人、常在、答應，她們分居東西十二宮。乾隆在當皇太子之時已經娶了近十位的王妃、庶妃，做了皇帝以後，又納了不少地位低的妾。據專家統計，乾隆一朝，有史料可考的，先後立皇后三人，皇貴妃五人、貴妃五人、妃六人、嬪六人、貴人十二、常在四位，共為四十一人。在這麼多的妻與妾之間，乾隆似乎對髮妻孝賢純皇后富察氏的感情最好，可謂情深意篤。富察氏於雍正五年（一七二七）七月嫁給乾隆為嫡妃，乾隆即位後第二年底即乾隆二年十二月立為皇后，她為乾隆生了兩男兩女，不幸於乾隆十二年（一七四八）病逝，享年三十七歲。

孝賢純皇后富察氏出自名門，是一位雍容尊貴的大家閨秀，她雖位居皇后之尊，但是待下寬慈，而且有節儉的美德，特別對出身寒微的乾隆生母，孝敬得無以復加，這使得皇帝對她十分的鍾愛與感激。孝賢后也許是被命運作弄，她為乾隆生的兩個兒子，永璉與永琮，原本是皇帝的至愛，永璉是富察氏所生的長男，乾隆即位後就祕密指定他為皇位繼承人，但在乾隆三年十月剛九歲時竟突然過世，使皇后悲痛萬分。乾隆十一年四月，富察氏以高齡產婦又為皇帝生下一男即七皇子永琮，皇帝也十分高興，還特別寫詩提到「宮中弄璋之喜」的事。但是這位皇帝有心讓他繼位的嫡子永琮，卻不足兩歲就因天花身亡了，皇后因愛子再遭夭折，終於大病了一場。

第二年，乾隆十三年，皇帝籌備了經年的東巡就要出發了，皇后的病體也剛剛復元，其實並不適合她去長途奔波，但是一則為了在路上照應侍奉皇帝的生母，再則她因為想去泰山昭應祠還願，另外也可能有乾隆要她出外散散心的原因，她最後決定隨大隊人馬上路了。

這一年的二月初四日，皇帝領著一大群文武官員、宮眷人等從京城出發，經過河北省到山東，二十二日在離曲阜兩日行程的河源屯，適逢皇后三十七歲生日，皇帝特命在御幄內設宴，慶祝皇后千秋令節。後來他們去了孔廟、孔林祭拜至聖先師，隨後登泰山到各處名勝拈香。三月三日，大雪初晴，在前往濟南途中，皇后禁不住連日風寒病倒了，雖經御醫診治，病情似未見好，皇帝乃於初八日下令回鑾，直奔德州改搭御舟返京。三月十一日，皇太后與皇后都到了德州，登上了停泊在月城下運河上的御舟，可是孝賢后的病勢轉劇了，當天深夜就離開了人世。皇帝悲痛至極，只能在暗中飲泣，第二天他為死去的愛妻寫下幾首挽詩，其中有一首是：

恩情廿二載，內治十三年。
忽作春風夢，偏於旅岸邊。
聖慈深憶孝，宮壼盡欽賢。
忍誦關雎什，朱琴已斷弦。

另外還有一些「半生成久別，一見定何時？」「愁喜惟予共，寒暄無刻忘」、「不堪重憶舊，擲筆黯神傷！」句子，真可以說是他心中血與淚交織成的文字。

乾隆對孝賢后的感情是真誠的、永恆的，在往後的五十年中，經常在他的詩作裏看到他對孝賢后至死不渝的愛情告白，有時在觀賞明月的時候，他寫下了「同觀人去遙，玉輪依舊朗」。在孝賢后生日或忌辰日，他會吟唱出：「嫌人稱結髮，嗟我失齊眉！」乾隆五十五年春天，皇帝已年高八十，他在孝賢后的墓前不禁說出：

三秋別忽爾，一晌奠酸然。

追憶居中閫，深宜稱孝賢。
平生難盡述，百歲妄希延。
夏日冬之夜，遠期二十年。

他說不想活到一百歲了，但願在不遠過二十年的時候與愛妻相見吧！乾隆死前四年，他讓位給兒子嘉慶，那一年他去祭孝賢后的時候，寫了「齊年率歸室，喬壽有何歡？」第二年又去皇后墓前致祭，又說：「孝賢后於戊辰（乾隆十三年）大故，偕老願虛，不堪追憶！」由此可知，乾隆自孝賢后仙逝後，一直追憶他的髮妻，他對其他的后妃等人顯然都是沒有真正愛情的。

皇后在旅途死亡之後，隨即由水陸路趕送回京。一路上所經之處，都有官員與皇室人員舉哀行禮、痛哭隨行，直到安奉梓宮於長春宮正殿為止。最難得的是皇帝自己身穿白綢孝服迎靈，輟朝九日，自己又為愛妻降旨定好謚號為「孝賢」，並每日到皇后靈前奠酒。此後初祭、大祭、滿月、百日、暫安、週年……等等典禮，乾隆每次都親自參加，上香致祭，他對皇后的情愛由此可知。

皇帝如此重視富察氏死後的禮儀，有關的大臣當然會做得更好，讓皇后的身後備極哀榮。首先總理喪儀的大臣議定：宮中妃嬪、皇子、公主等都要穿白布孝服，皇子剪掉髮辮，皇家女成員剪髮。親王以下，凡有頂戴的滿漢文武官員百日內不准剃髮，停止嫁娶作樂二十七天。京城裏所有軍民，男的拿下冠纓，女的不准戴耳環，違反的一律治罪。對於外省的官員與人民，自清初以來，皇后死亡時從沒有過什麼服喪等的喪儀，這次可不同了，規定各省文武官員，都須摘下官帽上的紅纓，齊集公所，哭臨三天。官員們在一百天內不准剃頭。持服穿孝的二十七天當中，不准嫁娶。一般軍民，也要摘纓七日，喪期間不能嫁娶，不能作樂，以示哀悼。

這些規定不是說說就算了，皇帝還認真的執行。他責罵過皇子永璜、永璋未盡孝道禮儀，公開表明不會要他們繼承皇位；他處分過翰林院官員把「先妣」寫成「先太后」；光祿寺官員準備的初祭供品不清潔被降三級；外省官員上摺表示哀悼的時間稍晚的，也有幾十人受到懲罰。而違反規定在百日內剃頭的官員被處死的包括湖廣總督、河道總督、知府多人。總之，乾隆如此重視孝賢皇后的喪禮喪儀，實在都是出於對她的真愛。

乾隆對皇后富察氏的愛是豐富、慷慨而且無盡期的；可是對繼位皇后的烏喇那拉氏卻不然，相反地是恨之欲其死的。

烏喇那拉氏也是乾隆當太子時娶為側福金的，即位後當富察氏晉封為皇后時，她也同時被封為嫻妃，地位只在皇后之下。皇后富察氏死後，理應由她來擔任皇后，「攝理六宮」；可是皇帝對富察氏不能忘情，一直到孝賢后死後三年喪期屆滿，而且是在皇太后老人家的一再催促下，皇帝才同意立烏喇那拉氏為皇后的。但是皇帝始終不能像愛富察氏那樣的去愛這位新立的皇后。在中秋節前宮殿月下佇立時，仍然「有憶那忘桃花節，無言閑倚桂風寒」的惆悵感受，不能忘記德州水邊桃花初放時富察氏病逝的不幸。乾隆也自己分析過他不能愛那拉氏的原因，他說：「豈必新琴終不及，究輸舊劍久相投。」他認為舊劍（富察氏）與他情投意合，而新琴（那拉氏）終究是比不上的。這是皇帝在初立那拉氏後三年之間的坦白說明。不久乾隆也作過反省，既然已經立了那拉氏為皇后，理應放棄一些成見，因此從乾隆十六年起，似乎對那拉氏善待了很多，夫妻的感情也日有增進，這件事也許可以從乾隆十七年與二十年，那拉后分別為乾隆生下兩位皇子永璂與永璟的事實作為證明，那拉氏自嫁給乾隆以後，一直到她辭世，就只生了這兩位皇子，可見這段期間她方得到皇帝的寵愛。那拉氏雖被稱為「賦性安和」，但本人確是一位滿族剛烈的女性。自她生下次子永璟之後，皇帝似乎又移愛到另外一位年輕的魏妃身上，在乾隆二十年至三十年這段期間，魏妃竟為皇帝生了四男二女，而且其中一男就是日後繼乾隆為君的嘉慶皇帝，在不能逆來順受的那拉后心中，當然對皇帝有說不盡的不滿了。乾隆三十年（一七六五）初，皇帝第四次南巡，皇后那拉氏、令妃魏氏等人都陪著乾隆生母一齊去江南，閏二月十八日，皇帝在杭州旅次突然下令額駙富隆安把「突發瘋疾」的那拉后嚴加「保護」的送回京師，後來消息才傳開來，據說皇后冒犯了皇帝，又在老皇太后前哭訴，懇求在杭州出家為尼，最後拿出預藏的利剪，將三千煩惱絲連根剪下。按照滿洲人家的習俗，只有大喪的時候女子才剪髮，平時剪髮是犯忌不吉的事。那拉后竟當眾自行剪髮，行為實在是「突發瘋疾」。

皇帝返京之後，一度想要廢掉那拉后，由於不少大臣反對，他才放棄這個念頭；不過那拉氏卻被打入了冷宮，而且把她歷次受封的冊寶，全部繳回，事實上是使她失去了皇后的位號。乾隆三十五年七月，那拉后孤獨的死去，身邊只有兩名宮女作伴，皇帝卻去承德避暑山莊住夏了。事後皇帝還下令降格為她辦喪禮，不以皇后身分而只以貴妃名分為她治喪，同時主辦喪儀的也不是禮部，而是內務府。乾隆對那拉氏不僅毫無惻隱之心，夫妻之情也可以說是斷絕了，真是出人意外。

那拉后在杭州突然剪掉頭髮的真正原因不知，不過當時外間很流傳一種說法，說「皇上在江南要立一個妃子，那拉皇后不依，因此挺觸，將頭髮剪去」。姑妄聽之吧。

乾隆年間還冊封過第三位皇后，那是孝儀皇后魏氏。不過魏氏被封時已是乾隆六十年九月，是皇帝退休禪位的前夕，魏氏是新君嘉慶的生母，母以子貴，因此才被封為皇后，當時魏氏已死後二十年了。

乾隆從那拉氏幽死之後一直沒有立后，不過魏氏已被晉封為皇貴妃，實際上已「攝六宮事」了，可惜她於乾隆四十年病逝，享年四十九歲。

不少人以為魏氏娘家是漢人，入宮後初為貴人，後來歷進為令嬪、令妃、皇貴妃，她的父親據說是在內務府服務的小官清泰，她是由選秀女而入宮的。內務府旗屬秀女出身多不高貴，一旦她們當成后妃，整個家庭也都會高貴起來，常常被「抬旗」成為皇家所屬旗的屬人，姓氏也加上一個「佳」字，如慧賢皇貴妃高氏，抬旗後稱高佳氏，魏氏也是一樣，她當了妃子以後也改稱魏佳氏了。另有一種說法是嘉慶皇帝的生母是蘇州女伶，被地方官購覓而來，因為她的色藝俱佳被乾隆所寵愛。清朝家法很嚴，因此魏氏先認內務府官員清泰為父，改變了身分，才由秀女一途入宮的。不過，我們現在沒有可靠的史料來確證她的家世與來歷，不能亂下斷語。

乾隆皇帝除了封過三位皇后之外，還有五位以「貴妃」為稱的妾。在五人之中，最特別的，也是後人一直流傳很多故事的是所謂的「香妃」。香妃實際上應該稱為容妃，她是來自新疆的回族。清朝從入關以來，幾代帝王還沒有娶回族女子為妃嬪的，所以從族籍上說她比較特別。又據傳說她艷麗多姿，美貌絕倫，身上有一種異香，所穿的衣服在洗滌之後，「水皆芬香撲鼻」，所以野史裏稱她為「香妃」。有人說她原是回部小和卓木霍集占的妻子，後來被俘送到北京，因「帝夙知霍妻艷色」，納入宮中，封為妃子。也有人說香妃入宮是要為他們回部報仇的，後來被太后賜死。這些說法經專家們考證認為都不可信。香妃一般稱為和卓氏，她確是回人，但她的家族沒有隨從霍集占等反清，相反的，她的叔叔額色尹與圖爾都以及堂兄瑪木特等人都還是領兵到清朝將軍兆惠大營中來幫助官軍作戰的，後來兆惠對他們有些疑慮，建議皇帝將他們「或留京城，或安插西安、哈密等地」，以防止他們再反側叛清的。結果皇帝諭令將他們的「家口送京」。由於他們在征討霍集占之時確實有戰功，所以在乾隆二十四年十月，將額色尹、瑪木特等授以公爵與頭等臺吉。第二年二月，清宮檔案裏有新封和貴人，並賜珊瑚朝珠、金銀首飾、緞紗皮綿等物的記載，可見當時香妃和卓氏已正式成為皇帝的妾了，當時她才二十七歲。乾隆娶了回族和卓氏，不久之後，他又下令將一名宮女巴朗指配給了和卓氏香妃的哥哥圖爾都，加強了滿回通婚的關係，因此有人以為乾隆娶和卓氏，正像他的祖先多娶蒙古女子一樣，都是有政治與軍事功利目的的。乾隆顯然對回族的習慣非常尊重，像他們滿族皇家一直尊重蒙藏人崇信喇嘛教一樣，皇帝特別命令由專人為和卓氏做飯菜飲食，即使帶和卓氏南巡江南或東巡山東等地時，也為她準備一些喜歡的羊肚片、酒炖羊肉、奶酥油野鴨子等的名菜，從不讓她接觸到豬肉的食物。春秋大祭與元旦祀神，和卓氏也不令受胙，品嚐豬食。和卓氏於乾隆二十五年入宮時賜號和貴人，兩年後晉封容嬪，不久再升為容妃，她於乾隆五十三年病逝，活到五十五歲。

很多歷史上的傳聞疑案，都是有它們被人相信的原因的，香妃的傳聞也是一樣。首先有位大詩人王闓運在他的《湘綺樓文集》裏寫了一篇〈回妃〉的短文，說乾隆平定回部之後，把一個生有美色的回女養於宮中，號曰「回妃」。這位回女「懷其家園，恨於亡破，陰懷逆志」，想暗殺皇帝，乾隆「悲壯其志，思以恩眷之」，結果此事被太后知道了，乘皇帝離開宮廷祭神時，召集了宮女，把回女「絞而殺之」。到了民國以後，北京故宮古物陳列所在一九一五年展覽一幅宮中收藏的戎裝女子畫像時，主辦單位在這幅像下貼了一張〈香妃事略〉的說明，其中有：

> 香妃者，回部王妃也，美姿色，生而體有異香，不假熏沐，國人號之曰香妃。……回疆既平，兆惠果生得香妃，致之京師，帝命於西內建寶月樓居之，樓外建回營，毳幕葦鞲，具如西域式。又武英殿之西浴德堂，仿土耳其式建築，相傳亦為香妃沐浴之所。蓋帝欲借種種以取悅其意，而稍殺其思鄉之念也。……皇太后微有所聞，屢戒帝弗往，不聽；會帝宿齋宮，急召妃入，賜縊死。上圖即香妃戎妝畫像，佩劍矗立，糾糾有英武之風，一望而知為節烈女子。

故宮古物陳列館既然如此介紹，並且把寶月樓、回子營、浴德堂等史蹟也都附會到了香妃身上，一時香妃故事變得盡人皆知，大家共信了。事實上據專家孟森、郭成康、單士元諸先生考證，寶月樓（今中南海新華門）是因為瀛臺與皇城城牆間沒有屏障，暴露皇帝活動的隱私而興建的，容妃住在深宮大內，從未住過寶月樓，當然不是乾隆的藏嬌所在了。回子營確實為安置投誠在京回人規劃的，乾隆還為他們建造了禮拜堂，並說明回部首領們在京城的都「賜居邸舍」了，其餘「服官執役」的「咸居之長安門之西」，「都人因號稱回子營」，顯見這也不是為香妃專造的。至於浴德堂，根本不是沐浴之所，是元代就有的建造。皇帝也不可能讓香妃從內宮或寶月樓經過文武百官注目的地方到幾里之外的浴德堂去洗澡。更誇張的是那張〈香妃戎裝像〉，原先是保存在承德避暑山莊的，畫上有一黃簽，題為「美人畫像」，並沒有註明就是容妃，主辦展覽的人員為了宣傳，改稱〈香妃戎裝像〉，確實收到了市場效果，當時前往觀賞的絡繹不絕，陳列館可能從門票上賺了不少錢；但是香妃傳說的後遺症到今天還在發酵，眾說紛紜呢！其實容妃的墓已被開掘了，她的身世與歷史已經得到澄清了。

47 乾隆的子與女

乾隆共有四十多個妻妾，只生了十七個皇子和十個公主。由於皇帝活到八十九歲，所以他的後代人數還是很多，計有孫子、曾孫、玄孫等總共一百多人與他同時存在，真算得上是一個五代同堂的大家庭了。

乾隆所生的十七個皇子可以下表說明：

孝賢皇后富察氏生永璉、永琮。

皇后烏喇那拉氏生永璂、永璟。

孝儀皇后魏佳氏生永璐、永琰、永璘及早夭未命名子一人。

庶妃富察氏生永璜。

純妃蘇氏生永璋、永瑢。

嘉妃金氏生永珹、永璇、永瑆及早夭未命名子一人。

舒妃葉赫那拉氏生子一人，未命名。

貴人珂黑葉特氏生永琪。

這十七位皇子中，有七人不到十歲就病逝了，他們包括永璉、永琮、永璟、永璐和三位早夭的。又有兩位過繼給乾隆堂兄弟家為子嗣，他們是永珹與永瑢。而永璜、永璋、永琪又分別於乾隆十五年、二十五年、三十一年分別去世，因此皇帝後來實際上只能在五、六個兒子當中選擇繼承大位的人了。

皇帝最愛皇后富察氏，她又是嫡妻，她生的兩個兒子都曾先後被皇帝意屬為繼承人。乾隆元年七月初二日，皇帝在乾清宮西煖閣，召見王大臣九卿等高官，宣布依雍正創立的密立儲君法，預定了皇儲，當時皇帝沒有明說出是何人，到乾隆三年永璉病逝後他才向大臣們降諭說：「二阿哥永璉乃皇后所生，朕之嫡子，為人聰明貴重……是以於乾隆元年，遵照皇考成式，親書密旨，召大臣面諭，收藏於乾清宮正大明光匾之後，是永璉雖未行冊立之禮，朕已命為皇太子矣。……」永璉死時才九歲，被列名為繼承人時剛七歲，能否斷定他「聰明貴重」將來必定是位賢君，實在很難講，不過他是皇帝的「嫡子」，所以立為皇儲，事實上，雍正皇帝強調的是人選要完美，不應該分嫡庶才對。

永璉死後，約有十年的時間，乾隆沒有再立其他的兒子為皇太子，直到十二年歲暮，當皇后富察氏的第二子永琮痘症死亡時，皇帝才又透露出消息說：永琮是「聖母皇太后因其出自正嫡，……朕亦深養成立，可屬承祧」，可見他還是贊同用漢人「立嫡立長」制度的。但是「嫡嗣再殤」，讓他想到「乃朕立意私慶，必欲以嫡子承統，行先人所未曾行之事，邀先人所不獲之福，此乃朕過耶！」永琮死後三個月，嫡妻皇后富察氏也仙逝了，乾隆再想立嫡也不可能了，建儲之事一擱就是快三十年。

乾隆四十年稍前的時候，皇帝已經六十五歲左右了，他又有了立儲的念頭；可是此時他只能在永璇、永瑆、永琰、永璘四個皇子中作選擇了。其他的大多去世、或是過繼給了皇家至親。剩下的四人當中，永璇年紀最大，快三十歲，他是一個精於書畫的藝術家，尤其書法趙孟頫，很有造詣；不過他為人輕躁，作事顛倒，任性貪玩，甚至放縱到酒色下流的境地，加上腳有毛病，不良於行，皇帝根本沒有想到他能當未來的皇帝。永璇的同母弟永瑆，詩文見長，書法尤佳，是一位具有文學藝術天才的皇子，他也寄情翰墨詩酒，文人氣質過濃，而且十分漢化，這絕不是皇帝想要的皇儲對象。永璘則從小就不喜歡讀書，性情更是輕佻浮躁，年長後更常常私出宮廷去尋花問柳，行為不檢，他自己也有自知之明，不著當皇儲想，只以聲色自娛。惟一令皇帝稍為滿意的是十五阿哥永琰，他比起其他兄弟來，算是品學兼優，文武俱備的了，連大臣們也覺得他為人穩重，處事剛明。儘管他並不能達到乾隆的最高標準，但是客觀條件如此，皇帝最後只有指定他為皇位繼承人了，他就是日後的嘉慶皇帝。

乾隆對於兒孫的教育非常重視，一方面要求他們能讀好書，成為知書達禮的人，另一方面也防止他父親一輩兄弟間為爭權爭繼而發生家人間的骨肉相殘不幸，因此乾隆規定所有皇家男童六歲起必須開始讀書，而且每天都得按時到上書房裏去上課。授課的老師都是一些優異的內閣學士與翰林院的飽學人員，並派大學士等高官為總師傅，「稽查督飭」。皇子皇孫每天卯時（上午五至七時）進，申時（下午三至五時）出，「攻五經、史、漢、策問、詩賦之學」，另外還有武官教授皇子們騎射，以及滿蒙官員教滿蒙語文。

皇子讀書時不能隨便離開書房，有事外出必須呈奏。乾隆三十五年永璇未經奏聞而擅離書房，不但永璇受到痛責，他的師傅觀保、湯先甲以及總師傅多人也都被認為不負責任，「漫無覺察，所司何事！」乾隆一心一意的要以書房來讓皇子「檢束身心」，他是怕皇子行動太自由會在外結黨營私，或是以自已高貴身分枉法作惡，這樣會養成他們的驕橫跋扈氣習，更壞的會各自培植勢力後將來作謀取大位之爭。皇帝管教子孫讀書之嚴，連朝中的大臣都是知道的，趙翼就這樣寫過：

本朝家法之嚴，即皇子讀書一事，已迥絕千古。余內直時，率五鼓入。……黑暗中殘睡未醒，時復倚柱假寐；然已隱隱望見有白紗燈一點入隆宗門，則皇子進書房也。吾輩窮措大專以讀書為衣食者，尚不能早起，而天家金玉之體乃日日如是……宜乎皇子孫不惟詩文書畫無一不擅其妙，而上下千古成敗理亂已了然胸中，以之臨政，復何事不辨？……

乾隆曾經對上書房的老師們說過：「師傅為諸皇子授讀，豈僅以尋章摘句為能，竟不知隨事規勸，俾明大義？」明大義就是要懂得做人的道理。因此皇帝對於皇子有了非禮的行為都是非常痛恨的。乾隆十三年，嫡后富察氏死後，庶出的皇子永璜、永璋在迎喪時表現得不夠悲痛，皇帝大怒，責罵他們於「孝道禮義未克盡處甚多」，竟如此的「茫然無措」。更嚴重的是這兩位皇子竟因此而喪失掉了皇位繼承權，因為皇帝認為他們根本「無情」，「無情」的人將來如何能當皇帝！所以乾隆降諭說：「此二人斷不可承繼大統。」他們的師傅和親王弘晝、大臣來保、鄂容安等人各罰俸三年，還有其他官小的罰俸一年。

另外，永璘這位皇子是「好嬉戲」出名的，皇帝也厭惡他至極。乾隆五十四年加封諸子時，他的同母生的哥哥永琰被封為嘉親王，永璘不但沒有加爵進陞，反而「降為貝勒」，以示對他不良品行的懲罰。

由於乾隆皇帝嚴格管教皇子，除永璉、永琮外，他對其他皇子都極少給予慈父的自然情愛。甚至永琰被他指定為繼承人選後，他在冬至祭天大典上，當面對永琰與其他皇子默禱上蒼說：「如所立皇十五子永琰能承國家洪業，則祈佑以有成；若其不賢，亦願上天潛奪其算，令其短命而終，毋使他日貽誤，予亦得以另擇元良。……」父子感情如此功利現實，難怪乾隆的兒子們對他畏懼有餘，回報給他真摯愛意則絕少。尤其到他老年「十七男惟剩斯五」，當然會有「幻以為歡幻以悲」的蒼涼詩調了。

乾隆的女兒共有十人，但長大成人出嫁的只有五位，他們是：

一、皇后富察氏生的皇三女固倫和敬公主，乾隆十二年下嫁科爾沁蒙古王公色布騰巴勒珠爾，留住京師。乾隆四十年駙馬隨軍征金川，結果陣亡軍中，和敬公主從此孤獨的住在豪華的公主府中，直到乾隆五十七年病逝，享年六十二歲。

二、純惠皇貴妃蘇氏生的皇四女和碩和嘉公主，乾隆二十五年嫁大學士傅恆之子福隆安，是皇帝與傅恆家親上加親，但和嘉公主命薄，乾隆三十二年她二十三歲時就去世了，夫婿福隆安的官當時也沒有位極人臣。

三、孝儀皇后魏佳氏生的皇七女固倫和靜公主，乾隆三十五年下嫁喀爾喀蒙古親王策凌之孫拉旺多爾濟，乾隆四十年死，得年僅二十歲。

四、孝儀皇后魏佳氏生的皇九女和碩和恪公主，乾隆三十七年下嫁大學士兆惠之子札蘭泰，這位公主的壽命也不長，乾隆四十五年她二十三歲即離開了人世。

五、惇妃汪氏生的皇十女固倫和孝公主，她是皇帝最小的女兒，生於乾隆四十年，當時他已六十五歲，加上她長像跟乾隆皇帝一樣，所以很得寵愛，她的生平值得敘述的事也最多。

和孝公主的生母汪氏被冊封為惇妃的時候，稱讚她「毓質柔嘉，禔躬端淑」，「嫻蘭宮之禮教」，她應該是一個溫順有禮的女性；但是在乾隆四十三年她卻做了一件極其凶暴的事，她竟將一個宮女活活打死。這件「從來未有妃嬪將使女毒毆立斃之事」，令皇帝十分震怒，認為「若不從重辦理，于情法未為平允」。不過後來還是因汪氏「曾育公主，故量從末減耳」。顯然是皇帝不忍在小公主的年幼心靈裏留下太大的傷痛，才沒有把惇妃擯黜或打入冷宮。

小公主在皇宮裏享盡人間福份，尤其皇帝又為她找到了一個合適的婆家，乾隆在她六歲的時候指婚，讓她嫁給與她同年的和珅兒子，皇帝特別為這位準女婿賜名為豐紳殷德。「豐紳」是滿洲語 fengshen，意思是「福祿」、「福祉」、「福分」等，總之是祝福他們的。和珅當時三十多歲，是皇帝面前的大紅人，權勢也很高，乾隆把最愛的小女兒嫁給和珅家，將來一定是幸福美滿的，這可以說是古稀老父的一項特意安排。

乾隆五十三年，公主十四歲，皇帝又破例冊封她為「固倫和孝公主」。「固倫」是滿洲語「

國家」的意思，「和碩」指「一方」或「一隅」，當然不如「固倫」大，因此按照清初規定，只有皇后所生的女兒才能冠以「固倫公主」名號，皇妃生的只能用「和碩公主」為稱。皇十女和孝公主是惇妃所生，本來不能稱「固倫」的，由於皇帝的特寵，給了她「固倫」的最高稱號。第二年，小公主奉旨完婚，典禮之鋪張、隆重，據說到將近十年後乾隆崩駕的時候，京城裏人還在津津樂道當時的盛況呢！那一年的十一月二十七日是欽天監選出的黃道吉日，皇帝先在保和殿裏大宴額駙（駙馬）豐紳殷德與王公大臣們，然後接受小公主行禮拜別。據說那天公主穿的是金黃色繡龍朝褂，頭上戴了一頂鑲有十顆大東珠的貂皮朝冠，乘鑾儀衛準備的彩輿，由內務府大臣以及很多福金命婦們乘車隨行，浩浩蕩蕩的穿過北京大街，到達和珅家時，鞭砲齊鳴，和珅夫婦都在家門口向新兒媳婦屈膝跪安，真是天家龍女，氣勢萬千的嫁到了和珅家中。至於公主的陪嫁妝奩，有的先期送到，有的是婚後皇帝的再賞物件，應有盡有，源源不斷的從宮中運出，經常在京城街道上出現。婚禮當天，京中官員為了讓皇帝高興，或是為巴結和珅，很多文武百官，都手奉如意等珍寶，「拜辭於皇女轎前」，人數多到「無慮屢千百」。公主與駙馬回門的那天，皇帝又高興的賞了白銀三十萬兩。難怪當時京中，甚至朝鮮都為這場豪華婚禮，嘆為觀止，久傳不衰。

可惜公主婚後不到十年，乾隆皇帝逝世了，她的公公和珅也隨著被處死，若非公主向皇帝哥哥嘉慶求情，恐怕連個全屍都得不到，會被凌遲示眾的。和珅的家產不久也被沒收了，豐紳殷德因公主關係沒有被牽連入罪；但他對世間榮衰變化、人情冷暖感到茫然失望，頓時變得消極起來，嘉慶十五年辭世，得年三十六。和孝公主此後則以堅強的毅力活到四十九歲病逝。嘉慶與道光都很照顧她，這一點也許令乾隆在九泉下可以稍得安慰的。

48 談乾隆的吃喝

乾隆貴為天子，他的飲食管理當然應該與一般百姓和官員不同，尤其他講究品味，注重食補，因此有關他吃喝方面的事，值得一述。

首先我們來看看清宮帝王飲食方面的一些傳統。皇帝每天只吃兩頓大餐，他們叫「早膳」與「晚膳」。早膳通常在卯正一刻（早晨六點稍過），晚膳則在午時（中午十二點至兩點鐘之間）。大餐之外，每天又有酒膳、晚點小吃之類的，都是在晚間的多。皇家不說「吃飯」、「用飯」或是「開飯」，是因為忌諱「飯」字與「犯」音同，他們用的詞是「傳膳」（通知準備開飯），「進膳」與「用膳」等特用語。

皇帝用膳平日都是他一個人自用，他的妻妾子女都不能與他共餐，除非他特別下令叫某些人來和他同桌共食，或是逢年過節及宮中特別喜慶日子，才見到皇家團聚吃喝的情景。即使如此，皇帝還是高高的端坐在他的金龍大宴桌上，妃嬪們還是分坐在東西兩排的餐桌邊，按地位高下，陪皇帝吃一餐「官式」大餐，談不上家人歡聚的氣氛。

乾隆平時用膳的地方也沒有一定的餐廳，有時候在弘德殿、東暖閣，有時候在養心殿。即使到避暑山莊住夏，他的餐廳也有如意洲、一片雲等處。

按照清宮的規定，皇帝、太后、后妃、皇子、公主都各有為他們烹調飲食的灶房。乾隆皇帝的餐飲是由「御茶膳房」備辦的，這個單位由皇帝特命親信大臣總管，膳房裏每天準備的菜式，由何人主廚，用些什麼食品，都要寫成報告請總管的大臣劃行，以示負責，這也是今天我們還能看到很多《膳底檔》資料的原因。

乾隆皇帝每天究竟吃些什麼食物呢？《膳底檔》正好可以提供給我們這方面的訊息。現在我就隨著乾隆年紀的不同，來列舉他的一些日常菜單。

乾隆十六年他四十歲剛過，算是壯年階段，這年六月初四日的早膳是卯正一刻用餐的，菜式為：

芙蓉鴨子一品、羊肉炖窩瓜一品、羊肉絲一品、韭菜炒肉一品、清蒸鴨子額爾額羊肉攢盤一品、竹節卷小饅首一品、匙子餑餑紅糕一品、蜂糕一品、葵花盒小菜一品、銀碟小菜四品。隨送肉絲湯膳進一品、豬肉餡餛飩一品、果子粥一品、雞湯老米膳一品。

六個多小時後到了未時，他用的晚膳菜單則是：

燕窩肥雞歇野鴨一品、蔥椒肘子一品、鴨子火薰炖白菜一品、後送炒木須肉一品、肉片炒扁豆一品、藍肥雞燒狍肉攢盤一品、象眼小饅一品、白麵絲糕糜子麵糕一品、豬肉餡湯麵餃子一品、腿羊肉攢盤一品、銀葵花盒小菜一品、銀小菜四品、隨送粳米乾膳一品、次送芙蓉鴨子一品，羊肉絲一品。

乾隆三十年，皇帝五十五歲了，他這一年南巡江浙等地，在旅途的菜單可以舉出一天的來看看：

閏二月十一日卯初，請駕伺候：冰糖炖燕窩一品，辰初二刻，虎跑泉進早膳，用折疊膳桌擺：燕窩火薰鴨絲一品、雞冠肉炖雞軟筋一品（宋元做）、羊肉絲一品、煳豬肉家雞卷攢盤一品、銀葵花盒小菜一品、銀碟小菜四品。上傳：攤雞蛋一品。隨送清蒸鴨湯膳（未進）、粳米膳一品、金銀豆腐片湯、額食二桌：奶子二品、餑餑十品以及十二品一桌內領管護食四品、盤肉四品、八品一桌。上進畢。賞皇后軟筋一品、慶妃燕窩鴨絲一品、令貴妃攢盤肉一品、容嬪羊肉絲一品。

當天的晚膳是下午兩點鐘左右開始的，用膳的地點是杭州西湖邊的行宮中，菜式計：

燕窩燴糟鴨子一品、鹿筋酒炖羊肉一品（張成做）、肥雞豆腐片湯一品、蒸肥雞燒狍肉攢盤一品。後送青筍爆炒雞一品、棗爾糕老米麵糕一品、象眼棋餅小饅頭一品、火薰豆腐餡包子一品。高恆（當時的兩淮鹽政）進：酥油野雞爪一品、糟鹿筋糟豬腰一品、銀葵花盒小菜一品、銀碟小菜四品。隨送：肉丁炒粳米老米膳一品、燕窩芙蓉湯、鴨子豆腐湯一品。額食四桌……。上進畢，賞：皇后燕窩糟鴨子一品、慶妃攢盤肉一品、令貴妃包子一品、容嬪酒炖羊肉一品。晚晌伺候：爆肚子一品、燕窩拌鴨一品、青韭鮮蝦一品（宋元做）、拌老虎菜一品。上進畢，賞：皇后爆肚子一品、令貴妃燕窩拌鴨一品、慶妃青韭炒鮮蝦一品、容嬪拌老虎菜一品。

乾隆四十年，皇帝年逾花甲，五月二十八在宮中的晚膳吃了：

蔥椒肉一品、口蘑鍋燒鴨子一品、肥雞大炒肉炖雜膾一品、碎雜鴨雞一品、鍋爆鹿肉一品、燒狍肉油攢野雞盤一品、山藥鴨糕一品、象眼小饅頭一品、白麵絲糜子米麵糕一品、豬肉餡侉包一品、小菜五品、粳米乾膳一品。

乾隆四十四年，皇帝在承德避暑山莊避暑，有一天晚膳，他吃了以下的幾道菜：

燕窩蓮子扒鴨一品（係雙林做）、鴨子火熏蘿蔔炖白菜一品（係陳保住做）、扁豆大炒肉一品、羊西爾占一品。後送鮮蘑菇炒雞一品。上傳：拌品腐一品、拌茄泥一品、蒸肥雞燒狍肉攢盤一品、象眼小饅首一品、棗糕老麵糕一品、甑爾糕一品、螺獅包子一品、銀葵花盒小菜一品、銀碟小菜四品，隨送豇豆水膳一品。次送燕窩鍋燒鴨絲一品、羊肉絲一品（此二品早膳收的）、小羊烏叉一盤，共三盤一桌。

乾隆五十六年，是皇帝八十大壽後一年，宮廷菜單上記錄五月二十日的菜式是：

寅初二刻進早膳：山藥雞羹一品，燕窩口蘑鍋燒鴨子一品、羊肉絲一品、清蒸鴨子燒豬肉卷攢盤一品、燗豬肉攢盤一品、竹節卷小饅頭一品、孫泥額芬白糕。未初二刻晚膳：炒雞大炒肉炖茄子丸子一品、燕窩火熏鴨絲一品、羊他他士一品、後送扁豆炒肉一品、蒸肥鴨燒雞肉卷攢盤一品、象眼小饅頭一品……隨送紅豆水膳一品。

以上只是萬千膳單中點滴，不過似乎已經讓我們看出乾隆一生餐點的大致情形了。第一，他還是追隨滿族祖先的傳統，吃肉類很多，豬、羊、鹿、狍、雞、鴨等他幾乎每天都吃，只是不吃牛肉，這可能與他宣傳重農有關。第二，他一生對燕窩與鴨子有著偏好，豬肉、雞肉也有相當程度的喜愛。米麵食則都吃，糕點也是每天不缺的。第三，南巡以後蔬菜的量有些增加，尤其豆腐做的。同時藥膳也在菜單上逐漸出現了，江南民間的家常菜也搬上了皇帝的餐桌。第四，乾隆似乎愈吃愈懂得品味與以食補身的道理。以上引的避暑山莊的一頓御膳為例，他在晚膳中吃了雞、鴨、豬、羊、狍子五種葷菜，但也有燕窩、蓮子、白菜、扁豆、蘿蔔、茄子、鮮蘑等蔬菜佐餐，特別他又點了拌豆腐與拌茄泥，再加上米麵糕餅，真可謂各項營養兼備了，這對他能活到八十九歲可能是有關係的。第五，菜單上的菜名雖然很多，但皇帝相信「食少病無侵」，顯然他都是淺嚐即止的。因此剩下的食物他都下令賜給妻妾們享用。有人說賞菜給妻妾就是表示當晚要「行幸」作暗示。如乾隆三十八年七月初六日有「賞順妃晚膳如意洲」記事，認為就是皇帝當晚將召幸順妃。這也許有可能；不過乾隆三十年江南巡幸途中，經常在《膳檔》裏見到在同一天賞皇后、慶妃、令妃、容嬪等御膳的事，相信皇帝不能在同一晚召幸那麼多妻妾的，因此「行幸」之說還值得商榷。第六，乾隆皇帝吃海鮮的記事也不多，這顯然與滿族餐食習慣有關。有一次朝鮮人進貢帶魚二十尾、大口魚二百尾、廣魚一百尾、金鰒魚二十貼、紅蛤二百斤、海參二百斤、海菜二百斤。小太監榮世泰傳旨問道負責的官員說：你們收到這些物品何處使用？總督張應回答說：是奴才們帶進京伺候萬歲爺賞人用的。皇帝又降旨：「是。」可見乾隆不懂得也不喜歡這些海產品。另外，我們從《膳檔》也可以了解：乾隆因四處巡幸，遍嚐大江南北口味，因而宮廷菜單到他晚年也受到影響而有些改變。特別是蘇州廚子進入御膳房之後，「豆豉炒豆腐」、「糖醋櫻桃肉」、「雞絲肉絲煸白菜」等等的菜式常見了；不過也有很多菜是南北融會、滿漢合璧的全新菜肴，乾隆是一位保存傳統，力求創新的君王，菜式方面也能證實這一點。

乾隆皇帝每天吃的水果不見於檔案，不過他食用果品很多。除了近畿及盛京上三旗果園裏長的北方水果如桃、杏、梨、葡萄、山裏紅等以外，各地官員上貢的土產也很多，如廣東的橘橙、福建的荔枝、新疆的哈密瓜等等，天下名優特產宮廷裏四時皆有，隨時呈上乾隆的餐桌。

乾隆對飲料是相當講求的。他每天所喝的水不少，因為他相信「水之德在養人」。他最喜歡喝京城附近玉泉山中的泉水，也許是受了康熙的影響，他對泉水也做過進一步的研究，發現玉泉山泉水一斗重一兩，濟南珍珠泉重一兩二厘，揚州金山泉水重一兩二、三厘，杭州虎跑泉水重一兩四厘。他認為水的「味貴甘其質貴輕，然二者正相資，質輕者味必甘，飲之而蠲疴益壽」。他曾用他特製的銀斗到處量水，結果還是玉泉山的最好，所以稱玉泉水為「天下第一泉」。他不但居住宮中時飲用玉泉水，出京、巡幸也命人「載玉泉水以供御用」。

朝鮮人說乾隆「平生不飲酒」，這對朝鮮人的好酒來說相對的是正確的。不過乾隆晚膳時通常還是小酌一番。據檔案所記：「例進玉泉酒二兩。」玉泉酒是宮中特製的，像似糯米的甜酒，含酒精度不高。皇帝愛喝玉泉水，也命人以玉泉水造酒，取名玉泉酒。現在宮中還存留配方，也許值得一看：

每糯米一石，加淮麯七斤，豆麯八斤、花椒八錢，酵母八兩，箬竹葉四兩、芝蔴四兩，可釀玉泉酒九十斤。

另有一種記載說：

玉泉酒三百七十斤需南糯米三石六斗，麩麯、麵麯、豆麯各二十斤，大淮麯一塊，引醋二斤、玉泉水一百六十八斤。

配料雖有不同，但水必須取自玉泉山的玉泉水，本來天下名酒都與基本材料用水有關，玉泉的水質好，造成的酒必然不差。

康熙皇帝平日不飲酒，年節喜慶日他會為大家助興少喝幾杯，他「能飲而不飲」，節制的功夫很好。乾隆每天喝二兩淡酒也對身體有益，不算嗜酒。他的兒子嘉慶皇帝則勝過他了，據說每天要喝六、七兩到十四、五兩不等的玉泉酒，顯係多了一些。

皇帝不吃牛肉，但喝牛奶熬成的奶茶，每天隨點心、果餅等呈進。牛奶、乳餅、乳酥等奶製品都是內務府下內三牛圈進呈來的牛奶，再由廚房師傅專心製成食品。

乾隆時代御膳房中的廚師都是各地選來的高手，餐飲材料又都是四海的精品及應時鮮貨，因此這位活到近九十歲的皇帝真可是享盡口慾之福了。比起入關初期的皇家御膳來，內容增加了，味道鮮美了，漢化的程度也深入了，當然奢侈現象也透現出來了。

49 傑出的文學家與藝術家

乾隆皇帝不但是政治家、軍事家，他也是文學家與藝術家，而且在文學與藝術方面的造詣很高，可以列入名家之林。他從小就接受了優良的而且完整的儒家教育，打好了漢學的堅實基礎，繼承皇位後又利用公餘之暇博覽群書，並幾乎不斷的寫作詩文，批覽奏章，使他在作文作詩與書法上大有精進。當時著名的史家兼詩人趙翼說乾隆皇帝的「聖學高深，才思敏贍，為古今所未有。御製詩文如神龍行空，瞬息萬里」。趙翼曾經為政府寫過一篇碑文，後來經皇帝稍加潤色，趙翼讀後，佩服之至，並說：「御筆刪改，往往有十數語只用一、二語易之，轉覺爽勁者，非親見斧削之跡，不知聖學之真不可及也。」趙翼的話也許有些誇張，但乾隆的文章很好應該是可信的。乾隆喜歡讀書，但不是一個迂腐的讀書人，尤其不墨守儒家的教條成規。比方他對大聖人孟子就有過評論，認為孟子見梁惠王時說「何必曰利」一語，他就覺得不很妥切，因為利有公利與私利，公利不但能講，還應該強調，「利在乾元五德之中，古聖所言，豈可去其一而不用？」可見他是有不尋常的見解的。

乾隆的學問根柢深厚，是一事實。但他在詩書畫方面的成就更是可觀。他從小就愛寫詩，在當太子的時候，詩作就已經寫成一千多首了。執政之後，他怕自己學習漢人寫詩的陋習，玩物喪志，影響國家大事，他還寫詩警告自己：「賦詩何必多？杜老言誠正。況乎居九五，所貴行實政。」但是他日後的詩作不但沒有減少，反而數量大增，到他死前不久編集他的御製詩的時候，竟然發現他在潛邸時寫了一千零八十首詩，在位六十年間共得詩作四萬一千八百首，三年多太上皇又完成七百五十首詩，他一生總共寫了四萬三千六百三十篇，比唐朝三百年二千個詩人所寫詩的總和還多，連他自己也得意的以為是「文壇佳話」。皇帝日理萬機，那有時間寫出那麼多首詩呢？當然有些詩是大臣為他捉刀的，也有些是大臣幫他作了些修改的，不過皇帝有興趣寫詩，而且日復一日不斷的寫詩，仍是難能可貴的。他自己曾經說過：「幾務之暇，無他可娛，往往作為詩、賦、文，賦不過數十篇，詩則託興寄情，朝吟夕諷。」可見皇帝以寫詩來調劑生活。皇帝富有四海，可以盡情找樂子，乾隆以寫詩消遣自娛，也算得上是個高尚的愛好了。乾隆詩多數缺少藝術性，有人甚至評論為「格調不高，佳作不多」，或是說「高宗（乾隆廟號）詩最不堪」，這些也許是從純文學與藝術的觀點而發的，對於一位整日忙碌的君主來說，可能是苛求了一些。郭成康教授說：

（乾隆）皇帝獻給孝賢皇后的上百首詩堪稱最見真情的上乘之作，只有在這些詩中，乾隆才真正放下帝王的尊嚴，盡情地抒發了內心深處對異性的眷念，乾隆皇帝寫了那麼多悼念結髮妻子的詩，並且把這些坦露個人胸中隱祕的作品收入《御製詩》出版，讓後世子孫和天下文人去評說，對皇帝而言，無疑是一件需要勇氣的事。……悼念孝賢皇后的詩篇雖僅及其全部詩作總數百分之一，卻也足以使乾隆躋身於詩人之列而毫不遜色。

郭教授的話實在是公允的評語。同時我個人還有一項看法，作為研究歷史的人，乾隆詩應該是一座寶山，它是蘊藏著大量珍貴史料的寶藏。乾隆自己也說過：他的詩作，「其間天時農事之宜，蒞朝將事之典以及時巡所至，山川名勝、風土淳漓，莫不形諸詠歌，紀其梗概。」因此乾隆的詩有豐富的史事內含，是研究他本人、家庭、思想、理政、用兵以及各種當時中外大事的資料寶庫，可以說是研究乾隆朝歷史不可或缺的史料之一。

乾隆有漢族漢書人的習氣喜歡寫詩，同樣的他也很重視自己的書法。他在中國書道方面確實下過一番工夫，他年幼時見到他祖父康熙能寫一手好字，並且贈送過他幾件御書墨寶，在他的幼小心靈中，留下不可磨滅的印象。他處處效法他的皇祖，在書法上當然就勤於苦練，希望有成了。乾隆特愛王羲之的字體，其餘如蘇、黃、米、蔡等大家的字帖他也經常臨摩，加上經年累月的不斷練習，成就是可觀的。有人讚美他的字說：

妙印鍾、王，臨池遊藝，大而擘窠等丈，小而細楷繩頭，各臻極詣。拈毫點染，旁涉繪事，文藝在握，造化為師，有非顧、陸之規矩，六法所能彷彿者。

這種說法實在誇大其詞了，不過現存的乾隆手跡還很多，有奏摺的硃批，有古畫的題畫詩，有山川名勝的碑刻，有名寺古剎的匾額，相信大家可以看出他的字是有其獨特風格的，比一般文士或是官員的書法並無遜色，雖不及真正名書法家的蒼勁或柔雅；但以一個工作繁忙的帝王來說，尤其是一個「異族」入主的帝王來說，他的書法造詣也應該是數一數二的了。

一般人不知道乾隆會畫畫，他自己也沒有吹噓過他這方面的才藝；不過他十九歲當太子的時候就有習畫的記錄了。早期他專攻花鳥，常在藩邸裏作畫以「撫景興懷，抒清思而消永日」。在他初登大位的時候，還為他生母畫了歲寒三友、牡丹、白燕、石竹等六幅畫，後來政事多了，也無暇作畫了。不過他培養了不少大畫家，如鄒一桂，張宗蒼、錢維城等人。以錢維城來說，他在翰林院裏修滿文課最後考試交了白卷，本來要受嚴重處分的。乾隆看他有繪畫天才，不但沒有處罰他，反而讓他在內廷專心作畫，終於成就了這位畫家。乾隆的畫作不多，只是偶爾為之，例如他曾繪〈盤山千尺雪〉一幅，與張宗蒼的〈蘇州寒山千尺雪〉、董邦達的〈西苑千尺雪〉以及錢維城的〈熱河千尺雪〉四圖合裝，他把自己與名家齊名。他又模仿李迪的〈雞雛待飼圖〉作畫一幅，墨刻多份，賜給各省的總督巡撫，要他們照顧百姓，就像照顧飼養的小雞一樣，「即雛哺之微，寓牧民之旨」，官員們應時刻以「保赤為念」，他是為政治服務的目的而繪畫的。皇帝不是大畫家，但他能繪畫是事實。

乾隆皇帝的高雅嗜好還可以從他的酷愛戲曲一事上窺知。他每次出外巡幸，各地官員都為他安排戲曲的演出，不論是東巡山東曲阜、或是視察天津，「每日都有戲臺承應」。特別是文化水準特高的江南，加上揚州鹽商的富有，皇帝在蘇、揚一帶更是過足了戲癮。據說乾隆四十五年他第五次南巡時，遇到這樣的歡迎場面。

御舟將至鎮江，相距約十餘里，遙望岸上著大桃一枚，碩大無比，顏色紅翠可愛。御舟將近，忽煙火大發，光焰四射，蛇掣霞騰，幾眩人目，俄頃之間，桃砉然裂開，則桃內劇場中峙，上有數百人，方演壽山福海新戲。

如此鋪張的迎接皇帝光臨，也算是別開生面的一奇，當然花費很多，連皇帝都說「過於繁費」；

不過皇帝卻滿心歡喜。

皇上既有此喜好，想得寵的大臣當然設法討好了。凡是遇到宮廷裏有大慶典的時候，必以演戲來慶賀。乾隆十六年，皇帝的母親崇慶皇太后六十大壽，「中外臣僚紛集京師」，而戲曲的演出幾乎到了瘋狂的境地。「自西華門至西直門外，十餘里中，……每數十步間一戲臺，南腔北調，備四方之樂，……後部未歇，前部已迎，左顧方驚，右盼復眩，遊者如入蓬萊仙島。」

皇帝愛戲瘋狂還不止此。崇慶皇太后七十壽辰時，京中演戲更勝於前，那一年清廷為付給「扮演彩戲工飯零星費用銀」就高達一萬七千二百六十兩多，可見參加演出的人數之多。老皇太后八十嵩壽時，戲曲演出的規模更大。就只西直門外的長河一帶就有八座點景戲臺，由於演員們演出賣力，乾隆還賞賜了很多戲曲藝人。皇帝自己過八十大壽的那一年，除了京城裏以演戲來慶祝之外，全國各地也分別上演劇目，府、縣衙門到處搭臺演戲，歷時二十一天，任聽當地軍民前來觀賞，以示「與民同樂」。京城北京與離宮圓明園以及承德避暑山莊也到處演戲，這一段期間，全國簡直是個大舞臺，到處都在演出精采的戲目。同時還有更值得一提的是這一年南方的徽班進京，奠定日後京劇的誕生基礎。由於皇帝的愛戲曲，他擴大了皇家劇團南府與景山學校的規模與編制，培養了很多的戲曲人才。又因為他從小就深受祖父康熙在戲曲方面的薰陶，加上日後不斷接觸到各地的戲曲，他下令相關的官員改進戲曲的內容，從牛鬼蛇神發展為歷史大戲，使內涵大為豐富。他自己也嘗試創作，當時人說：乾隆「精音律，《拾金》一齣，御製曲也」。這是一本戲中串戲的有深度作品，可見乾隆在聽戲作為消遣之餘，事實上他對戲曲的提倡、人才的培養、劇本內容的創新，特別是京劇的誕生，都有著極大的貢獻。

乾隆雅愛藝術並從而研發創新一事，也可以從他喜歡玉器而使玉器發展在他統治時期中到達了鼎盛高峰可知。他登基之後的乾隆元年，清宮《造辦處成做活計清檔》裏就有這樣一段記載：

十一月十七日，將白玉石子一塊，查得如意陳設一、紙樣一張。碧玉石子一塊，畫得雙友瓶紙樣一張。司庫劉久山、太監毛團呈進。奉旨：准做，欽此。於乾隆二年五月十一日傳旨：將現做的玉太平如意、碧玉雙友瓶呈覽，欽此。本日首領薩木哈將未做完的二件呈覽。奉旨：添做萬年如意字樣，欽此。於三年五月十六日呈覽。奉旨：將白玉如意上流雲做透的，其萬字上飄帶著磨去。再，碧玉雙管瓶綹做淨，欽此。於三年八月初九日做得白玉如意，隨茜色牙座呈進。於三年十一月十二日做得碧玉雙管瓶，瓶木座呈進，訖。

從這兩件玉器製作的過程來看，皇帝是全程監督、指導工作的。他已經不只是一個愛玉的人了，而且成了美玉作品的設計人了。同樣的由於皇帝愛玉，當時玉器市場也掀起了熱潮，價值日益高漲，而製作玉器的專家也人才輩出，大家相爭的以巧思設計精品，因而形成玉器發展的顛峰。不過乾隆皇帝自有他獨特的賞玉品味，他厭惡那些多加鏤刻，花葉繁多以及一些惜材製作的作品，他認為這些新製玉器過於俗氣，如果這類作品充斥市場，將會貶損美玉的尊貴地位。他比較喜歡摹寫山水的創新玉器，因為它們具有傳統文人的氣息。但是一般玉匠工人那能個個都是繪製文人畫的高手呢？因此他認為新產品如果都是俗不可耐的東西，還不如仿古代銅器與玉器來生產新玉器呢！他在宮中便提倡仿古製作，這也是今天故宮珍藏有很多是「乾隆仿古」成品的原因。不過皇帝雖提倡仿古，但並不是叫玉匠們盲從不變的仿古，有時為了更美觀也會略作創新的，像有些玉鼎上的獸面紋根本不是商周的原貌。最有趣的是一只現藏北京故宮博物院的玉瓶，腹肚紋飾竟是取材西洋鐘錶的錶面圖形，真可謂是大膽的創新。

此外，乾隆也是一個傑出的鑒賞家與古物收藏家，從兩岸故宮博物院收藏的很多珍寶以及他寫下的詩文中可以證明，由於篇幅所限，這裏不能贅述了。

總之，乾隆皇帝是一位了不起的君主，也是一個傑出的文學家、藝術家。他為國家事務已付出了極多的時間與精力，自己竟能創造如此大量的詩文作品，而且不遺餘力的提倡藝術、收集珍玩，他真的不是一位常人！

50 乾隆之死及其身後劫難

乾隆在登基的時候，曾經「焚香默禱上天」說：皇祖康熙在位六十一年，他不敢上同於祖父，所以「若蒙眷佑，俾得在位六十年，即當傳位嗣子」。這固然是他尊敬康熙的一種表示；但是在他二十五歲即皇位時，誰能又料到自己能活到八十五歲呢？可是他真的做了六十年皇帝了，當年「君無戲言」，所以在乾隆六十年九月初三日，他召集了王公群臣在圓明園勤政殿當眾開啟他在乾隆三十八年親書的立儲密旨，宣布皇位繼承人是永琰。同時皇帝降旨為了大家敬避御名而改名不便，他把永琰名字上一字改為「顒」字，因為「永」字「世所習用，而體義亦不宜缺筆」。皇帝的名字如果是「不經用之字」，臣民們就不需要改避而增加不便了。乾隆又定明年為嗣皇帝嘉慶元年，追封嘉慶皇帝死去的生母為孝儀皇后，並命有關官員籌備年底歸政。這天宣布了如此重大的決定之後，永琰第一個感到不能「欣然接受」，因為皇父身體仍健康，而且並不想真正的退休，所以他第二天就上奏說自己能力不足不能勝任，請父皇下令停辦歸政典禮。同時又有一些親王、大臣與蒙古王公們也聯合奏請乾隆這位大家長「久履天位」，不能退隱。乾隆為了即位時默禱的話，為了誠信，堅持要歸政給嘉慶；但是在半推半就下，他安排了一個新的執政核心模式。他說：

歸政後，凡遇軍國大事及用人行政諸大端，豈能置之不問？仍當敕幾體健，躬親指教，嗣皇帝朝夕敬聆訓諭，可以知所稟承，不致錯失。……

就這樣乾隆又當了三年的太上皇，嘉慶則是有名無實的國君。上朝時侍坐在乾隆身邊，隨著太上皇「喜則亦喜，笑則亦笑」。

太上皇為了處理軍國大政，確實消耗了不少精力，特別是白蓮教的大叛亂，竟在五個省份裏製造了社會不安，政府雖派兵去平亂，但總不見功效。對於自詡成就了「十全武功」的太上皇來說，實在是一大諷刺，令他傷感到「慚愧人稱太上皇」！

乾隆的身體還算不差，儘管到了望九之年，仍能上朝並處理政事，有時也寫詩讀書，每年例行避暑山莊之行也照常舉行。只是記憶力差了，體力衰退了，這也是無可奈何之事。據說在歸政的前一年，他從承德回北京，路上遇到冷空氣，他馬上命隨從為他換上暖帽，大臣只好跟他一樣，全體換戴暖帽。可是回到北京後不久，天氣變熱了，他又叫太監為他換上冷帽，結果全朝文武大臣又改戴冷帽。其實清朝的定制是陰曆九月十五日為換戴暖帽的日子，乾隆當年已經記憶不佳了，才鬧出這樣的笑話。另外也有說他在當上太上皇之後，有時他已用過了早膳，但在不久後又傳早膳，讓太監們與御膳房裏的廚師們都忙成一團。這大概是朝鮮使臣們到北京來朝貢時聽到乾隆「昨日之事，今日輒忘；早間所行，晚或不省」傳聞的原因吧。

嘉慶四年正月初二，太上皇在這天的早晨還了寫一首〈望捷〉詩，希望快點消滅白蓮教亂黨，「執訊迅獲醜，都同逆首來」。可是到了晚間他已經病得不輕了，第二天便離開了人世，結束了他幾乎佔有整個十八世紀（康熙五十年至嘉慶四年，即一七一一至一七九九）而且多姿多彩的人生。乾隆是年老體衰後病死的，不像清朝入關後其他皇帝有逃禪出家、被人參湯毒死以及血滴子仇殺等等的傳說，他是病終的，以《尚書．洪範》所談的「五福」來看，「以考終命列於第五者，誠以其難得故也」。乾隆這一輩子從出生到繼位，到老死，可以說是一位幸福好命的人；可是沒有想到在他死後一百二十九年，即民國十七年、一九二八年卻發生一件不幸驚人的大劫難——他的墳墓被人盜掘了。

太上皇死後，嘉慶正式當政，立即向全國發喪並以最隆重的禮儀為他父親治喪。四月裏定好了乾隆的諡號為「純皇帝」，廟號稱「高宗」。九月十五日乾隆安葬於河北遵化聖水峪（初名勝水峪）的裕陵，依偎著他敬愛的祖父康熙，長眠地下了。

皇帝的墳墓叫「陵寢」！清朝皇帝與后妃們的陵寢分為三大區，一是在老家東北的「盛京三陵」：永陵、福陵與昭陵。永陵在興京（今遼寧新賓縣），墓群裏葬的是清朝皇家老祖先們。福陵葬的是大清皇朝奠基人努爾哈齊以及他的父、祖還有一些直系祖先。昭陵則是建立大清皇朝的皇太極與他的后妃們的安息地。二是東陵，這座陵區在遵化一帶，順治的母親、順治帝后、康熙帝后、乾隆帝后以及日後的咸豐、同治兩家人都葬在這裏。三是西陵，西陵在河北省易縣地方，雍正、嘉慶、道光、光緒等帝后都葬在此區。

乾隆為什麼選擇東陵而不在西陵入土呢？他說是因為若「子隨父葬」，那麼祖父與更遠祖先的墓園必被「日遠日疏，不足以展孝思而申愛慕」，所以他規定他的子孫應該在東西兩大陵區間輪流擇地安葬，如有需要也可以另外覓地建造。

乾隆決定把自己的骸骨埋在東陵地下是在即位後第七年定案的。又過一年即乾隆八年開始動工興建，十七年地宮完成，前後花了十年的時間，後來還經多次增修，模規確是豪華堂皇的，據後人目睹後記述：

……這座由一條墓道、四道石門和三個主要堂券組成的一個「主」字形的地下建築，全部是無樑無柱的拱券建築。地宮進深五十四米，落空面積三百七十二平方米，所有券頂和四周石壁，滿布著佛教題材的雕刻。它不僅是一座不可多得石雕藝術寶庫，又是一座莊嚴肅穆的地下佛堂。

乾隆的墓為什麼被稱為地下佛堂，僅從地宮四道石門上刻有一米半高的菩薩立像就可以窺知梗概了。第一道石門西扇為大勢至菩薩，手握降魔杵、法鈴；東扇為文殊菩薩，手持寶劍經卷。其他石門上也另刻佛像。這些石門與墓中甬道一樣，都是漢白玉的高貴材料，而乾隆金棺與隨葬的財寶則更是價值無無法估算了。有人說：

……寢宮為八角形，上覆圓頂，雕塑著九條金龍，閃閃發光，寢宮面積約與故宮的中和殿相等。乾隆的棺椁是用茵陳木製成的，安放在一個八角井的上邊。墓中殉葬器物，除金銀元寶和明器外，都是些罕見的珍寶。……乾隆的殉葬品都是一些字畫、書劍和玉石、象牙、珊瑚雕刻的文玩及金質佛像等物，其中絹、紙品都已腐朽，不可辨認。

如此豐富的寶藏能不引起貪人的慾念嗎？況且乾隆陵寢附近，日後又葬下了一位慈禧太后，她的殉葬珍寶更是貴重值錢，據宣統元年（一九〇九）人估計當在近百萬兩之譜。由於寶物的誘人，終於發生了盜陵的大不幸事件。

本來帝王的陵寢是有專人嚴密保護的，只要有人在陵園附近作出不好的事，都會以「十惡不赦」罪嚴辦的。可是辛亥革命之後，清廷被逼讓位了，在對清帝優待條款中原先也列有「大清皇帝辭位之後，其宗廟、陵寢永遠奉祀，由中華民國酌設衛兵妥慎保護」的文字，但北洋軍閥一直混戰，沒有善盡這項責任。加上遜清宣統皇帝的「護陵大臣」與北洋軍閥串通一氣，竟然公然包買山場，盜伐林木，把整個東陵區的千百株古樹盡數砍光，使陵寢暴露無遺，方便出入，更引起歹人的邪念。

民國十七年（一九二八）陽曆七月五號，忽有一批軍人來到陵區，告訴守陵的人說：將要在該區施放地雷，恐有危險，命令大家走避。同時也通告附近居民：「本師試演迫擊砲，……在陵之周圍一里以內，禁止通行。」當天下午炸藥爆發，直到七月十二日夜間，盜軍才離開，前後歷時七天多。

這一轟動全國的東陵盜寶案，經過調查緝凶之後，得到如下的一些具體結論：

第一，在東陵區內不少帝后的陵寢都被掘開，而破壞最嚴重的是乾隆的裕陵與慈禧的普陀峪定東陵。盜軍們也想盜取康熙墓中寶物的，但因剛一發掘就大量湧出黃水，「暢如瀑布」，工作無法進行而作罷。順治墓則聽傳說他是出家為僧了，根本只是空棺一只，大家沒有動手。

第二，盜軍掘墓時先是「刀石交加，洞門屹不動。後由某獻計，改用炸藥」。事實上主持這次掘墓的軍官早就準備了炸藥來的，後來下令「教工兵營用地雷將西太后及乾隆皇帝二墳炸開」的。乾隆墓被掘的情形大致如下：盜軍先從裕陵寶城向下深掘，因構造堅固無法挖通，後來改由琉璃照壁下炸開進入地宮入口，第一道刻有菩薩立像的石門是撞開的，第四道石門再用炸藥才炸開，闖進了乾隆帝后與皇貴妃六座棺槨的所在地。兵士們先將棺木外殉葬的寶物搜羅一空，然後才設法開棺取得棺內的珍寶。由於帝后的棺木都是楠木做的，而且牢牢封住，不易開啟，最後還是靠著電鋸才鋸破。據參與其事的一個盜軍說：「梓宮破壞時，群向棺內掠取珠寶，致將尸骸扯出棺下，於爭奪中，將骸骨分析，且有軍官三人互相殺戕，死於地宮中，尸體仍遺其中。」還有一個報告說：

> 乾隆口內含有西藏黃珠一，此珠可令尸體不朽。譚（溫江）等視尸，見外皮著骨，顏色如生，唯無肉與血。珠大不易出，敲碎門牙始得。取珠時，二兵按頭，一兵執乾隆之辮以力碎之，辮離腦蓋，狼藉不堪筆述。

乾隆的遺體確實被這批盜軍損毀了，後來清室王公遺老著手調查時，在裕陵中發現的情形更為可怕，乾隆與他的六位后妃，只有一具屍體完整，可能是嘉慶皇帝的生母孝儀皇后，墓裏到處散落肋骨、膝骨、趾骨、胸骨，最初只找到乾隆的胸骨與脊骨，後來在石門所壓的朱棺內才發現乾隆的頭顱骨，「下頦已碎為二，檢驗吏審而合之，上下齒其三十六」，棺木裏還有乾隆的遺骸，「體幹高偉，骨皆紫黑色，腿及脊猶粘有皮肉。大體雖具，腰肋不甚全，又缺左脛，其餘手指、足趾諸零骸，竟無從覓」。

第三，策劃並指揮這次掘墓案的是上文提到的譚溫江師長、韓大保旅長等軍官，實際上幕後主使人是孫殿英軍長。孫殿英是河南人，以賭博起家，後來成為豫西的土匪頭目。辛亥革命後，軍閥各據一方，大家招兵買馬，一九二五年，孫殿英投靠了山東軍閥張宗昌，不久後便升任為直魯聯軍十四軍軍長。第二年，國民革命軍北伐，孫殿英奉命往豫北與國民黨馮玉祥軍作戰，結果大敗，退到天津，再轉往薊縣。國民革命軍北伐節節勝利，孫殿英後來又接受國民黨徵召，成了第三集團軍第六軍團第十二軍的軍長。一九二八年夏初，孫殿英部隊因剿東陵馬蘭峪一帶土匪馬福田而進入了陵區，經當地土豪們的煽惑，乃令譚溫江等策劃盜陵。在乾隆與慈禧的墳墓被炸開之後，孫殿英曾到過現場，據說：「在把寶物盜出的時候，孫殿英……來到墓地……滿滿裝了五隻大皮箱，由孫親手加封、蓋章，交給他的親信人員帶回薊縣司令部。」乾隆與慈禧墓裏損失的財物究竟有多少，無法確知。由於這件盜墓案最後以不了了之收場，所以不少人相信國民黨的首腦人物包括蔣介石、宋子文、孔祥熙、何應欽、戴笠等人在內都得到了孫殿英的餽贈才不辦案了。另外也有人認為宣統皇帝溥儀後來去長春成立偽滿洲國也與受了盜陵的刺激有關，「不如回三百年前老家，另圖創業之計劃。」也許這些說法有些泛政治化了；不過曾為中國開疆拓土、融合民族、成就文化高峰的不可多得君主「竟嬰此奇慘」，我們也該叫一聲「天胡不仁」呀！

〈結語〉

我論乾隆

清朝入關後的第四代君主姓愛新覺羅，名弘曆，年號乾隆，廟號高宗，俗稱乾隆皇帝。他生於康熙五十年（一七一一），死於嘉慶四年（一七九九），享壽八十九歲。從二十五歲登基到辭世，他一共當了六十年零三個月的皇帝與三年零三天的太上皇。他一生成就了很多功業，也有不少的缺失。由於時代的不同，觀點的差異，乾隆在後人心目中有不一致的評價，我個人想試著從以下幾方面來看乾隆：

第一，個人生平：乾隆是一位聰明好學的君主，從小就接受良好而有系統的儒家教育，精通四書五經、中國史籍，對佛教也有極深的研究。他又通曉滿、漢、蒙、藏、回等族的語文，愛好更是多方面的。他兼具夠格的詩人、書畫家、鑒賞家、收藏家等身分；但他並不玩物喪志。他曾經說：「人君之好惡，不可不慎，雖考古書畫，為寄情雅致之為；較溺於聲色貨利為差勝。然與其志於此，孰若用志於勤政愛民乎？」可見他是把政務放在第一位的。他終身勤奮讀書寫作，不但學識淵博，而且著作等身。他的《御製文集》共收文賦等一千三百五十多篇，其中不乏佳作，而御製詩則有五集，四百三十四卷，收錄詩篇四萬一千八百多首。另有《御製詩餘集》以及早年收在《樂善堂全集》裏的詩作，總數近五萬首，數量之多，歷史上無人能匹比。他確實是一位「書生」皇帝。

乾隆的生活也相當有節制，平常早睡早起，幾乎不見有徹夜宴樂之事。他從不酗酒，在他數萬首詩中，絕少將「酒」字入詩。他雖然講究吃喝，但是他始終以「食少病無侵」作為「養心養身良方」。他的後宮確有后妃等四十多人，但並不沉溺於女色，後人有說他是「風流天子」的，應該不是公正的評論。他對妻妾愛恨分明，嫡妻孝賢皇后富察氏是他的至愛，可惜紅顏薄命，乾隆十三年早逝，可是皇帝一輩子對她不能忘情。繼后那拉氏卻是乾隆的怨偶，夫妻感情一直不好，後來因皇后犯忌剪髮，而被皇帝打入冷宮，最後鬱抑死亡了。晚年比較得寵的惇妃汪氏，又因恃寵驕横，杖責宮女致死，很令皇帝生氣，可見乾隆一生的愛情生活並不美滿。乾隆的妻妾一共為他生下十七男十女，皇長女、皇二女、皇五女、皇六女、皇八女都早殤，其他的也先後嫁人。皇子中到皇帝晚年也只有皇八子永璇、皇十一子永瑆、皇十五子永琰、皇十七子永璘還健在，而且其中還有不少「性情浮躁輕佻」或是「惟以聲色自娛」的，更有喜歡出皇城尋花問柳的，頗使乾隆失望，也令他備覺孤寂。在自我憂傷、自我憤懣之餘，自然會以自我陶醉，自我吹噓來求得精神滿足。會揣摩皇帝心理的佞臣如和珅的就很容易被寵幸了。乾隆的思想當然與他身為「天朝」帝王，接受儒家教育，皇祖康熙薰陶等等因素有關。即使以一個自然人而言，乾隆皇帝也該算是一個有學養、有個性、有才能、有作為的人了。

第二，治國理政：乾隆自即位之後，六十三年如一日「兢兢業業，無怠無荒」的工作。有人對他勤政的情形說：「上每晨起，必以卯刻……日日如是。」在國家有大事發生時，他更加忙碌，「每軍書旁午，應機指示。……或軍報到以夜分，則預飭內監，雖寢必奏」。可見他是夙興夜寐的辛勞求治。乾隆五十三年，他還說：「朕無日不以勤政為念，今雖年近八旬，而惟日孜孜，罔或稍懈。」臨死前所寫的遺詔中也提到：「萬幾躬攬，宵旰忘疲，引對臣僚，批答奏章，從無虛日。」他的說法是可信的。他為什麼要如此的辛苦呢？他的答案是一為「永維創業之艱，益切守成之懼」，祖宗的基業不能不守好。二是大臣不可不嚴加管理，「蓋以欺隱之習，不可不防其漸」。三是他無時無刻不「以愛養民生為念」。他的勤政是有多重目的的。

乾隆在他統治的半個多世紀中，確實遇到過不少困難事，不論是對內對外的戰爭或皇家貴族與外廷大臣的專權，他都是臨危不懼、勇往直前的去應付，以無比的毅力與決心，終於實現了自己的願望。像剛接位時就碰上古州的苗變，他堅持改土歸流政策；平定準部回部之戰，他獨排眾議去用兵；在其他的戰役中也是他再接再厲、不畏失敗而後成功的。更令人稱讚的是他知錯能改，有虛心反省的長處。例如第一次征金川時能及時收兵；緬甸受挫後不再遠征；兆惠黑水營被圍損兵折將後他說：「向來之輕視逆回，乃朕之誤。」竇光鼐提出實證時他收回成命等等，都顯示了他能從大局出發，理性分析，不作魯莽負氣的個人情緒面子之爭。又如他在用人的關鍵問題上也是一樣，發現自己有錯誤時，他會作更正。阿桂、舒赫德等人的一再起用、和珅的始終不能侵奪皇權，都是例證。

乾隆一生很注重用人之道，在寵幸和珅之前，大體上說他對臣工是賞罰分明的。鄂爾泰、張廷玉等人的結黨、訥親的專橫，還有很多文官武將雖是建立過功勳的，只要一旦犯錯，特別是貪贓的大罪，都會受到嚴懲。同樣的，有罪的官員，若是有功於國家，也能得到東山再起的機會，像岳鍾琪的被重用、舒赫德的入祀賢良祠，都足以說明乾隆用人的基本態度。

從用人方面還可以看出乾隆在治國理政時的「乾綱獨攬」事實。早年鄂爾泰與張廷玉朋黨鬥爭時，皇帝說：「用人之權，從不旁落。」儘管「滿洲則思依附鄂爾泰，漢人則思依附張廷玉，不獨微末之員，即侍郎、尚書中亦所不免。……試問數年中，因二臣之薦而用者為何人？因二臣之劾而退者為何人？……若如眾人揣摩之見，則是二臣為大有權勢之人，可以操用捨之權，則視朕為何如主乎？」即使到皇帝年逾古稀之後，仍借大學士于敏中生前事重申「本朝家法相承，紀綱整肅，太阿從不下移」，強調生殺予奪大權盡操皇帝一人之手。乾隆五十三年底，皇帝年近八十，他對降革人員的捐復等事，又聲明他親理朝政大權獨攬的方針，他說官員准復與否，「權衡悉出自朕裁」，並且批評明末「人君耽於安逸，不親朝政」，「遂至國事日非」。乾隆是一個集權專制的君主，用人理政，事事都是乾綱獨攬，這種體制固然是傳統中國歷史的產物，而乾隆自己更強調其正當性，這是比較危險的，因為皇帝高度集權，在客觀上把一國全民的興衰福祉完全交付給帝王意志的須臾閃念之中，相當可怕。乾隆皇帝事實上在很多大事中，特別是耗金錢傷人命的大戰爭中，他都犯了須臾獨斷的毛病，以致造成缺失的，這也是乾隆治國理政方面值得評論的事。

第三，事功成就：乾隆皇帝一生的事功成就很大很多，不能一一盡舉，扼要言之，在政治上，他與各族人分享政權，但以滿族為主，而皇權不能侵犯。中央由滿蒙漢各族官員組織成的政府執行政令的推行，皇帝卻高踞在上，牢牢的控制大權，正如他說的：「朕為天下主，一切慶賞刑威，皆自朕出。即臣工有所建白，採而用之，仍在於朕。」他又預先嚴訂章程，防止母后、外戚、宦官、藩鎮這些歷史遺留下的弊病擾亂國家。幾十年如一日的嚴厲打擊貪污不法官僚，晚年雖因種種原因不能扭轉腐敗風氣，但他對疆吏皇親的斬首不貸，確在政壇上產生了震懾作用。就大體言，乾隆朝的宮內與外廷是靜止的，沒有能推翻政權的大禍事發生過。皇帝對邊疆的統治政策也是成功的。在蒙古地區加強盟旗制度；新疆設將軍、都統、大臣來管理；西藏則設駐藏大臣並訂好達賴喇嘛與班禪的繼承制度。而在宗教信仰方面，乾隆則竭力尊崇喇嘛教，正像在內地行省尊孔崇儒一樣，在意識形態上，可以說他採取了尊崇各民族的信仰政策，這對多民族國家的族群融合是有極大裨益的。

在軍事上，乾隆以大規模的戰爭，完成了國家統一與維護領土主權的大任務。如果大小金川、準噶爾、回部以及臺灣林爽文諸役，都聽任事態發展，清朝邊區一定四分五裂，統一大局勢必不存。緬甸、安南、廓爾喀的侵擾如果不去鎮壓，英法的勢力必然向中國延伸，封貢關係也無從建立，乾隆朝的戰爭何止「十全武功」，湘黔苗民、甘肅回民、臺灣黃教、山東王倫等等，動亂幾乎與乾隆朝相始終，這些戰事的起因、模規、戰果、意義雖各有不同，但為帝國安定的原因而發動的應屬無疑。至於十場大戰，也有其發生原因與戰果，如乾隆在興兵征伐準噶爾時說：「余自幼讀書，即欽天地愛物之心，深知窮兵黷武之戒，是以繼位之初，即謹遵皇考之訓，許準噶爾之求和，罷兵寧人，將二十年矣。」可是準噶爾還是不停的擾邊，而且又有俄國暗中助虐，所以為了保護國家和民族的利益，作了用兵的正確決定。亂事平定後，強化了中央對邊區的管轄，大大增加了邊疆民族的向心力、凝聚力，統一了蒙藏等處的西北邊疆，無異是在中國疆土拓大上做出了大貢獻。

在經濟上，乾隆勸農、墾荒，使全國農業生產增加，耕地面積擴大。紡織業、製瓷、造紙、採銅、冶鐵、製鹽等手工業也興旺了起來，在質與量方面都大為進步。由於這些成就，人民生活較前安定，人口也繁殖劇增。商業人口與城鎮的增長，使得對外貿易隨之發展，國家財政得到改進，國庫盈餘到達前所未有的新紀錄。儘管乾隆效法皇祖康熙大力賑災、蠲免賦稅，共免天下漕糧三次、地丁錢糧四次，還有其他的巡幸之蠲免等等，加上多次用兵，耗費實在驚人，但是到乾隆四十七年，皇帝還說：「朕當即位之初，部庫之貯銀不及三千萬兩，今已增至七千八百萬兩，尚何不足用之有？」他真為當時的清朝創造了經濟的奇蹟！

在文化上，乾隆時期，隨著經濟的高度繁榮，皇帝的大力提倡，文化方面也呈現一片欣欣向榮的景象。皇帝自己先以身作則，強調「書生」的重要。他以詩文為政治手段，運用到政治統治上去。除了以詩文選拔人才外，他用詩文來闡述政治主張與統治思想；用詩文來獎慰官員，溝通君臣關係。他又下令編撰各種經說、官書、方略、續三通、十三經刻石、翻譯藏經等等，並編纂歷史上最大的叢書《四庫全書》，對整理、保存與發揚中華文化有大貢獻，有深遠影響。當時民間學術文藝也極興盛，學者輩出，著作繁多，各種學科紛紛自立門戶，而且都有突出的研究成果。從事高深學術探求的有吳派、皖派、揚州學派；詩歌方面有格調派、性靈派、肌理派；散文方面有桐城派、陽湖派等，如奇花異葩，競放於學壇文苑。不過，乾隆努力發展文化，大力纂修圖書，仍是有鞏固政權目的的，因此他藉著修書而毀書，毀去那些反滿反清對他政府不利的文字。他也大興文字之獄，禁錮人民思想，都是應予批判的。

乾隆朝的事功成就是可觀的，政治、軍事、經濟與文化上的發展都到了鼎盛階段的高峰水準。先賢有言：「物極必反」，清朝也恰在乾隆時代由盛而衰，步入衰世、末世之途了。

第四，歷史功罪：要評論一個偉大人物的功罪是很難的，因為偉人不是完人，他們往往是有長處也有短處，有功也有罪的，乾隆也是如此。我們就從以下幾點來略作說明。

乾隆在位期間，確實關懷民瘼，重視民生。他常說：「人君祈天永命，莫先於愛民、得民心，則為賢而與之，失民心，則為否而奪之，可不慎乎？」他不知多少次降諭地方官員，要他們體會皇帝的「惠愛元黎之心，時時以保赤為念」。可是在他統治的中期以後，對民變人士的鎮壓，瘋狂的下令要殺到「除惡務盡」。正像他一面對待西洋傳教士以禮遇，一面又大事屠殺在華傳福音的聖徒。他對自己的妻兒也是一樣，對富察氏情深意篤，對那拉氏則無情寡恩。對嫡子永璉、永琮愛如至寶，對庶出的永璋等則冷漠厭惡。他一生表現的既仁慈又殘暴的行事很多，他真是一個具有矛盾個性的君主。

乾隆朝的文治是皇帝自己很得意的，也有不少後世人稱讚他在提倡學術、修纂群書方面的貢獻；但是他又下令燬掉了很多古籍，被人指罵為秦始皇第二。同時他又大興文字之獄，望文生義、捕風捉影的濫殺無辜，他算得上是文化浩劫的大罪犯。他在這些政策上的表現，真是既有光輝面又有黑暗面，毀譽是都有的。

他巡幸天下，又大造離宮，實在是擾民傷財的事，頗為後世詬病；可是巡幸各地使他了解民間疾苦，又達到視察河務、監督海塘、考察吏治、籠絡士人等等的政治經濟目的。營建避暑山莊則有聯絡蒙藏等邊胞的政治宗教作用，對統一國家，開拓疆土大有助益。至於圓明園西洋樓興建以及京城郊區的「三山五園」增飾，應該純為自己享受的，可見他在這類事情上表現的則是既理智又荒唐。

乾隆朝的貪案很多，皇帝也不斷的肅貪懲貪，毫不留情斬殺貪官，連皇親國戚也不顧，實在難得；但是他藉機也收斂了大量的貪官財產，甚至還發明「自行議罪銀」來增加皇家收入，供一己花費，這與接受賄賂的貪官有何不同？這裏又透現了他在辦事上有正義面也有邪惡面。

「十全武功」是乾隆一生自豪的大事；但是軍費耗費的可怕，總計約在一億二千萬兩以上，而歷次戰爭中，有的應該發動的，有的也不必非戰爭解決不可的。再說「十全」也不是十次都得到勝利成果，大軍是真正班師回朝的。他確實有窮兵黷武，好大喜功之嫌。然而這十次大戰役畢竟是開疆拓土、國家統一的保障，否則幅員廣大的多民族國家根本無法建立！

乾隆最值得非議的有兩件事，一是戀位貪權。他到八十五高齡離他生命終點不遠時，體力已經衰退，精神狀況也不佳，而禪位後仍要決斷國家的一切軍國大政。其實他早就在思想與行為上有了可怕的變化，如年輕時的自信變成自滿、自詡；堅毅果斷變成頑強頑固；晚年他幾乎是個心理失常、行為怪異的人了；然而他仍要主持國家大政，因此和珅等佞臣才得入侍被寵幸，結果墨吏變得更多，形成「政以賄成」的污濁官場。皇帝在意志昏瞀下決策，理政當然不能勤勞，用人當然不會明察，辦事更難正確決斷，清朝就這樣走向了下坡路。另一件事是乾隆的昧於世界事務，加強閉關鎖國政策，是他光輝一生的污點。他從廓爾喀戰爭已經知道西洋武器的精良厲害，馬戛爾尼又帶來很多西方尖端科學產品，他卻無心學習，認為是「雕蟲小技」，甚至還相信「西學中源」，不值得學習與提倡。殊不知十八世紀世界在奔騰前進，一日千里，而乾隆卻昏昏然的陶醉「天朝」獨大的美夢之中，失去了及時了解世界、跟上世界的機會。

總的來說，乾隆對帶領清朝走向衰微，對十八世紀中國歷史的相對落後，應該負有責任。但是他畢竟是十八世紀的中國人，是天朝的大皇帝，是深受儒學影響的學者政治家，一定要他超越時代，突破傳統，是不是對他也苛求了一些呢？況且他統一了國家，奠定了版圖，在政經文化等方面又有功勳與業績，他作出的成績比前輩帝王多出很多，瑕不掩瑜，他是功大於過的，他算得上是一位傑出的偉大君主，他在中國歷史上應該佔有重要的地位。

國家圖書館出版品預行編目資料

乾隆寫真 / 陳捷先作. -- 二版 . -- 臺北市 :
遠流， 2010. 06
面 ； 公分. -- (實用歷史叢書)

ISBN 978-957-32-6652-5(平裝)

1. 清高宗 2. 傳記

627.4 99009004